吉林省教育厅人文社科研究项目《新基建背景
发开放新格局研究》(项目编号 JJKH20210771SK)

后金融危机时代中国
外向型经济合作研究

——以俄罗斯为例

王晓光　张　雨　著

吉林大学出版社

·长春·

图书在版编目（CIP）数据

后金融危机时代中国外向型经济合作研究：以俄罗斯为例 / 王晓光，张雨著. —长春：吉林大学出版社，
2022.9

ISBN 978-7-5768-0612-0

Ⅰ. ①后… Ⅱ. ①王… ②张… Ⅲ. ①外向型经济-对外经济合作-研究-中国、俄罗斯 Ⅳ. ①F125.551.2

中国版本图书馆 CIP 数据核字（2022）第 178262 号

书　　名：后金融危机时代中国外向型经济合作研究——以俄罗斯为例
HOU JINRONG WEIJI SHIDAI ZHONGGUO WAIXIANGXING
JINGJI HEZUO YANJIU——YI ELUOSI WEI LI

作　　者：王晓光　张　雨　著
策划编辑：黄国彬
责任编辑：赵雪君
责任校对：王寒冰
装帧设计：姜　文
出版发行：吉林大学出版社
社　　址：长春市人民大街4059号
邮政编码：130021
发行电话：0431-89580028/29/21
网　　址：http://www.jlup.com.cn
电子邮箱：jldxcbs@sina.com
印　　刷：永清县晔盛亚胶印有限公司
开　　本：787mm×1092mm　　1/16
印　　张：13.75
字　　数：220千字
版　　次：2023年6月　第1版
印　　次：2023年6月　第1次
书　　号：ISBN 978-7-5768-0612-0
定　　价：75.00元

序

　　2007 年 4 月，以美国第二大次级房贷公司新世纪金融公司破产为标志，美国正式爆发了次贷危机。2008 年 9 月，拥有 158 年历史的美国第四大投资银行雷曼公司宣布破产，美国的次贷危机迅速演变成一场来势凶猛的国际金融风暴。这场源自美国的金融风暴，波及范围之广、冲击力度之强，连锁效应之快是前所未有的，它使世界各国经济遭受了严重的打击。世界各国为应对金融危机的影响，纷纷采取各种反危机的措施，调整各自的经济发展战略，转变经济发展方式，同时，面对金融危机的严峻挑战，各国加强区域经济合作、共渡难关的意识和决心明显加强。作为 21 世纪的两个新兴经济体，中国与俄罗斯在此次危机中也难以独善其身，两国经济均遭受了影响。进入后金融危机时代，两国政府均意识到，只有紧紧抓住新的发展机遇，积极寻求双边合作，加强两国经济合作，共建信任，化危为机，才能使两国共渡难关、经济稳定持续发展，才能把两国的战略协作伙伴关系推向更高水平，为两国人民造福，为世界做出新的贡献。

　　与此同时，当今世界正处在大发展大变革大调整时期，新冠肺炎疫情起伏不定，世界经济艰难复苏，世界各国面临诸多风险挑战。由于美国奉行单边主义经济和外交策略，对中俄两国实施的遏制与制裁逐步升级，国际政治经济格局的演变促使中俄两国多层次与多领域的经贸合作日益深入与加强，这为两国区域经济合作战略创造了历史性的机遇。中俄是毗邻而居的两个大国，有着近 400 年的交往历史和 4300 多公里的共同边界线，是"好邻居、好朋友、好伙伴"。2019 年 6 月 5 日，习近平主席同普京总统签发《中华人民共和国和俄罗斯联邦关于发展新时代全面战略协作伙伴关系的联合声明》，宣布了将进一步发展中俄新时代全面战略协作伙伴关系，这为两国共同面对外部挑战和新时代中俄两国关系指明了"守望相助、深度融通、开拓创新、普惠共赢"的方向和目标。中俄两国关系达到了"前所未有的高水平"，双方拥有了更加广泛的共同利益，在更广领域双方深入开展合作。2021 年是中俄两国政府签署《中俄睦邻友好合作条约》20 周年，新时代中俄全面战略合作伙伴关系已经成为中俄两国携手合作的重要支撑，中俄两国世代睦邻友好关系和战略协作伙伴关系日益巩固，加之两国高层会晤机制的建立为经济合作提供了稳定的政治保障和良好的合作氛围。在此背景下，中俄两国更应携手共同努力迈入新发展阶段，共同开启新征程。在中俄两国政府的共同努力和大力推动下，两国经济合作尤其是在能源、科技、航空航天等领域合作持续发力，得到了快速发展，不断取得新成果，两国的经济发展焕发出蓬勃生机。然而我们也看到中俄两国的区域经济合作总体上还滞后于世界经济全球化和区域经济一体化的发展趋势，特别是与两国经济实力和发展潜力不相称。那么，如何顺利推进和深化中俄经济合作，是哪些因素影响中俄两国经济合作的进程？如何建立合作与协调机制，构建何种模式、选择何种路径进行合作发展，实现两国经济合作的良性互动，为两国经济持续稳定发展提供良好的外部环境，成为两国面临的共同任务，因此，本书就后金融危机时代中俄经济合作高质量发展进行研究与分析，希冀具有一些理论与现实意义。

首先，本书阐述了中俄两国经济合作的理论基础。本书对区域经济合作、外向型经济、后金融危机时代等相关概念含义进行了界定，对博弈论、边界一体化效应理论、边境区位理论、国际合作理论、新制度经济学等理论进行了梳理与分析，特别是运用博弈论中的非合作博弈和合作博弈理论分析了后金融危机时代中俄两国加强经济合作的必要性和现实性，并通过新制度经济学理论的有关博弈、合作与制度、制度变迁理论的剖析，强调了中俄经济合作中制度安排与机制构建的重要性。本书还运用国际合作理论建构主义中的合作文化理论，阐明在对外开展经济合作时除了要考虑经济利益等物质因素外，还要考虑非物质性因素等影响，例如文化观念认同、社会心理等因素。实践表明，两国之间的和谐、互动、长期的经济合作关系只有在相互尊重、求同存异的基础上，关注到合作双方的文化、历史传统、价值观念的差异，加强人文交流合作，才能摒弃零和博弈，双方经济合作关系就能持久和深厚。总之，本书力求运用多种理论作为中俄经济合作的分析工具，为研究中俄两国经济合作奠定了坚实的理论基础。

其次，本书全面深入地阐述了中俄两国经济合作的历史基础，分析了中俄两国经济经济合作的特征，探寻了促进或阻碍中俄经济合作的相关性因素和深层次的矛盾，指出中俄经济合作进程中合作质量不高的主要原因是中俄两国之间还缺乏足够的合作认同及有效的制度安排。同时，本书根据中俄两国现实的发展水平和实践，提出"政府引导、市场主导、制度安排、合作认同"的合作路径，即加强政府及政策引导、以企业为主体和市场力量为主导，在重点项目和领域加强合作，获得双方共同利益，坚定两国合作愿望，从而构建规范有效的合作机制，形成一种长期合作认同的路径。同时，本书梳理了中俄边民互市贸易区、中俄跨境经济合作区、中俄跨境电子商务合作等模式的基本情况，为促进中俄经济合作向更多的合作内涵和更为丰富的合作层次发展提出相关建议。

最后，本书展望了后金融危机时代中俄两国经济合作发展的前景，提出两国应在"一带一路"倡议和上海合作组织等框架内积极开展双边的经济合作，特别是在能源、金融、科技等领域展开合作，最终实现由双边经济合作扩展到多边经济合作的发展前景。

总之，本书是作者在博士论文和上一部专著《中俄区域经济合作研究》的基础上经过不断修改、完善、充实而形成的。这部学术专著对后金融危机时代背景下中俄经济合作进行了进一步研究，提出中俄两国应抓住世界百年未有之大变局所带来的机遇，顺应经济全球化的历史潮流，以共同利益合作为基础，以互信合作为前提，采取务实主义态度，循序渐进地推动中俄经济合作的深入发展，同时更要认清两国开展经济合作的质量和长远发展还取决于双方的合作认同和有效的制度安排，因此，中俄两国在经济方面加强合作，寻求共同利益，深化两国经济合作，加强文化交流和合作，构建规范的合作机制，提升经济合作的水平，形成互利共赢的新思路、新理念，从而在经济全球化高度发展和经济体联系日益紧密的新国际格局下，携手合作，构建人类命运共同体，促使新时代中俄关系更加美好未来。

本书难免存在着一些不足和缺点，有些研究并未充分展开，相关资料和研究成果略显不足，敬请专家批评指正。本人会在未来的研究工作中再接再厉，争取获得更多的研究成果。

王晓光

2021 年 10 月于长春

目　录

第一章　绪　论

第一节　后金融危机时代中国
对俄经济合作的背景

自 2008 年国际金融危机发生以来，全球经济进入一个深刻调整的时期，加之近年来新冠肺炎疫情大流行的影响，全球经济发展面临着严峻的挑战。在世界百年未有之大变局的背景下，加强全球治理、推动全球化向着更加开放的方向发展是大势所趋。中国作为全球多边体制维护者，需要扩大以周边为基础的全球伙伴关系是中国外向型经济发展战略的必然选择。中俄是有着4 300多公里的共同边界线和数百年的交往历史的两个毗邻而居的大国。中俄两国全面战略协作伙伴关系和睦邻友好关系日益巩固，为中俄双方经济合作取得重大成就提供了前提条件。进入后金融危机时代的中俄两国加强经济合作，对坚定维护公平正义、合作共赢的国际秩序，对地区乃至全球的战略稳定起着十分重要的作用。

一、中俄关系稳定发展为中俄经济合作提供了历史性机遇

当今世界经济全球化进入深刻调整期，引发国际金融危机的深层次矛盾远未解决，新一轮科技革命和产业变革深入发展，全球性问题、非传统安全问题加剧了世界经济发展的不稳定性和不确定性，世界经济复苏乏力，单边

主义、保护主义、孤立主义等不断抬头，经济全球化遭遇倒流逆风。面对世界经济的种种问题与挑战，为回答"世界怎么了，我们怎么办"这一时代之问，中国提升全球治理能力迫在眉睫。正如习近平总书记所言："中国推动全球治理体系朝着更加公正合理方向发展，推动国际关系民主化，推动建立以合作共赢为核心的新型国际关系，推动建设人类命运共同体，都是从周边先行起步。"①

中俄两国同为联合国安理会常任理事国和主要新兴经济体，面对百年未有之大变局和新冠肺炎疫情交织叠加的特殊历史时期，中俄两国站在新的历史起点，共同努力、和睦相处，树立了大国交往的典范。从"全面战略协作伙伴关系"到"新时代全面战略协作伙伴关系"，中俄两国深厚的政治关系为中俄两国持续健康稳定发展的关系奠定了坚实的基础，也为两国在各领域开展友好合作确立了基本原则和根本遵循。2021年是中俄两国政府签署《中俄睦邻友好合作条约》20周年，20年来两国携手共进，中俄战略协作不断深化，睦邻友好关系不断巩固，互利合作不断拓展，中俄关系发展到了"前所未有的高水平"，双方共同开启了中俄关系更大发展、更高水平的新时代。在两国元首的亲自擘画和战略引领下，中俄双边关系始终保持强劲发展势头，呈现出更加鲜明的时代特征。

自两国关系提升为"新时代中俄全面战略协作伙伴关系"以来，中俄两国合作趋向于全面、深入和高效发展。双方建立起完备的交往会晤机制，除两国元首的定期会晤机制之外，还有中俄总理定期会晤机制、中俄总理定期会晤委员会、中俄能源合作委员会、中俄投资合作委员会、中俄人文合作委员会、中俄议会合作委员会、中俄战略安全磋商机制、中共中央办公厅主任与俄总统办公厅主任磋商机制、中俄执法安全合作机制、中俄军事技术政府间合作委员会、中国东北地区与俄罗斯远东地区合作委员会、中国长江中下游地区与俄罗斯伏尔加河沿岸地区合作委员会、中俄和平友好与发展委员会的13个会晤机制。这些机制涵盖政治、经济、安全、军事、投资等多个方面，就彼此关系的重大问题坦诚交流、深入磋商、凝聚共识，将深化互信作为最

---

① 习近平：《论坚持推动构建人类命运共同体》，北京：中央文献出版社，2018年，第276页。

坚定的战略选择。两国坚定支持解决共同核心利益问题，坚定支持两国发展振兴，尊重彼此根据各自国情选择的发展道路，和睦相处，始终平等相待，双方把平等和尊重作为最基本的相处之道。2013 年以来，两国高层交往十分密切，双方会晤 30 余次，高水平、高质量、高频率的峰会外交史无前例，双方进入了大国交往史上最好的时期，双方视睦邻友好为最宝贵的精神财富，代代相传，这为中俄两国的发展提供强有力的战略支持，对共同推动中俄区域经济合作的快速发展发挥了重要作用。

由于世界局势变化引发俄罗斯与西方的关系深陷困境，相反中国与俄罗斯却越走越近。双方人文交流活动蓬勃开展，国家年、语言年、旅游年、青年友好交流年等活动相继成功举办，两国民众相互认同，好感逐年递增，两国关系日益密切，俄罗斯民众对西方和中国的态度发生了明显变化。两国人民对中俄政治关系持积极态度，对中俄两国之间的政治互信、务实合作给予了充分肯定和正面评价。特别是新冠肺炎疫情发生后，面对疫情带来的巨大冲击和挑战，两国在疫情防控、药物和疫苗研发生产等方面开展密切合作。当部分西方国家忙于抗疫政治化时，中俄两国坚定地以维护人民生命安全和身体健康为首要，在保障疫苗全球供应链安全稳定、构建人类卫生健康共同体上注入了正能量。中俄两国人民守望相助，感人至深，见证了"患难见真情"。两国民众相互认同，社会基础更加牢固，两国还将互利共赢作为最核心的合作原则，这为两国实现经济合作深入发展提供了坚实的保障。

近些年来，中俄两国贸易额从 2000 年的 80 亿美元提升到 2020 年的 1 078 亿美元，中国已经连续 11 年成为俄罗斯最大的贸易伙伴。2020 年虽受到新冠疫情的影响，双方贸易额仍然超过 1 000 亿美元，两国预计到 2024 年实现双边贸易额达到 2 000 亿美元的目标。中俄合作领域全方位拓展，合作层次也提升到联合研发、联合生产等全新的高度，合作程度不断加深。

中俄两国在多项领域合作取得的丰硕成果充分表明，中俄两国关系稳定发展符合两国人民的根本利益，契合和平、发展、合作、共赢的时代主题，双方推动国际社会不断完善全球治理，在国际事务中密切协调配合，推动热点问题协商解决，合力应对新威胁新挑战，成为世界重要的稳定性力量之一，同时为两国经济合作快速发展提供了前所未有的历史性机遇。事实证明，后金融危机时代中俄全面战略协作伙伴关系稳定、牢固、坚韧，能够经受住各类风险挑战的考验，具有强大生命力和抗压能力。

二、中俄两国国内经济发展战略调整为中俄经济合作创造良好条件

从俄罗斯国家经济发展看，在后金融危机时代全球经济低迷之际，国际经济环境变化导致俄罗斯经济发展面临严峻挑战，俄罗斯经济陷入增长失速的困局，投资不旺、内需不振，俄经济增速持续走低，据俄联邦统计局数据显示，2010—2012 年俄 GDP 增长率分别为 4.5%、4.3%、3.4%，连续三年增长放缓，俄罗斯经济面临滑向衰退的风险。尤其是 2014 年 3 月，乌克兰事件引发欧美对俄罗斯的经济制裁，导致俄罗斯再次陷入困境，经济增长下滑、通货膨胀、卢布贬值以及出口额大幅度下降。为摆脱困境，俄罗斯采取了一系列反危机措施来重振本国经济，加快实施面向亚太地区的"向东看"战略步伐。俄罗斯政府认为，外部需求欠佳是导致俄罗斯经济发展衰退和停滞的主要原因，俄罗斯急需寻找新的经济发展渠道，调动新的发展因素来解决经济增速放缓的问题。亚太地区经济快速发展，特别是中国经济发展对资源有巨大的需求，注重发展与中国的经济合作关系，可以为俄罗斯提供巨大的商机，是提振俄罗斯经济的关键，也是俄罗斯做出的现实选择。于是俄罗斯加快了对外经济合作重心向亚太地区转移的步伐，全面融入亚太经济合作进程。俄罗斯政府为此专门成立了俄罗斯联邦远东发展部，并多次召开远东开发工作会议，进一步明确推动俄远东发展的战略定位，促进远东开发，提出至少在 10 年至 15 年内西伯利亚和远东地区 GDP 增速高于全国，实现地区人口稳定增长，培育新的"增长极"以促进经济发展。

俄罗斯一直以来非常重视其欧洲地区的发展，将其视为政治经济的重心，亚洲地区发展相对滞后，特别是俄远东地区人口稀少、市场规模小、内生动力不足，然而由于国际金融危机的影响，欧洲地区经济持续低迷，俄罗斯面向欧洲的经济合作效益低下且物流等成本过高，相比之下，亚太地区特别是中国经济发展保持中高速增长，经济日渐繁荣，且地理临近，市场规模巨大，地缘优势十分显著，加之近年来，在俄罗斯曾经存在的"中国人口扩张论"等

负面影响大大弱化，俄罗斯社会各阶层对中国的态度转暖，俄罗斯对中国在远东地区开发战略发生积极变化，俄罗斯对华合作意愿明显增强，中俄经济合作进入"快车道"，双方在全方位务实合作上创新合作方式、拓展合作领域、取得了新的合作成果。特别是，随着经济全球化和地区经济一体化的深入发展，加强毗邻国家间的区域经济合作已成为各国经济合作的必然选择，由此，中俄两国经济合作也将迎来新的发展机遇。

从中国经济发展看，改革开放以来，中国始终坚持以经济建设为中心，综合国力大幅提升，创造了经济快速发展和社会长期稳定的奇迹。1979 年至 2012 年，中国经济保持了平均 9% 以上的增长速度，远远超过同期世界经济年均增速 2% 左右的水平。中国经济总量从世界第十跃升至第二，成功实现从低收入国家向上中等收入国家跨越，中国经济的快速增长对世界经济发展起到了空前巨大的推动作用。2013 年至 2020 年，国内生产总值从 59.3 万亿元增长到 101.6 万亿元，对世界经济增长的贡献率位居世界第一，超过 30%，人均国内生产总值突破 1 万亿美元，中国经济的稳健增长成为世界经济的"定盘星"和"压舱石"。中国在实现自身经济发展的同时，也为全球经济增长带来更多机遇。党的十九大确立中国要到 2035 年基本实现社会主义现代化，到 21 世纪中叶建成社会主义现代化强国的战略目标。

在实现中华民族伟大复兴的征程中，伴随着中国崛起的是来自以美国为首的西方国家的战略遏制和打压。为打破美国的战略围堵，中国做出了以周边国家为基础扩大全球伙伴关系的战略选择。2021 年是中国开启全面建设社会主义现代化国家新征程的一年，同时也是俄罗斯实现其 2030 年发展目标的最为关键的一年。中俄人民共同期望两国携手迈入新的发展阶段，奋力奔向民族复兴的光明前程，在这样的背景下，中俄两国只有共同唱响经济合作发展的主旋律，持续加大战略协作的深度，拓宽经济合作的广度，才能增进两国人民福祉，为促进世界共同繁荣发展做出巨大贡献。

三、"一带一盟"对接合作为中俄经济合作提供广阔空间

21 世纪以来，伴随着中国海上贸易通道的风险加剧，区域经济发展的不平衡，中国将国内区域经济发展战略开始向西部转移，进一步加强与中亚和

中东欧国家的区域经济合作。为了加快中国中西部地区经济发展，向西打通对外经济合作通道，2013年9月，习近平主席提出了丝绸之路经济带和21世纪海上丝绸之路的"一带一路"倡议。中国提出"一带一路"倡议旨在通过互联互通的基础设施建设，加大对外投资力度，强化亚欧跨区域经济合作。

2014年5月，旨在将实现商品、服务、资金和劳动力在六个国家内自由流动，俄罗斯、哈萨克斯坦、白俄罗斯三国率先签订了"欧亚经济联盟"条约，随后这个超国家联盟又与印度、埃及、以色列等国协商将进一步加强了多边区域经济合作。2016年6月普京总统正式提出"大欧亚伙伴关系"倡议，他强调，大欧亚伙伴关系要与中国的"一带一路"倡议对接，并把欧亚经济联盟作为建立"大欧亚伙伴关系"的一个平台。

中国政府提出的"一带一路"倡议和俄罗斯主导的"欧亚经济联盟"和"大欧亚伙伴关系"倡议十分契合，在经济合作上存在共同利益。"一带一盟"建设对接合作为中俄区域经济合作注入新的动力，也是中俄两国理性和必然选择，因此，2015年5月中俄两国政府共同发表了《中华人民共和国与俄罗斯联邦关于丝绸之路经济带建设和欧亚经济联盟对接合作的联合声明》，以及2018年5月双方签署《中华人民共和国与欧亚经济联盟经贸合作协定》，标志着中俄两国经济合作关系的进一步发展和重要突破，也标志中俄两国关系进入一个新的发展阶段，更是两国进一步深化双方务实经济合作的重要途径。可以说，声明的签订使中俄两国经济合作由资源互补发展进入战略互动的新阶段。"一带一盟"对接合作意味着两国就加强地区合作达成高度一致的共识，为两国经济发展和合作提供了广阔空间，有利于加强中俄双方在高科技、交通和基础设施等领域的合作，有利于形成相互促进和共同发展的新格局。

四、显著的地缘政治优势为中俄经济合作奠定了坚实基础

中俄两国地缘优势十分显著，有着4 300多公里的漫长边境线，中俄毗邻地区广阔，其中中国黑龙江省与俄罗斯外贝加尔边区、哈巴洛夫斯克边疆区、阿穆尔州、犹太自治州、滨海边疆区五个州区接壤，边境线达3 038公里，占中俄边境线70%左右；中国内蒙古自治区与俄罗斯边境线达1 051公里，对俄罗斯开放6个口岸，其中满洲里铁路口岸不仅是国家一类口岸，而且是中国

最大的陆路口岸；中国吉林省东部地区与俄罗斯远东滨海边疆区接壤，边境线 246 公里；新疆维吾尔自治区与俄罗斯阿尔泰、克拉斯诺亚尔斯克、克麦罗沃三个边疆区(州)毗邻，边界线 54 公里。中俄两国毗邻地区经济合作成为两国经贸合作的重要领域，中俄交通便利，通过关道、口岸、港口等近距离的连接，可使双方合作经济成本大幅度降低，两国地缘优势促使双方相互借力实现共同发展提供重要前提。

一些国家在国际事务中对中俄两国的打压、遏制和排挤加快了两国经济合作的步伐，中国与俄罗斯开展经济合作是相互借力，寻求共同利益，避免两国在各自发展关键时期遭遇美国等西方国家的遏制和孤立而采取的重要举措。中俄两国都是世界大国，两国关系发展将对世界格局的调整变化具有举足轻重的作用。在世界百年未有之大变局的时代背景下，中俄两国开展经济合作是完全符合两国现阶段利益诉求，更是世界和地区长期稳定与和平发展的客观需要。

第二节　中国与俄罗斯开展经济合作的战略意义

作为世界上最大的发展中国家，中国在世界经济中正扮演着日益重要的角色。中国与俄罗斯进行区域经济合作既是中国适应经济全球化与全球区域经济一体化发展趋势的需要，也是中国经济高速增长与国际经济紧密融合的客观要求，更是在东北亚地区发展中俄双边关系的必然选择。因此，中俄经济合作不论在政治上还是在经济上对世界各地区及东北亚地区的快速发展具有十分重要的战略意义。

一、有利于实现中俄两国各自发展的战略利益

中俄两国开展经济合作的前提就是存在共同的利益诉求，中俄经济合作要以互利共赢为核心，以追求国家稳定和经济发展，维护和促进地区和世界和平安全与发展为目标。

（一）有利于中国发展的战略利益

目前，中国已成为世界第一大制造业国家，制造业净出口居世界首位。作为拉动中国经济增长的"三驾马车"之一，出口一直是推动中国经济快速增长的重要动力。受国际金融危机的间接影响，2008 年后我国出口贸易大幅下滑，对我国经济发展构成严峻挑战。为了平衡进出口贸易，减少出口不利带来的困难，中国政府于 2011 年决定实施"扩大进口战略"。因进口制成品挤压了部分制造业的国内市场份额，造成中国制造业产能过剩问题十分突出，所以，加大拓展俄罗斯的出口市场，进一步扩大出口规模是解决目前中国制造业产能过剩的重要途径。中国对俄开展经济合作的主要内容之一是提升中俄投资贸易便利化水平，打通两国的跨国贸易大通道，扩大国际货运量，提高双方互联互通水平，缩短货物的运输成本，这将有助于中国制成品对俄出口规模扩大，进而消化中国国内过剩产能。特别是 2008 年金融危机以来，中国成为世界经济增长的发动机，中国经济高增长的主要动力来自对外贸易和投资。中国开展对俄经济合作有助于双方通过多领域、多层次的大项目合作带动两国经济快速增长。另外，随着中国经济快速发展，中国越来越依赖海外进口能源。自 2009 年以来，中国连续六年突破石油安全警戒线，同时，中国石油进口 90% 来自海上，80% 来自中东等国的石油必须通过马六甲海峡，但由于美国试图控制这一海上通道，并将这里视为美国全球战略重要基地，因此，为保障油气资源进口安全，解决海上石油通道的困境，中国积极加强与周边国家合作，提出"一带一路"倡议，尤其加强对俄开展合作，有助于中国能源进口的安全保障，符合中国发展的战略利益，有利于两国合力破解西方国家带来的战略压力，也有利于为中国向第二个百年奋斗目标、开启全面建设社会主义现代化国家新征程创造有利的外部环境。

（二）有利于俄罗斯发展的战略利益

俄罗斯是世界上自然资源十分丰富和重工业基础雄厚的国家，但其轻工业、农业等相对薄弱，而截至 2019 年中国是世界上唯一拥有联合国产业分类中全部工业门类的国家，在资本和人力资源等方面具有显著优势，中俄两国产业结构互补为中国对俄开展经济合作创造了更大的空间。

普京执政后，十分重视俄罗斯远东地区经济社会发展，为此先后出台了一系列的发展规划和开发战略，积极支持东部地区与中国东北地区乃至东北亚地区各国的经济合作。2009 年 9 月中俄元首批准了《中华人民共和国东北地区与俄罗斯联邦远东及东西伯利亚地区合作规划纲要（2009—2018 年）》，2018 年 9 月又共同出台了《中俄在俄罗斯远东地区合作发展规划（2018—2024 年）》接续文件，为两国毗邻地区的经济合作规划了蓝图，也表明中俄经济合作的可持续性。2010 年 1 月俄罗斯总统普京批准的《远东和贝加尔地区 2025 年前社会经济发展战略》中提出增加中俄两国过境客运和货运量，建立两国核心的运输网络的合作目标。2014 年 3 月俄罗斯还提出"跨欧亚发展带"构想，把开发西伯利亚和远东作为重要目标。除此之外，俄罗斯提出将致力于打造欧亚经济联合体，以建设西伯利亚大铁路为依托，带动石油和天然气运输通道建设，推动高新技术产业群与现代科学工业园区的建设，完成俄罗斯西伯利亚和远东地区开发的崭新战略布局。2015 年 5 月中俄两国签署的《中华人民共和国与俄罗斯联邦关于丝绸之路经济带建设和欧亚经济联盟建设对接合作的联合声明》，以及 2018 年 5 月《中华人民共和国与欧亚经济联盟经贸合作协定》的签订，又为两国地区经济合作提供了强大的动力，并将中俄两国共同开发东北方向海上丝绸之路的相关项目切实启动起来。在交通建设方面，两国重点加快俄罗斯、蒙古国和朝鲜跨国区域交通网的建设，借助"中蒙大通道工程"向日本海开发出海口，以蒙古国乔巴山为起点，途经中国内蒙古的阿尔山，吉林省的白城、长春、珲春等城市，从而完善中国东北方向陆海丝绸之路经济带和俄罗斯相联系的海上丝绸之路的开发规划。

近些年来，以美国为首的北约集团不断地向俄罗斯进行空间战略的挤压，使俄罗斯来自西部的地缘政治压力很大。为了改善俄罗斯周边的地缘紧张关系，俄罗斯推出强有力的区域发展计划，即欧亚经济联盟，旨在促成区域市场各要素的自由流动。然而，由于美国的干扰，欧亚经济联盟的合作发展并不顺利，欧亚经济联盟的许多国家至今持观望态度。"一带一路"倡议和俄罗斯欧亚经济联盟的战略规划对接能够缓解俄罗斯来自西部的地缘政治压力，能够产生积极的区域性和国际性效应。因此，中俄两国在能源和交通运输、基础设施建设方面开展大项目合作取得成果，将有助于俄罗斯破除西方国家的战略围堵，有助于走出美欧经济制裁困境，探求新的经济发展空间，同时也有助于挖掘俄罗斯在东北亚乃至欧亚地区交通运输潜力。

二、有利于提升中俄两国在世界上的影响力

中俄两国是联合国安理会常任理事国成员，还是上海合作组织、亚太经合组织、亚欧会议、二十国集团领导人峰会、亚洲相互协作与信任措施会议、中俄印合作机制、东盟地区论坛、中蒙俄合作机制等多边合作组织的参与国。两国在双方彼此核心利益问题上能够互相支持，尊重各自根据本国国情选择的发展道路。在上述这些国际组织中，中俄两国能够在诸多国际事务中合作交流，相互理解，成为世界和平的建设者、国际秩序的维护者，成为构建公正合理的国际秩序的有影响力的国家。

中俄两国均处于东北亚地区重要位置，该地区的局势十分复杂，朝鲜半岛形势变化莫测。为了维持东北亚的安全与稳定，中俄两国应通过双方的共同努力，进一步深化两国的战略协作伙伴关系，共同肩负起历史责任，推动区域各国友好合作，走出一条互利共赢的新路，展现两国的大国担当，在国际上树立负责任的大国形象，这对整个东北亚地区的经济稳定和未来世界各地区安全有重要影响。

中国与俄罗斯以谋求共同利益为前提，建立全方位的合作关系，有利于创建平等、合作、互利和互助的国际秩序。当前，世界百年未有之大变局和新冠肺炎疫情交织，西方一些国家自保倾向上升，单边主义、贸易保护主义、逆全球化、右翼民粹主义、新孤立主义等会给全球经济的健康发展蒙上一层阴影。但是面对着日益复杂的全球性问题，任何国家都无法独自解决，需要在重大的问题上得到中俄两国的协作与支持。现实表明，中俄两国应共同努力、加强合作，应对当代世界复杂多变局面，建立新型国际关系，同舟共济，推动经济全球化健康发展，促进贸易和投资自由化便利化，推动经济全球化朝着更加开放、包容、共赢的方向发展，从而营造一个良好的国际环境。

三、有利于稳定和巩固中俄两国地区的和平环境

中俄互为邻国，是彼此的安全后方。中俄两国数百年关系的历史表明，两国关系的紧张与对抗对中俄两国的国家安全都带来了重大威胁和不利影响。

回顾历史，不管是 17 世纪不断向东扩张的沙俄侵占了大片中国领土，还是 20 世纪 60 年代中苏陷入对抗和冲突，两国关系的紧张在很大程度上延缓了中俄两国的现代化建设的步伐。当时的中苏对抗使苏联、中国陷入了盲目备战的不利地位，不仅耗费了大量的财力、物力用于军事设施的建设，而且还贻误了两国发展经济的机遇。与此同时 20 世纪 60 年代后期 70 年代前期，许多西方国家和亚洲一些新兴工业地区抓住世界新技术革命兴起的机遇，实现了经济腾飞，与此同时中国和俄罗斯却因中苏对抗等原因，错失了这一良好的发展机遇。中苏两国的对抗，使两个伟大的社会主义国家都为此付出了沉重的代价。

当今世界经济持续低迷、全球新冠肺炎疫情仍然肆虐的大背景下，中俄两国展开务实合作的意义更为凸显。无论是应对眼下的危机还是共创美好未来，两国都需要同舟共济、团结合作。正如习近平主席指出："任何国家都不能从别国的困难中谋取利益，从他国的动荡中收获稳定。如果以邻为壑、隔岸观火，别国的威胁迟早会变成自己的挑战。"[①]因此，中俄两国只有通力合作，始终坚持走睦邻友好之路，才能有效应对各种风险挑战，更好地维护两国的国家安全和利益，给双方营造一个和平稳定的周边环境，为两国国内的生产和生活创造一个良好外部条件，使两国可以把更多精力投入经济发展。在过去 40 多年的改革开放中，中国综合国力快速提升，得益于良好的外部环境，特别是与俄罗斯的友好关系。同时，俄罗斯的发展一直举步维艰，虽然比较坎坷，但与中国的经济合作、军事合作也有助于它摆脱经济危机的困境，从而为俄罗斯经济发展创造了光明前景。

四、有利于中俄两国进一步深化改革和扩大开放

21 世纪是中国快速发展的重要战略期，是中国实现国家现代化、中华民族复兴的关键时期，因此，中国必须要紧紧抓住发展机遇，应对各种风险和挑战，认真解决改革攻坚期的突出矛盾和问题，突破经济发展的体制障碍和

---

① 《习近平在联合国成立 75 周年系列高级别会议上的讲话》，北京：人民出版社，2020 年版，第 9 页。

瓶颈制约，开创社会主义经济建设、政治建设、文化建设、社会建设、生态文明建设的新局面。

俄罗斯自普京执政后，在连续多年的国情咨文中特别强调远东开发战略的重要性，高度重视东部地区尤其是远东地区的开发和经济社会发展，为此出台了一系列的东部地区开发战略和发展规划纲要。可以说，国家发展战略决定了中俄致力于国内经济与社会稳定的战略需求，中俄两国相近的治国理念和经济发展目标将使中俄两国合作基础更为坚实，为两国国内经济进一步深化改革和开放提供一个良好的外部条件。

五、有利于中俄两国抵制全球化带来的负面影响

经济全球化是人类社会发展到一定历史阶段的必然产物，它促进了商品和资本流动，促进了各国人民的交往，为世界经济增长提供了强劲动力。对于广大发展中国家而言，全球化既带来了重要的发展机遇，也带来了诸多风险与挑战。特别是对于经济对外依存度高的国家，经济全球化带来的消极影响可能会大于积极影响。长期以来，中国的出口严重依赖欧美市场，欧盟和美国一直是中国两个最大的贸易合作伙伴，这种状况显然与中国实施的出口多元化战略的要求不符，更不利于分散中国在经济全球化中面临的风险。2008 年美国次贷危机引发的全球的金融危机致使欧美市场出现衰退，使中国的对外贸易遭受了沉重的打击，影响了中国经济的稳定、持续的增长。特别是，随着中国经济快速发展，贸易规模的不断扩大，西方发达国家针对中国的贸易保护主义也有抬头的趋势。这说明，中国只有积极与俄罗斯等国进行广泛的区域经济合作，拓展出口渠道，才能规避逆全球化背景下产生的风险，化解贸易保护主义带来的风险和冲击。同时，西方国家打压遏制中俄两国，客观上也推动中俄经济合作的进一步发展。应该看到，中俄经济合作发展既有内生动力，也有外源性的动力。在新形势下，中俄两国顺应经济全球化历史潮流，双方经济合作将得到全方位的发展。

六、有利于树立中俄两国负责任大国的形象

中俄两国深入推进区域经济合作，在维护地区和平稳定方面展现出负责

任大国应有的担当。推动构建人类命运共同体稳步前进，建设和谐美好的共同家园契合两国人民共同利益，需要两国人民共同携手。

中国的经济已连续多年来持续快速地增长，并且在全球名列前茅。根据IMF 公布的数据显示，2020 年中国 GDP 总量已占世界生产总值的 17.4%，成为世界第二大经济体，仅次于美国。中国以如此巨大的经济总量，可以为俄罗斯提供大量的公共产品，也为与俄罗斯国家和毗邻地区的经济增长做出巨大贡献。另外，中国还是世界上巨大的商品进口国之一，强劲的进口势头可以成为俄罗斯国家"需求拉动"的主要原因，并对俄罗斯的经济发展发挥显著的支持作用。因此，中国在发展自己的同时，积极与俄罗斯进行区域经贸合作，可以使俄罗斯分享自己的经济增长成果，也带动相关区域的产业发展和对外贸易，体现了中国愿意与俄罗斯共同发展、共同繁荣的愿望，真正树立了负责任的大国形象。

综上所述，中俄两国既是近邻，又是战略协作伙伴关系，中俄两国之间广泛合作，有利于实现两国战略利益的最大化，随着中国"一带一路"倡议的实施和俄罗斯西伯利亚与远东开发的实施，中俄经济合作必会迎来了一个新的时期。在这机遇和挑战并存的时期，中俄两国需要加强彼此之间互通互利合作，形成合力，以有效地防范西方国家采取分化、瓦解的策略对中俄两国进行战略遏制，应对各种危机和挑战，促进两国经贸合作的顺利进行和经济的持续发展。合作共赢是中俄两国所追求的共同目标，从长远来看，中俄两国战略协作伙伴紧密程度最终还是取决于双方经贸合作的水平和由此产生的相互经济利益的依存度。同时中俄两国保持良好合作的关系，不仅能有效地促进两国经济的快速发展，而且对保障两国周边地区的稳定和安全具有战略性的延伸作用。

第二章　中俄经济合作的理论基础

在经济全球化的大背景下，发展中国家面临着机遇与挑战，如何趋利避害是所有发展中国家必须解决的普遍性问题。20 世纪 80 年代以来，发展中国家区域经济合作呈加速发展的趋势，这种趋势是发展中国家应对经济全球化的一种必然选择，但发展中国家区域经济合作所获得的收益并不明显。中俄两国是发展中大国，加强经济合作不仅有利于形成长期的和平国际环境和良好的周边环境，也是抓住两国经济发展机遇的重要途径。因此，本章从理论上分析中俄两国开展经济合作的必要性，为中俄两国经济合作提供理论依据。

第一节　中俄经济合作的相关概念阐释

一、区域经济合作

"区域经济合作""国际经济合作""区域经济一体化"等这些概念大体思想是一致的，但在不同的背景下各有侧重不同。国际经济合作更多地强调经济合作的内容，一般认为国际经济合作是"各主权国家(或地区)、国家集团、国际组织相互之间发生的，在自愿和平等互利的基础上，在生产领域，即主要在自然资源、资本、技术、管理、劳务等领域所进行的各种经济往来活动。"①

---

① 沈伯明：《新编国际经济合作》，广州：华南理工大学出版社，2002 年版，第 1-2 页。

"区域经济一体化"的概念十分丰富,影响也比较广泛。例如,荷兰经济学家丁伯根提出:"经济一体化就是将有关阻碍经济最有效运行的人为因素加以消除,通过相互协调与统一,创造最适宜的国际经济结构。"①美国经济学家巴拉萨提出:"我们建议把经济一体化定义为既是一个过程,又是一种状态。就过程而言,它包括旨在消除各国经济单位之间差别待遇的种种举措;就状态而言,则表现为各种形式的差别待遇的消失。"②由此可见,区域经济一体化更加强调和侧重是经济合作的一种过程和状态,其最终目标是各种资源在区域内实现自由流动。如学者韩彩珍将区域经济一体化视为一种状态,她指出:"区域经济一体化是指某一地区内的两个或两个以上的国家,在平等、自主、自愿和互利等原则的基础上,通过共同协商,以某种组织机构或某些制度性措施安排为形式,使区域内各民族国家(或一国的局部地区)的经济生活由一国范围内运行转化为区域性国际范围内的运行。发挥各国经济优势,实现区域内各国在经贸、科技领域的全面合作和资金、资源和劳动力等生产要素的优化配置组合,从而获取规模经济效益,加快区内各国经济发展,提高整个地区的经济实力和竞争能力。"③区域经济合作的内涵更加复杂,有学者认为:"区域经济合作"是指不同主权国家的政府和经济组织,在互利的前提下,在各种领域,建立一定的合作和协调机制,以实现区域资源的优化组合,提高整个区域的经济福利的活动。④ 也有学者认为:"区域经济合作通常是在地理位置上邻近的国家或地区中展开,是经济主体为了谋求经济社会利益而促使生产要素在区域之间流动和重新组合的过程,是经济开放区域对外经济活动的重要内容。"⑤此种概念定义有些狭隘,因为目前世界上许多地理位置不相邻的国家之间也开展了各种区域经济合作,例如欧盟和不相邻的智利之间就建立了自由贸易区,开展区域经济合作。还有学者将区域经济合作与经济一体

---

① 《世界经济百科全书》编辑委员会:《世界经济百科全书》,北京:中国大百科全书出版社,1987年版,第258页。

② 转载自秦放鸣:《中国与中亚国家区域经济合作研究》,北京:科学出版社,2010年版,第2页。

③ 韩彩珍:《东北亚地区合作的制度分析》,北京:中国经济出版社,2007年版,第3页。

④ 秦放鸣:《中国与中亚国家区域经济合作研究》,北京:科学出版社,2010年版,第4页。

⑤ 刘光溪:"亚洲区域经济合作新动态及我国的应对策略",《国际商务研究》,2003年第2期。

化联系起来，并较为全面地定义为："区域经济合作是在多边贸易体制发展缓慢的情况下，国家采取的回应之策，是为弥补多边贸易的不足而发展起来的一种合作模式。它不反对市场化和全球化，而是倡导和坚持平等对话与协商原则，在这一基础上开展包括政治、经济、贸易、货币、文化、科技、控制冲突等方面的合作，通过政策合作引导市场化发展，本质是地区合作主义和合作引导下的市场化过程。"①

总之，国际经济合作、区域经济一体化和区域经济合作三个概念相比较来看，从合作的对象上，国际经济合作强调合作内容，特别是强调生产领域的合作；区域经济一体化则更加强调资源与生产要素在区域内流动的过程和状态，特别强调一种流动性的自由程度；而区域经济合作的概念更加宽泛，特指在互利共赢前提下将区域内的资源进行优化配置，从而增进区域内经济效益的一种合作方式。从合作的机制上，国际经济合作强调市场的行为与作用，而区域一体化和区域经济合作更加强调国家政府间的机制合作的一种意识和行为。例如，经济合作的参与国已经实现了从生产到流通领域的统一协调、制度安排的状态。通过以上对比分析和归纳总结，本书中的区域经济合作要比国际经济合作和区域经济一体化的概念更加宽泛和丰富。

区域经济合作不仅是顺应经济全球化的时代潮流，也是世界经济发展的趋势。区域经济合作实际就是将各区域在分散条件下不能获得的经济效益通过寻找符合各地特点的经济发展形式，形成一种区域经济综合优势。它不仅可以增强区域间的经济联系，而且还能够有效促进各种要素向最优区位流动，从而进一步解除要素区际流动的各种障碍，进而提高区域之间的经济运行整体性和协调能力。区域经济合作还可以打破行政垄断和地区封锁，促进各种生产要素在区域范围内优化配置，自由流动，让商品和服务顺畅流通。无论是国家还是地区积极参与区域经济合作对其发展都是非常有利的。中国作为一个拥有众多周边邻国的发展中国家，在自身发展的过程中，依托同周边邻国积极参与和开展双边和多边区域经济合作已成了中国外向型经济合作的重

---

① 崔颖：《上海合作组织区域经济合作——共同发展的新实践》，北京：经济科学出版社，2007年版，第35页。

要战略选择。

二、中俄区域经济合作

中俄区域经济合作是中俄两国因地理相邻性、资源性和经济互补性而形成的互惠互利的经贸关系。[①] 学者高晓慧将中俄区域经济合作分为广义和狭义两个层次，她指出从广义层次上讲，中俄区域经济合作是指中俄两国之间的经贸合作，它包括全方位、多层次、宽领域的经济、贸易和技术合作，是以两国疆域为外延；从狭义层次上讲，中俄区域经济合作是指中俄两国毗邻地区的经贸合作，它仅限于中国黑龙江省、吉林省、内蒙古自治区和新疆维吾尔自治区等省区与俄罗斯毗邻地区的经贸关系。[②]

本书将广义和狭义两个层次结合起来研究中俄区域经济合作，因为两国的区域经济合作首先是从两国毗邻地区间的边境贸易开始的。从 20 世纪 80 年代起，中俄边境贸易经历了恢复起步、快速发展、回落调整和稳定规范有序发展四个阶段，在两国边境地区经贸合作中占有重要的地位，并成为推进两国边境地区经济繁荣发展的重要动力，对稳定边疆、提高边境地区人民生活水平发挥着积极的作用。随着中俄边境地区的经贸合作蓬勃发展，中俄两国的经贸合作也日益辐射和扩散到全国其他地区和领域。目前，中俄两国区域经济合作已从毗邻地区扩展到全国范围，广东、山东、浙江、江苏等省区已位居中国对俄贸易的前列，双方已建立友好城市和省州 152 对，所以，我们研究中俄区域经济合作问题，已不能仅限于边境地区的经贸合作，而是逐步向更广地域、更多领域扩展。同时，我们也看到中俄两国之间还存在经济上的互补性，而这种经济互补性则要放在两个国家整体的层面上来权衡。例如，俄罗斯油气资源丰富，是目前世界上第一大能源出口国，而中国则是世界上第二大石油进口国，是世界上第二大的石油消费国，石油需求旺盛。中俄双方的能源合作具有很大的潜力，也是从两国总供给和总需求的角度来衡

---

① 高晓慧："中俄区域经济合作的理论解析"，《俄罗斯中亚东欧研究》，2006 年第 6 期，第 37 页。

② 高晓慧："中俄区域经济合作的理论解析"，《俄罗斯中亚东欧研究》，2006 年第 6 期，第 37 页。

量的。互补性是两个国家发展经贸的基石，是区域经济合作的原动力。如果双方能够从国家发展战略和大格局的统筹下，突破沿边省区经济贸易合作的局限，开展中俄区域经济合作，两国的双边经贸关系地位将日益提升，将会大大改变中俄两国区域经济合作水平落后于两国政治关系的状况。因此，中俄两国区域经济合作只有全方位、多层次、宽领域、高水平展开，而不仅仅依靠狭义理解和限制中俄区域经济合作，这样才能满足两国经济发展的需要，改变两国之间的经贸合作始终处于低层次、低水平的状况，才能使中俄两国的合作更具潜力和发展空间。

三、外向型经济

外向型经济亦称"出口主导型经济"，是指积极走进国际市场，依靠优先发展生产出口产品，参与国际分工和国际交换，从而带动经济发展的一种经济类型。外向型经济旨在通过扩大出口，促进出口工业的发展，在较大的范围内参加国际劳务合作，在较大规模上利用外资，吸收、消化国外先进技术和经营管理方法，推动本国经济的发展，促进地区内经济效益的提高和社会经济的发展。当前，中国全面建成小康社会的第一个百年目标已实现，开始进入实现社会主义现代化的新征程，要实现中华民族伟大复兴和实现社会主义现代化强国的第二个百年目标，需要进一步扩大对外开放，不断完善外向型经济体系，充分发挥对外开放的强大的动力。

从国际上看，世界经济可能长期处于低迷状态，各种形式的贸易保护主义上升、逆全球化态势日益明显，经贸摩擦现象显著增强，各国围绕市场、技术、资源、规则、人才、标准等方面的竞争更加激烈，在产业链中中国的中高端产业与发达国家的竞争会日益加剧，在传统优势产业方面中国与发展中国家的竞争逐渐增多，中国发展面临的外部环境更加复杂。

从国内看，随着中国经济发展方式逐步转型，经济结构的不断调整，中国的社会生产力、综合国力以及人民生活水平大幅度提升，中国已经形成了相对完备的产业体系，参与国际竞争与合作的能力显著增强，已经具备提升开放水平和进一步扩大开放的基础和条件。但是，中国经济发展方式的转变和经济结构的优化任务还相当艰巨，资源环境约束强化，制约外向型经济合作的发展体制机制障碍仍然较多，面临的对外开放风险增大，开放的水平、层次、效益亟待提高。

2020 年 5 月 14 日，中共中央政治局常委会议首次提出"构建国内国际双循环相互促进的新发展格局"。"双循环"的新的发展格局是党中央面对国内外环境发生的显著变化背景下提出的，也是推动我国开放型经济向更高层次发展的重大战略部署。当今全球经济已经深度融合，一荣俱荣、一损俱损，你中有我、我中有你，中国只有加大开放力度，继续扩大对外开放，通过推进"一带一路"建设，全方位加强互联互通，大力发展外向型经济，努力融入全球价值链，积极参与国际经济竞争与合作，发挥比较优势，提高在国际市场的占有率，才能有利于掌握国际分工主动权，保证我国经济体系安全稳定运行，保障我国经济实现高质量发展，有效应对日益复杂的国际大环境，在互利共赢的基础上促进国家经济的发展。

四、国际金融危机

爆发于 2007 年 4 月的美国次贷危机，自 2008 年 9 月雷曼兄弟公司破产倒闭后，发展成为自 1929—1933 年经济危机以来的规模最大、影响最深的全球金融危机。这场金融危机的形成主要有三个根源：第一，美国过分宽松的货币政策导致了美国房地产市场的过度繁荣；第二，金融监管缺位下的金融衍生品的过分发展；第三，就是国际收支失衡导致全球金融市场上出现流动性过剩。此次金融危机波及范围很广，冲击力度十分强烈，它给全世界各国的经济发展带来了深刻的影响。尽管各国政府开展了全方位的救援行动，从源头上遏制了金融危机的进一步恶化，但全球金融危机的未来走向仍存在着很大的不确定性，世界经济面临着深刻调整，世界经济格局将孕育许多新变化。

(一) 国际金融危机对经济全球化的影响

国际金融危机对于经济全球化的发展产生了多方面的影响。在国际金融危机的冲击下，经济全球化增速发展的势头明显受阻，以美国为首的发达国家主导的全球化发展的力量受到严重削弱，经济全球化的负面影响凸显出来。首先，一些国家为稳定本国金融体系、防止金融风险跨境传播，采取了一系列的救援措施，例如，限制其对外国金融机构和企业的贷款和融资，对跨境资本流动采取一定的限制措施等。这些各种形式的金融保护主义措施在很大程度上制约了国际资本自由流动，对金融全球化的发展构成障碍。其次，国际金融危机和世界经济衰退增加了各国就业的压力，一些国家特别是发达国家采取了各种形式的贸易保护主义措施，加大对外国产品反倾销、反补贴调查力度，以保护本国市场，试图稳定本国经济和就业。贸易保护主义倾向的增强，给经济全球化带来新的阻力。最后，在金融危机和全球经济衰退的背景下，各国出于自身利益的需要，纷纷加强贸易、投资和金融保护措施，在很大程度上影响了全球多边经济合作。另一方面，由于金融危机的影响，全球多边贸易的合作难以取得进展，但各国为了共度时艰，转而更多地寻求双边合作并加强了区域内的合作，特别是新兴经济体调整了发展战略，走向联合的趋势日益加强，在经济全球化的进程中也出现了一些积极的因素。

（二）国际金融危机对区域经济合作的影响

国际金融危机对区域经济合作的影响既有积极的一面，又有消极的一面，其中积极因素的影响占据主导地位，主要表现在以下几个方面：

第一，各经济体面对金融危机的挑战，对加强区域经济合作、抱团取暖、共渡难关的意识和愿望明显增强。此次国际金融危机爆发后，各国政府在采取应对金融危机的各种措施后，不断地表达了要加强合作、抱团取暖的合作愿望和决心，这与1997年亚洲爆发金融危机后的情况非常不同。例如，2009年2月22日，东盟和中日韩特别财长会议在泰国南部普吉岛召开，集中讨论了区域内的经济形势，共同努力维护区域内经济和金融的稳定，强调要共同应对当前的危机和挑战，可见，各国对区域经济合作、金融合作的发展认知有了明显地提升。这种认知和影响在正常的经济生活中和经济运转中是不能够达到的。

第二，此次金融危机推动了区域金融合作的发展。在区域经济合作的发展的进程中，金融合作的滞后往往对任何地区的区域经济合作都产生了不利影响。但国际金融危机的爆发却在一定程度上改变了这一状况。例如，此次金融危机加快了亚洲建立区域外汇储备库的进程。同时，金融危机还使亚洲债券市场建设取得了重要的进展。特别是金融危机爆发后，以美元为主导的国际货币体系受到严重冲击，美元以及欧元的汇率经历了很大波动，这样就促使货币市场向多元化的趋势发展，因为区域货币多元化对摆脱美元的过度依赖和区域经济的平衡和稳定有着积极的作用。例如，在这样的背景下，中国就积极加快了人民币区域化、国际化的步伐，开展了人民跨境贸易结算的试点工作。因此，国际金融危机爆发后，各地区的金融合作都有了显著的进展。

第三，国际金融危机促进了亚洲区域经济一体化的整体发展。在很长一个时期，东南亚区域合作发展速度较快，而东北亚区域经济合作却一直进展缓慢，亚洲区域经济发展处于一种不均衡发展的状态。此次国际金融危机发生后使上述情况发生了明显变化。如中日韩三国面对金融危机积极展开合作，确定了 11 个重点合作领域。在经济合作及机制建设方面也取得了重要进展，建立了 15 个部长级会议机制，设立了各级别的交流与对话机制超过 50 个，使中日韩的合作进入了一个新的发展阶段。中日韩三国的合作发展，对于东北亚以及整个东亚经济合作都有着非常重要的意义。

总之，经济金融危机的历史证明，世界经济贸易在危机期间会经历一段艰难的调整，但危机过后经济全球化还将重新启程，世界贸易作为世界经济发动机的作用不会根本改变。同时，为尽快恢复经济和寻求经济持续繁荣的动力、防范外部冲击，区域内各成员国会更进一步加强联系，区域经济合作也会率先蓬勃发展。因此，此轮经济金融危机不但没有使区域经济合作的步伐停止，相反会使区域经济合作呈现出新动向，区域经济合作有可能会引来新的高潮，带动区域内双向贸易和投资的进一步发展。可以说，全球金融危机是一把双刃剑，一方面给世界各国带来了严重的冲击和挑战，另一方面又给各国带来新的发展机遇。

五、后金融危机时代

所谓后金融危机时代是指 2008 年美国次贷危机后，全球经济触底、回升直至下一轮增长周期到来之前的状态较为平稳的一段时间。但是这种状态是相对而言，因为造成危机的根源并没有消除，而且危机也并没有结束，从而使得世界经济仍然存在很多不确定因素，经济危机还会回来，甚至加剧。

由美国次贷危机引发的金融风暴在各国政府出台的一系列经济刺激和及

时有力的政策干预和作用下没有造成 1929 年那样持续数年的经济大萧条。自 2009 年 9 月下旬开始,世界各国政府通力合作,采取了史无前例的措施对市场进行积极有效的干预。以美国为例,受金融危机影响,从 2008 年第三季度开始,国民生产总值负增长,跌幅创 7 年最高,第四季度经济增长为负,2009 年第一季度经济总量下降,第二季度负增长 1%,好于预期。2009 年第三、第四季度实现经济正增长。美国经济逐步走出低谷,显示出企稳回升的迹象。美联储 2009 年 9 月 2 日公布了一系列经济数据使人们相信:美国经济下滑已经终止,制造业正逐步趋于稳定。可以说美国经济的止跌反弹是世界经济最终走出衰退的关键。随后,欧盟经济体、英国和日本也出现了类似的企稳。与此同时,中国、俄罗斯、印度、巴西等新兴经济体也出现了种种转机。世界经济已经企稳,并渡过了最恐慌的阶段,世界经济止住了下滑的趋势。随着疾风暴雨式经济危机的过去,全球经济从崩溃边缘走了出来,金融危机肆意破坏全球经济的恶劣态势得到了有效控制,金融危机后全球经济开始出现复苏性增长的时代来临,即世界各国进入了后危机时代。

后金融危机时代国际经济形势表现为三方面的特征:一是世界新兴经济体越来越扮演重要的角色。以中国、俄罗斯、印度、巴西等国为代表的新兴经济体在这次金融危机复苏中起到了非常重要的作用。2009 年四国对全球经济增长的贡献率超过了 50%,2010 年新兴经济体的经济增速预计达到 5.56%。新兴经济体在这一轮国际经济博弈中占据了主动地位。二是中国、俄罗斯等新兴经济体国家在国际中的话语权越来越得到加强,预示着新兴经济体在未来的全球经济治理中将拥有更大发言权。三是世界经济中区域经济合作越来越紧密。在这次危机后,世界各国的合作意愿越来越强烈,在国际舞台上抱团取暖,共同抗击金融危机的愿望十分明显。

六、"一带一路"倡议

在世界经济缓慢复苏、各国面临的发展问题依然严峻和我国优化开放格局、提升开放层次的背景下,2013 年 9 月至 10 月期间在出访中亚和东南亚时,习近平主席提出"一带一路"倡议。"一带一路"是指"丝绸之路经济带"和"21 世纪海上丝绸之路",是借用古代丝绸之路的历史符号,依靠既有的、行之有效的区域合作平台，致力于建立和发展与沿线国家的经济合作伙伴关系。"一带一路"倡议的提出有利于中国与沿线各国在平等的文化认同框架内，开展务实合作，在交通基础设施、贸易与投资、能源合作、区域一体化等领域形成共创共享合作成果，它将会成为21世纪联系亚非欧的政策、贸易、设施、资金、人心通畅的跨地区合作模式。

2015年3月28日国家发改委、外交部、商务部联合发布了《推动共建丝绸之路经济带和21世纪海上丝绸之路的愿景与行动》，"一带一路"路线图正式公布。"丝绸之路经济带"分为三条线路：即以欧亚大陆桥为主的北线（北京—俄罗斯—德国—北欧）、以石油天然气管道为主的中线（北京—西安—乌鲁木齐—阿富汗—哈萨克斯坦—匈牙利—巴黎）、以跨国公路为主的南线（北京—南疆—巴基斯坦—伊朗—伊拉克—土耳其—意大利—西班牙）。近年来，中蒙俄经济走廊的建立极大地扩展了"一带一路"的空间范围，也将东北亚地区纳入"一带一路"的区域范畴，改变了中国区域发展版图，有利于加快我国对外开放合作层次的提升和经济转型升级。

"21世纪海上丝绸之路"是以重点港口为节点，发展面向南海、太平洋和印度洋的战略合作经济带，以建设安全通畅的运输大通道为发展目标。

总之，"一带一路"倡议实现"政策沟通""道路联通""贸易畅通""货币流通"以及"民心相通"，逐步实现区域的大合作，实现政策、基础设施建设、科技文化乃至民心的全方位互联互通。

七、认同

认同虽然是一个主观性很强的概念，但认同的形成又受文化、价值观等因素的影响，同时也来源于行为主体的互动与实践。它是一定生产力发展水平和特定生产方式的产物，受到历史、文化传统、价值观、宗教、社会政治制度等方面的影响。认同的作用和影响在国际合作中的作用是无形的，因此常常被忽视，当人们谈到国家合作时，人们自然想到利益、安全、制度等，而忽视了认同的作用与影响。本书试图从观念的角度来探讨国际合作问题，选取了认同这个概念作为分析中俄两国间合作的工具，可谓是一种尝试。

认同（identity）是社会学研究的基本概念之一，具有身份、同一性、一致、特性等含义。在很大程度上，指的是自我认为具有从属于某个群体的身份。"认同"理论最早出现于心理学研究范畴之内，主要为了说明"个人"心理上和社会上的归属问题，阐述个体内在的情感依附、态度倾向和外显的行为表现，并解释价值观念和行为之间的联结关系。后来心理学上的这个概念被广泛用于社会、政治、历史、文化等领域的研究。

根据《现代汉语词典》的解释，认同主要有两种用法：一是"认为跟自己有共同之处而感到亲切"，例如民族认同、国家认同、文化认同等；二是表示"承认；认可"。在英文里认同有三层意思：第一层意思是"身份"或"特性"，也就是使我成为我，区别于他者的身份特性；第二层意思是"同一性"，指一个事物跟另一个事物之间、一个人跟另一个人之间的同一性，尤其指心理或感情上的同一；第三层意思指由于自我与他者之间的同一性或者思想感情上的共鸣而产生的心理上连为一体的感觉，强调共享同一观念、情感或经验。

本书中的认同概念主要有两方面的内涵：一是身份认同，二是对于某种观念或规范(包括各种制度)的认同，两个方面缺一不可，既有侧重又内在统一，构成一个完整的内涵。

(一)身份认同

身份认同包含三个方面的内容。一是行为体(包括个体和团体)的自我认同，即对自我身份和特征的认定，这种身份是该行为体自身各种物质和精神因素的统一体，表明了主体内部各部分之间的关系，集中体现了使该行为体区别于其他行为体的特征，也就是使行为体之所以为"我"而非"他"的规定性。[1] 例如，对于国家行为体来讲，一个国家对自己实力的大小强弱、在国际社会中的地位和作用、自身的社会性质、自身的文化特点等的自我认知都属于身份认同的范畴。

二是行为体与另一行为体(即他者)的(身份)认同。身份在很大程度上是一种主体或单位层次上的特征，但是，由于人类社会的社会性，身份还具有主体间性特征，也就是说，身份不仅仅根植于行为体的自我领悟，这种自我领悟的很多内容还常常要依赖于其他行为体对一个行为体的再现与这个行为

---

① 郭树勇："建构主义的'共同体和评论'"，《欧洲》2001年第2期。

体的自我领悟这两者之间的一致。① 在这个意义上的认同不仅仅依赖于自我身份认定，只有当这种身份得到他者的认可才可以称之为认同，只能存在于与他者的关系之中，即只有当我眼中的他者和他者眼中的我一致(同一)时，自我与他者之间的身份认同才能形成。这种认同可以是正面的也可以是负面的，可以是积极的也可以是消极的。

三是行为体与某一群体(多个他者)之间的认同，表明我与这个群体之间的(归属)关系，我与此群体是否认同决定了这个群体对我而言是"我们"还是"他们"，而这种认同或者说归属感的基础就是我与该群体(的其他成员)是否拥有相同的特征、是否分享同样的经历、是否认可同样的价值规范以及是否有一种心理感情上的亲近感和群体感，等等。在国际政治中，行为体所置身其中的群体从不同的角度可以有不同的划分，比如社会主义国家、资本主义国家；欧盟、东盟，等等。同样，自我是否归属于某个群体也不仅仅取决于自我的认识，必须大家都这么认为，即不仅自我认同这个群体，这个群体也认同我是他们中的一员，而且，群体之外的行为也将我看成是这个群体中的一员。

(二)观念或规范的认同

观念除了我们一般理解的观念之外，还包括那些具有观念性质和特征的规范、规则、制度、惯例，等等。在这个意义上的认同有两个方面的向度。

一是内生的认同，即行为体在自我的实践过程中或由自身的特殊经历所造就的对某些观念的认同。如果是国家，这种认同往往来自国内的历史文化传统，它们可以成为国家判断国际体系性质和界定国家利益的决定性因素。

二是外生的认同，即自我与他者在实践中通过互动行为而形成的对于双方关系以及实践客体的共同看法和一致理解。例如，大家都赞同的某些价值观念或者具有普遍约束力的行为规范，等等。正是基于这种某些特定观念或规范的认同，行为体才能确定彼此之间的关系并采取相应的行为方式。从社会学理论的角度，就个体与群体的关系来讲，正是对一定观念的认同构成了群体中成员联系的基础。

---

① 亚历山大·温特著，秦亚青译：《国际政治的社会理论》，上海：上海人民出版社，第282页。

总之，认同这个概念实际上表达了自我与他者之间感情上和认识上的一致性，行为体之间对相互身份的认同和对某些观念的认同缺一不可，而且是紧密联系在一起的。

首先，自我对某种观念或规范是否认同不仅表明自我对这种规范是赞同还是反对，而且还表明了自我的身份，这种身份是通过自我与规范之间的关系体现出来的，而且还隐藏或暗含了自我与他者之间的关系：如果他者和自我对于此种规范持同样的立场和态度，那么就说明我与他者之间共享了同样的观念，这种共享标志着自我与他者之间已经建立了某种联系，使得自我与他者之间易于达成一定的身份认同，从而在心理感情上产生一种亲近的感觉，产生认同，反之也是如此。

其次，身份认同会影响对某些观念的认同。比如说同样的一个观点，如果是由比较亲密和友好或者是很信任的人来表述的话，可能会更容易接受些。身份认同决定了行为体对观点的认同。

最后，对核心观念的认同决定了行为体之间的身份认同。社会学理论认为，社会团体的基础是鼓励成员积极联系的各种观念，观念既可以直接体现在成员间的话语体系和他们交往、沟通的方式中，也可间接体现在共有的象征、符号和标志中。这些观念使该团体区别于其他群体，使成员感觉到他们具有与其他群体不同的集体身份或属性。无论宗教认同、民族认同、文化认同还是政治认同，都包括两个最基本的因素：归属于某个群体的精神纽带以及作为我者对立面而存在的他者。两个行为体之所以会有比较亲密的关系以及互相之间充满信任，往往是因为它们在一些核心价值观上保持着高度的相互认同，这也是维系它们关系的纽带和基础。在这种情况下，与其说是这些对观念的认同决定了它们之间的亲密身份，还不如说，这种观念认同本身就包括身份认同的内容，或者说身份认同本身就是观念认同的一种。

(三) 影响认同的因素

认同的形成是一个非常复杂而长期的过程，不管是身份方面的认同还是对观念的认同，它们在形成的过程中，都会受到很多因素的影响，有国内因素也有国际因素，有物质因素也有观念因素，有历史因素也有现实的影响，有主动形成的认同也有被迫接受的认同，等等。我们从三个方面来分析：

　　一是物质因素的影响，主要有自然环境、生产力发展的水平、国际国内的力量结构、经济政治实力，等等。例如，不管是观念认同还是身份认同，都是特定生产力发展水平和生产方式的产物。处于不同的发展阶段、拥有不同的生产力发展水平的行为体就会有不同的自我身份认知和利益需要。尤其是很多的观念都是在生产力发展到了一定的水平才应运而生的。另外，从国内政治结构来讲，不同的政治制度和阶级结构决定了国家不同的类属认同；从国际体系结构来看，国际政治经济格局不仅影响了行为体在其中的地位，而且还制约着其身份认同，最典型的就是在冷战时期两极格局之下，很多国家之间的身份上的敌对认同，不是出于自身的认知，而是由于身处不同的阵营，它们各有其规则、制度、价值和势力范围，各有其独特的吸引力，这些都是其自身的经济基础和军事实力作为后盾。再比如，全球化的影响，它是不以人的意志为转移的物质方面的力量，通过商品、资金、人口、技术等要素的自由流动，使整个世界在政治、经济、军事、社会等各方面的相互依存度加深，彼此联系加强，产生某种程度的融合。还比如，地理和自然环境对国家认同的影响。地理位置的优越与否、领土和疆域是否广阔，等等，这不仅直接成为一国的物质实力的重要组成部分，而且往往影响着这个国家对自我身份的认知与判断。一般而言，凡疆域广袤、领土辽阔、资源丰富的国家都具有一种与生俱来的优越感和自豪感，使其在对自我以及周边其他国家的关系的认定中很容易滋生大国对小国、强国对弱国的居高临下的心态。海洋大国开拓进取心较强，具有侵略性，这一方面是因为资源丰富的广阔海洋诱发了其不断扩张的野心，另一方面有时候也处于一种危机感。凡港口或沿海地区、沿海国家一般商业意识很强，贸易发达，这是由其优越的地理位置所决定的。历史上能够堪称世界霸主的几乎都是海洋国家。而内陆国家一般都容易以中心国家自居，比较满足于现状，相对于海洋国家的扩张意识而言，内陆国家比较内敛和保守，所以往往海洋国家能越过大洋将自己的影响力覆盖到世界范围，而内陆国家的活动范围一般只局限于本地区。

　　二是观念性因素的影响，主要是文化，尤其是政治文化的影响。文化本身就是历史的产物，文化的深厚积淀来自一个国家的历史经历，从广义上说，文化几乎涵盖了人类历史的整个发展过程。认同的形成时刻都摆脱不了文化的影响，与其历史文化传统息息相关。人类在长期的社会实践活动中创造出的精神产品，对人的身份认同、利益认识和人的行为方式产生着巨大影响。文化能够增强国家的凝聚力和公民对自身文化价值观的认同，整合国家内部的各种关系。民族、国家形成的过程就是文化整合的过程，是人们对共同体形成文化认同的过程。文化还构成了行为主体身份认同。文化的形成过程是缓慢的，一个国家的成员拥有共同经历、共同语言和共同制度环境，因而形成了国家成员共同的信仰和价值观，并且通过信仰和价值观影响国家成员行为规范和行事风格的形成。文化因素也会影响行为体之间的认同。文化常常构成人们交流的前提。文化不仅对于一个民族、一个国家有整合作用，而且在一个更大的范围内，同质文化之间也会形成一种"共同的文化基因"，从而加深了行为体之间的"我们"感。

三是将物质与观念因素结合起来的历史进程的影响，即历史实践活动对认同的影响。人类社会是在川流不息的历史长河中演进，因此历史成为影响人类实践活动的具有规定性的力量之一。一个民族、国家的集体记忆成为国家身份认同的重要组成部分，使之成为影响现实对外行为的巨大力量。在国家与国家之间身份认同的形成过程中，历史也会有很大的借鉴作用。比如在结盟问题上，一个国家考虑是否结盟、与谁结盟时，涉及的一个非常重要的问题就是对敌我身份的判定。历史上形成的传统友好关系会增加双方的互信，从而有助于建立一种新的合作关系；而历史上一方曾经是敌对关系会阻碍积极认同的形成。在一个国家的历史上，不管是国内的政治生活还是与其他国家之间的交往，常常充满了各种纷繁的观念和思想。由于各国各民族彼此有着不同的历史经历，在某些问题上的认识也会有着各自独特的认识和理解，这种差异在历史上产生，而且不会立即消失，且会在外交政策和相互关系中反映出来。国家的身份认同和观念认同本身既是诸多历史因果关系复杂演变的结果，又是下一个历史时期中具有孕育催生作用的关键因素。因此在历史的基础上形成的对国家认同也往往是根深蒂固的，具有相当的稳定性，不会在短时期内或者受到一些突发事件的影响而发生改变，它潜移默化地影响着国际政治与合作。

第二节　中俄经济合作的理论综述

一、博弈论理论

随着经济全球化和经济一体化的发展，国家之间经济政策和经济的相互影响十分明显。各国制定经济政策都不能我行我素，而要考虑到自己的经济政策对别国的影响以及别国的政策对本国经济的影响。近年来，各国之间合作的博弈越发明显，美国越来越表现出分化中俄经济合作的战略意图。为了研究美国分化政策对中俄经济合作的影响，博弈论是一个很好的分析工具，了解博弈理论，有利于我们深入理解国家之间的经济互动模式。

(一) 博弈理论概述

博弈论(game theory)是研究决策主体的行为发生直接相互作用时如何决策以及这种决策的均衡问题的理论，简单地概括，博弈论就是关于包含相互依存情况中理性行为的研究。① 博弈论，又称"对策论"，是研究参与人(可能是个人也可能是团体，如国家、企业、国际组织等)在一定的规则下，同时或先或后，一次或多次，从各自允许选择的行动或战略中进行选择并加以实施，而取得相应结果(支付函数)的过程。②

博弈论广泛应用于经济学、政治学、军事学、外交、国际关系以及犯罪学等学科。它由4个基本要素构成：(1)博弈参与者，是指参与博弈的主体。博弈参与者可能是个人，也可能是组织或集体，比如企业、社会团体、国家等有可能成为博弈参与者；(2)博弈策略，是指博弈参与者可以采取的行动。每一个策略都对应一个相应的结果，因此每个博弈方可选择的策略数量越多，博弈就越复杂；(3)博弈的收益，是指不同博弈策略给博弈参与者带来的利益。(4)博弈的均衡，是指所有参与人最优策略的组合。

---

① 施锡铨：《博弈论》，上海：上海财经大学出版社，2000年版，第6页。
② 张照贵：《经济博弈与应用》，成都：西南财经大学出版社，2006年版，第4页。

当代博弈论的研究源于西方。18 世纪以前，学术界开始对博弈论进行了理论研究，但博弈论的真正的发展则是在 20 世纪，始于塞梅鲁(Zermelo)、鲍罗（Borel）及冯·诺依曼（Von Neumann）、奥斯卡·摩根斯顿（Oskar Morgenstern）等学者。其研究的对象主要是二人零和博弈，即从竞赛和游戏中引申出来的严格竞争博弈。1928 年，冯·诺依曼证明了博弈论的基本原理，为二人零和博弈提出了解法，从而宣告了博弈论的正式诞生。1944 年，冯·诺依曼和摩根斯顿共著的《博弈论与经济行为》一书，特别是将二人博弈推广到 N 人博弈结构，并对合作博弈进行了探讨，开辟了新的研究领域，从而奠定了这一学科的基础和理论体系，并将博弈论系统应用于经济领域。20 世纪 50 年代是博弈论的成长期。1950—1951 年，约翰·福布斯·纳什(John Forbes Nash)提出了纳什均衡——这个博弈论中最重要的概念，为非合作博弈的一般理论奠定了坚实的基础，也为博弈论的研究又开辟了一个全新的领域。他利用不动点定理证明了均衡点的存在，规定了非合作博弈的形式，提出了非常著名的"纳什均衡"。此后，许多的学者对"纳什均衡"的实际应用可能性进行了探讨和研究，并发展了"纳什均衡"的理论，合作博弈理论在这个阶段得到了发展。20 世纪 60 年代是博弈论的成熟时期。由于引入了不完全信息的概念，博弈论中的基本概念得到了系统的阐述，博弈论的应用更具有了广泛性，从而博弈论成了完整而系统的体系。这个时期，泽尔腾(Reinhard Selten)、海萨尼(John C. Harsanyi)的研究对博弈论的发展起到了推动的作用。他们提出了不完全信息理论，并将不完全信息理论融入博弈论的研究，从而在很大程度上丰富了非合作博弈的内涵。20 世纪 70 年代至今是博弈理论不断发展的时期。在这一时期，博弈论不仅在本身的领域中获得了重大的突破，而且对其他学科也产生了较大的影响。特别是非合作博弈理论被应用在经济学模型中，成为人们认识、分析、解决问题的工具，使许多难以解释的经济学问题在博弈理论中得到了解决。目前，博弈论已发展成了一门较为完整的学科。

博弈分为合作博弈与非合作博弈。在人们的行为相互作用时，如果当事人达成一个具有约束力的协议，他们的合作就是合作博弈；反之则是非合作博弈。

(二)非合作博弈

非合作博弈是博弈论的主流,非合作博弈理论是合作博弈理论的基础,合作博弈理论是非合作博弈理论的深化。现实中,竞争是一切社会、经济关系的根本基础,不合作是基本的,而合作是有条件和暂时的,因此,非合作博弈关系比合作博弈关系更普遍。

非合作博弈强调的是个体理性、个体最优决策,其结果可能是有效率的,也可能是无效率的或低效率的。非合作博弈无效率或低效率的同时,说明了合作有着存在的可能性和必要性。非合作博弈理论是合作博弈理论的基础,合作博弈是非合作博弈的深化。

(三)合作博弈

通过对非合作博弈的分析可以看出,参与方之所以出现不利己的"囚徒困境"的均衡结果,主要是因为博弈双方没有进行彼此的协调,只能选择对自己有利的策略行事,于是出现了以利己为动机进行的策略选择,反而最终既不利于自己也损害另一方的利益。为避免非合作博弈出现的"囚徒困境"的情况出现,需要进行合作博弈。合作博弈是参与者能够联合达成一个具有约束力且可强制执行的协议的博弈类型。一般情况下,主导人们行为方式的主要还是个体理性而不是集体理性,集体理性就是追求集体利益最大化,而追求集体利益最大化并不是博弈参与者的根本目标,如果没有约束力的协议,集体理性根本是实行不了的。当然为了使参与者放弃个体理性而选择集体理性,关键还是要看成果收益的分配如何。如果合作博弈中的收益大于非合作博弈的收益,参与方就会放弃个体理性而选择集体理性、选择合作博弈。因此,合作博弈最重要的两个概念是联盟和分配。

博弈论的理论表明,要想使合作成为多次的博弈均衡解,博弈的一方(最好是实力更强的一方)必须向另一方表示合作的善意,主动通过可信的承诺,努力把这个善意表达清楚,并传达出去,同时还要在博弈对手中形成声誉,用心地维护这个声誉。中俄在合作过程中,建立有效地合作机制,达成双方共同认可的有约束力的协议,形成合理良性的利益分配机制,对双方的合作都是十分重要的。

二、边界地区一体化效应理论

随着国际区域经济一体化和区域经济合作快速发展，国家边界效应作用成为经济学研究的重要问题。就一般意义而言，边界是主权国家领土的分界线。从跨国区域经济合作的角度看，它是两个经济地域或单元的分界线。[①] 其实，边界是一个相当广泛的概念。普通意义上的边界是指事物间本质或现象发生变化的标志线或带。在国际法中，边界是用于"确定各国之间的领土范围，它是一条划分一国领土与他国领土或与国家管辖范围之外区域的界限"[②]。在英文文献中"边界"有两种含义，即边境和边界。边境系指前缘地带。前缘是向外指向的，含有两国间接触带的意思。边界包含有领土和空间的含义，是两个或多个毗邻国家之间在地表上所表现的或隐或现的界限，以限制各自统辖范围的扩张，从而也使得毗邻国家间的政权和法律受到保护与约束。[③] 以上是传统意义上对边界的定义。事实上，边界一方面还具有经济、社会、文化、心理等社会属性；另一方面，边界对经济活动的影响可以是显性的，如关税和非关税贸易壁垒，也可以是隐性的，如对经济活动心理和行为的影响。[④] 边界效应可分为"屏蔽效应"和"中介效应"，是指边界对于跨边界经济行为的影响。边界的屏蔽效应是指由于边界的存在对跨边界交往和空间的一种阻碍作用的现象。而边界的中介效应是指边界具有一种中介的功能，能够促进两国的接触和交流。关于边界功能、边界效应及其转化、如何减低边界对商品和要素自由流动的影响的理论研究越来越受到国内外许多学者的关注，研究成果也日益增多。

(一) 边界效应作用

国外学者对边界效应的研究主要集中在国家边界对自由贸易的阻碍方面。

---

① 李铁立：《边界效应与跨边界次区域经济合作研究》，北京：中国金融出版社，2005 年版，第15 页。

② 李铁立：《边界效应与跨边界次区域经济合作研究》，北京：中国金融出版社，2005 年版，第18 页。

③ 李铁立：《边界效应与跨边界次区域经济合作研究》，北京：中国金融出版社，2005 年版，第19 页。

④ 李铁立：《边界效应与跨边界次区域经济合作研究》，北京：中国金融出版社，2005 年版，第20 页。

例如，传统区位理论学家廖什（Losch，1944）、格尔施（Giersch，1949、1950）和海格尔（Heigl，1978）就从区域模型中得出，边界地区由于边界限制了商品的物理流动性，在发展中是不利地区，这是有关"边界效应"的最早阐述。[①]美国区域经济学家胡弗（Hoover，1963）认为关税和其他国际贸易障碍增加了运输成本，增加了位于边界地区生产者的成本，结果生产者宁愿选择在更接近国内市场的中心设厂。这些经济学家的研究强调了国家边界对国际贸易的阻碍作用。国外关于边界效应的研究是采用重力模型作为分析方法，测算得出的结论基本上是国内区际贸易流远大于国内地区与外国地区之间的贸易流。较早测算边界效应的是布罗克（Brocker，1984），他用一个区际贸易重力模型分析了欧共体的边界效应，其结论是边界的贸易壁垒具有明显影响，由于边界效应，国家边界对边界地区缩减的国际贸易流是国内贸易流的1/6。[②]国外学者还对边界效应内涵的解释进行了进一步扩展，他们认为在自由贸易条件下仍然存在边界障碍的解释是国内偏好的影响，奥伯斯法尔德和罗戈夫（Obstfeld and Rogoff）提出著名的"边界之谜"，指出国内偏好对自由贸易的影响，因此，边界效应的研究已经超出了地理区位上的边界含义。除此之外，国外学者也指出了经济一体化对边界障碍具有消解作用。他们运用新经济地理学和空间经济学对边界地区的一体化效应进行了规范分析，指出边界地区由于其特殊位置而具有吸引资源的优势，在空间上由于接近国外市场，边界对贸易的障碍在一体化进程中明显下降。

（二）边界类型

国际区域经济一体化进程中的边界效应问题首先受到地理学者的关注。例如，香港中文大学地理系的薛凤旋学者将边界分为四种类型：第一种对抗、分隔型，这种类型是边界形成两国的军事隔离区。第二种为自由型，边界两边货物、资金可以自由流动。第三种为贸易型，两边存在关税及进出口限制，双边贸易集中在有利的地理位置上进行。第四种为发展型，边界两边经济发

---

① 梁双陆：《边疆经济学：国际区域经济一体化与中国边疆经济发展》，北京：人民出版社，2009年版，第121页。

② 梁双陆：《边疆经济学：国际区域经济一体化与中国边疆经济发展》，北京：人民出版社，2009年版，第123页。

展不平衡，经济不发达一边的政府在边界实施吸引资金流入等一些政策，这样就可形成有规划、界线明确的发展区。杨汝万、胡天新将国际边界分为两种效应，第一种效应是阻碍屏障，第二种是边界中介。学者汤建中进一步分析了边界效应和边界效应的扩展及其转化，他认为屏障效应是人为的、主观的，而中介效应是天然的、客观的。李铁立进一步研究了边界效应问题，明确定义了边界效应是指边界对跨边界经济行为的影响，认为边界效应包括"屏蔽效应"和"中介效应"。他还研究了边界效应的转化动力机制，其动力机制主要来自国家、地方(边境区)、企业，三者通过跨边界经济合作促使边界由屏蔽效应向中介效应转化。①

综上所述，国内外学者集地理学、政治学、经济学等学科理论基础的交叉对边界经济一体化现象进行了研究，这一理论的产生对于推进中国与周边国家的区域经济合作，加快边疆经济发展，具有重要的现实意义和理论创新价值。本书也旨在运用此理论来分析中俄区域经济合作的必要性。中俄边界线漫长，只有进行跨边界的经济合作，才能促使边界由屏蔽效应向中介效应转化，商品、资源、技术、人才、资本等生产要素在跨境流动过程中，能够通过要素重新配置和形成产业聚集，形成增长中心或增长极，从而带动和辐射整个中俄边境地区的经济快速发展。

三、边境区位合作理论

边境区经济合作是指研究毗邻国家在其边境接壤地区的区域经济合作理论。其目的是就近利用边境区的区位优势，变潜在资源优势为经济优势，改变各自边境地区的经济滞后状态，从而增强边境区域的竞争优势。② 边界对边境区经济发展和经济合作有两个方面的影响：一方面，边界是两个经济地域系统的分界线，国家对外经济贸易政策往往集中体现在边境地区，例如出于保护本国民族工业和国内市场而设置的关税和非关税贸易壁垒，加之边界两

---

① 梁双陆：《边疆经济学：国际区域经济一体化与中国边疆经济发展》，北京：人民出版社，2009年版，第135页。

② 冯革群："欧洲边境区合作模式探析——以上莱茵边境区为例"，《世界地理研究》，2001年第4期。

侧国家的基础设施、海关规则、语言、文化等差异以及信息传输的障碍，会导致跨边界的商品、服务和资本难以自由流动，从而降低了资源配置和市场利用的效率，阻碍国家之间的经济联系；另一方面，在当前经济全球化和区域经济一体化的背景下，边界也是国家间的经济交往的接触面，边界两侧的边境区域经济交往具有天然的优势，会给边界两侧地区带来经济合作的机会。

边境区位是多种资源的结合体，同时在经济一体化趋势下其中介效应和经济实力迅速加强，地缘政治上的屏障正在转化为地缘经济的增长极。地缘经济增长极的发展演变和区位利益的不断增加又会促进边境地区的资源和企业产生集聚效应，[①] 边境区位利益是由对边境区位自然资源的开发、对外部要素(如资本、人才和技术等)的集聚与优化重组的产出或增值等共同构成的，同时其形成与发展是以产业为基础、产品为根本、技术为依托、市场为导向和政府引导调控的综合性产物。[②]

四、国际合作理论

国际合作是全球相互依赖时代的最突出的特征，国际合作的深入是世界经济政治发展到全球化时代的一个必然结果，同时它也是推动国际社会发展的重要动力。20 世纪 70 年代，世界经济格局发生了重要变化，从而推动了对国际合作研究的兴起和发展。国际合作理论发源于美国，主要研究国际合作的可能性与限度问题，包括三种合作理论，即新现实主义、新自由制度主义和建构主义理论。

(一) 新现实主义：霸权合作论

新现实主义是在批判和继承经典现实主义的基础上发展起来的。新现实主义的国际合作理论实际是"霸权稳定论"，即强调"单极霸权"国际结构中的合作问题。"霸权稳定论"是由美国学者基欧汉(Robert O. Keohane)提出，1973 年金德尔伯格(Charles P. Kindleberger)出版的《1929—1939 年的世界经

---

① 黎鹏：《CAFTA 背景下中国西南边境跨国区域的合作开发研究》，东北师范大学博士论文，2006 年。

② 王中昭、黎鹏："边境区位利益博弈与企业行为效应分析"，《中南财经政法大学学报》，2007年第 6 期.

济萧条》一书为该理论奠定了基础，此后，学者克拉斯纳与吉尔平（Krasner and Gilpin）又对该理论做了深入研究、予以完善。该理论认为只有建立在实力基础上的权利分配，才能建立和维持正常的国际秩序，一个强大并且具有霸权实力的行为体有利于国际体系的稳定和公益的实现。例如，19世纪英国主义主导的资本主义自由贸易秩序；第二次世界大战美国主导的布雷顿森林体系下的国际金融合作等就是霸权国凭借自身实力，制定出一系列国际法律、体制，通过规定合法行为、禁止非法行为来实现国家间合作与协调。由此，新现实主义理论提供了一种以权力为基础的国际合作观，并认为只有在霸权国存在的情况下，各国之间的合作才能够产生和维持，如果没有霸权国的存在，那么各国之间就会处于纷争的状态。该理论还认为相互依赖并不利于国际合作，严重依赖会增大战争的风险。该理论关于国际合作的结论是，只有在存在"霸权国"的前提下，才能促成国家之间的合作。

（二）新自由制度主义：制度合作论

国际合作理论的另一种理论流派是新自由制度主义国际合作理论，它的领军人物基欧汉认为国际制度是国际体系进程的基本特征。这个理论主要认为制度作为一种独立的变量，本身具有一定的独立性和自我扩展性，制度一旦形成就变成独立的变量，反过来影响国家行为。新自由制度主义还认为，建立制度安排不是去建立一种强制力量，而是建立一系列规则以帮助行为者对对方的行为有一个稳定的预期，减少合作的交易成本，促进国家间的合作。与新现实主义国际合作理论不同的是，新自由制度主义认为在国际制度的保障下，高度的相互依赖往往使得国家之间更倾向于选择合作而不是对抗。因为，在高度依赖的情况下，如果一个国家不同其他国家合作，就无法获得其生存和发展所必需的条件，如资源和能源。根据该理论，在经济全球化迅速发展的今天，各国之间的相互依赖加强，国际贸易、投资更加自由化，加之信息技术的迅速发展，使得国家之间的行为和利益诉求都处于"公开状态"，而国家行为策略选择及利益诉求的公开化，使各国更容易与自身利益相似或相同的国家合作，这大大提高了合作前景的预期。制度安排恰恰可以促成合作，尤其在相互依赖提高了不合作的成本的情况下，合作就成了国家间普遍的选择。

(三) 建构主义：合作文化论

国际合作理论的建构主义理论，其核心是增进国家的文化认同将有效地促进国际合作的实现。该理论认为人类关系的结构主要是由共有观念而不是物质力量决定的。认同、规范和文化成为人类关系的结构的核心概念并构成社会规则的内容。国家的角色身份不同，国际体系的结构也就不同。随着国家间的互动和相互依赖的加深，国际层面的物质交换和观念交流日益广泛，国家在互动的过程中逐步培养出相互信任和集体认同的因素。因此，这种相互信任和集体认同可以促进合作，同时该学派主要强调文化认同及国家间的互动对合作的影响。例如中俄两国在开展经贸合作时，应该考虑到文化因素的影响，照顾到两国文化、历史传统之间的差异，在相互尊重的基础上，形成优势互补，开展和谐互动的合作关系。在经贸合作中一定要重视文化认同，文化领域的合作对经贸合作机制的构建以及顺利运行具有非常重要的作用。如果不重视文化认同方面的合作，将带来很多的问题。例如，中俄之间在文化方面存在一些误解，俄罗斯对待中国移民的问题就非常敏感，常常将经济问题上升到政治或国家安全利益的高度。中国人去俄罗斯做生意常被认为是一种"人口扩张""中国威胁"，被俄罗斯人理解为经济占领及入侵。这说明，中俄两国之间的文化交流层面很少，不能相互了解，给予对方合作上的信任。文化是促进经贸关系发展的重要因素，没有文化之间的认同，两国的经贸合作就会缺乏坚实的基础，没有坚实的基础，再完善的机制也无法正常进行，所以要重视文化交流方面的合作。

五、国际经济合作理论

国际经济合作是指超越国家界限，人类为了在经济上获取某种经济效益，而形成的国与国之间的分工和协作。具体来讲，国际经济合作是在投资领域、生产领域、运输与流通领域、信息与服务等领域，以生产要素的跨国流动和组合为基础的一种国际活动。

(一) 西方学者关于生产要素的理论

英国古典经济学家亚当·斯密认为，不同国家在生产技术上存在绝对差异，因此，各个国家在劳动生产率和生产成本上也存在着绝对差异，不同国家可以按照各自的自然资源禀赋和条件，进行分工与交换，因此他提倡自由贸易，支持国家分工，进而使各国的资源、劳动力和资本等得到有效配置和利用，将给不同国家带来绝对的利益。大卫·李嘉图（David Ricardo）提出了比较利益理论，他认为一个国家在两种产品的生产上如果都处于绝对劣势，那么它可以选择相对较少的那种产品进行专业化生产并出口，通过国际贸易与分工，两国只生产各自具有比较优势的产品，同样能获得巨大的贸易利益。一国生产劣势相对小的产品，而处于绝对优势的国家生产其优势较大的产品，双方通过交换，两国都可以获得比较利益。在某种产业中，当一个国家能有效地发挥规模经济效益时，它就能以其具有竞争力的价格销售商品，而当一个国家的收入水平达到较高时，其消费者的消费选择会呈现多样化的特征，从而为其他国家的同类且不同特征的商品提供市场。产品多样化及规模经济二者结合，就会形成巨大的比较优势，使不同国家、地区之间同一行业内的产品双向贸易日益扩大。

（二）马克思主义关于国际分工理论

马克思主义理论认为，国际分工与协作是社会生产力和社会分工发展到一定阶段的产物。由于自然条件的差异，经济发展水平的不同，形成了一定的社会分工。国际分工是社会分工超越国家界限的一种产物，是生产力发展的产物。当社会分工从部门、地区分工发展到国际分工时，贸易关系也就从部门之间、地区之间发展到国际之间，形成各国之间的市场联系和贸易合作。特别是，第二次世界大战之后，跨国公司的产生实现了生产与贸易的全球化，在世界范围内采取最佳的资源配置和分工组合，并利用各国资源优势、技术优势、劳动力优势、市场优势等以规模经营来提高经济效益。由于各国的自然资源、人力资源、资本等都存在差异，投资国际化和生产专业化，促使国际分工迅速发展，国际经济合作成为必然。马克思关于交换与分工、国际分工以及国际经济之间的关系方面的理论，对正确认识当今国际经济合作具有重要的指导意义。

六、新制度经济学理论

（一）新制度经济学理论概述

新制度经济学是近年来发展较快的一个经济学分支，它是用经济学的方法来研究制度的经济学。新制度经济学产生的标志是 1937 年由科斯(Ronald H. Coase)发表文章《企业的性质》，并在 20 世纪 70 年代凯恩斯经济学对某些经济现象无法解释之后逐渐兴起。20 世纪 90 年代初，新制度经济学的代表人物罗纳德·科斯和道格拉斯·诺斯(Douglass North)相继获得诺贝尔经济学奖，使新制度经济学派的影响达到了顶峰。

制度经济学的发展已有百年的历史，大致分为四个阶段：第一个阶段即以凡勃伦、康芒斯和米契尔为主要代表的旧制度学派。他们非常强调制度在经济发展中的作用，注重制度分析；第二阶段即以贝利和米恩斯为代表的过渡时期，他们从社会和企业结构视角来分析资本主义经济问题，把经济制度具体化为权利结构、微化为企业制度。这为后来的委托–代理理论奠定了基础。第三阶段是以加尔布雷斯、海尔布伦纳和缪尔达尔等为代表的时期，他们也被称为现代制度主义学派或后制度学派。他们主要研究制度的演化过程，制度对社会生活的决定作用，指出知识存量的增长是制度变迁的原动力，同时强调技术在制度演化中的重要作用。第四阶段是以科斯、诺斯、哈罗德和威廉姆森为代表的新制度经济学。他们运用主流经济学的方法和逻辑，研究从微观角度来看制度的构成、运行及作用。

以科斯等人为代表的新制度经济学是新自由主义的一支，它与以凡勃伦、米契尔和康芒斯等为代表的旧制度学派有区别，也与以加尔布雷斯等人为代表的现代制度经济学(后制度经济学)不同。它们之间重大区别就在于：旧制度经济学和现代制度经济学往往对主流经济学持否定和批判的态度，他们的观点是反对古典经济理论。而新制度经济学恰恰相反，他们对古典经济学理论做出了修正和丰富发展，利用正统古典经济学理论去分析制度和现实问题。因此，新制度经济学与旧制度经济学、现代制度经济学的主要差异是研究的方法不同。

新制度经济学研究的对象是人、经济活动与制度以及它们之间的相互关系。按照科斯的定义，新制度经济学就是利用正统经济理论(新古典经济学)去分析制度的构成、运行，并发现这些制度在经济体系运行中的地位和作用。① 把制度作为经济学的研究对象是新制度经济学对正统经济理论的一场革命，正统经济理论认为天赋要素、技术和偏好是经济理论的三大柱石，但随着经济研究的深入，新制度经济学家以其有力的证据表明，土地、劳动和资本这些要素，有了制度才能发挥其功能，制度才是至关重要的因素，因此，人们越来越认识到传统经济学理论的三大支柱是不够的，制度应该成为经济理论的第四大支柱。制度对经济行为影响的有关分析应该处于经济学的核心地位。

那么如何理解制度？制度（institution）的中心含义是从拉丁语动词instituere（创立或建立）派生而来的，它表明一种已确定的活动形式，或者结构的结合。通常理解，所谓制度是指一系列约束和激励社会成员行为的规则。不同学科、不同流派对于制度的理解各不相同。自 20 世纪 60 年代以来，当代西方经济学界对制度的研究，有三大学派：（1）以交易费用为分析工具的"新制度经济学派"；（2）以肯尼思·阿罗（Kenneth Arrow）及乔治·阿克洛夫（George Akerlof）等为代表的当代新古典经济学家，他们使用一般均衡的分析方法，引进交易费用研究制度的作用和选择；（3）以博弈论，尤其是 20 世纪 90 年代中后期发展起来的演化博弈论为工具的制度分析。

新制度经济学现在正处于发展时期，一方面，它在向其他学科渗透，另一方面，其他学科的理论和方法，如博弈论、行为经济学、演化经济学等也在向新制度经济学渗透。因此，关于新制度经济学对制度的理解，还没有一个概念化的定义，只是最近，才有一些经济学家从博弈论的角度定义了制度。如青木昌彦在其《比较制度分析》中，将制度定义为："制度是关于博弈如何进行的共有信念的一个自我维系系统。制度的本质是对均衡博弈路径显著和固定特征的一种浓缩性表征，该表征被相关与几乎所有参与人所感知，认为是与他们策略相关的。这样，制度就以一种自我实施的方式制约着参与人的策略互动，并反过来又被他们在连续变化的环境下的实际决策不断再生产出来。"②还有一些经济学家如阿弗纳·格雷夫（Avner Greif）认为制度起源于积极的文化信仰，是自发演化的产物。③ 本书更倾向于从博弈论的角度来理解制

---

① 卢现祥、朱巧玲：《新制度经济学》，北京：北京大学出版社，2007 年版，第 1 页。

② ［日］青木昌彦：《比较制度分析》，上海：上海远东出版社，2001 年版，第 28 页。

③ 秦海：《制度的历史分析》（第四辑），北京：中信出版社，2002 年版，第 188 页。

度，认为制度是演化博弈的结果。

(二) 博弈、合作与制度

20 世纪 30 年代诞生的新制度经济学，一直试图用数学形式化方法来分析制度的问题，但效果却不是很好。到了 1981 年，美国经济学家安德鲁·肖特（Andrew Schotter）首次在制度分析中引入博弈理论，并成功解释了制度的演化过程。此后，博弈论被更多的经济学家运用来分析制度问题。可以说，博弈论的出现，丰富了制度分析的工具，也使得新制度经济学得到了进一步发展，博弈论与新制度经济学的结合深化了对制度起源及制度演变过程的分析。

博弈分为非合作博弈和合作博弈，两者的区别在于人们之间的行为在相互作用时，是否能够达成对当事人具有一个约束力的协议。此外还指出，合作博弈强调的是集体理性、效率、公正等因素，而非合作博弈则更多地强调个人最优决策和理性。在博弈论的理论中存在所谓的"囚徒困境"的状况，就是两个决策者，他们各有两个策略选择：合作或背叛，每个人在不知道对方选择的情况下，做出自己的选择。不论对方选择什么，选择背叛总能比选择合作有较高的收益，但实际中又会出现这种"困境"，双方都背叛，其结果比双方合作都要糟。所以，"囚徒困境"实质上是对把个人的自私自利转化为某种社会最大福利的论断提出了质疑。在一定的条件下，"自私"不一定就"自利"，"恶性竞争"的结果可能是两败俱伤。如果"囚徒困境"多次重复，就会使人们认识到合作比竞争更有利。同样，"经济人"在多次交换中发现，遵从某种合作规则要比不合作获得少数利益更有利，制度便会自发地产生。因此，新制度经济学家和博弈论专家用他们的研究表明，经济学越来越重视研究人与人之间行为的相互影响和作用，特别是对人们之间的利益冲突与一致以及竞争与合作的研究。其实，在社会经济生活中，竞争和合作是一对矛盾体，在不能很好地处理竞争与合作的关系时，制度安排能有效地解决合作问题。因为，制度的功能就是为实现合作创造条件，保证合作的顺利进行。制度的基本作用就是规范人们之间的相互关系，减少信息成本和不确定性，把阻碍合作的因素降到最低程度。

第三章　中俄经济合作的历史基础

在巩固和发展中俄经济合作的同时，我们十分有必要以史为鉴，对两国关系的历史加以回顾与总结；对两国关系发展中的经验、教训进行反思，进而主动引导中俄经济合作的健康发展。因此，客观、深入、系统研究中俄经济合作的发展历程，对目前促进中俄两国毗邻地区贸易和投资的发展，提高两国综合经济实力，具有借鉴意义，也对我们把握未来新时代中俄经济合作的发展方向具有重要作用。

第一节　中俄双边贸易合作历史悠久

中俄贸易史大体上可分为四个历史时期——沙俄、清朝统治时期的中俄双边贸易；十月革命至新中国成立时期的中苏双边贸易；新中国成立至改革开放前的中苏双边贸易；改革开放后期的中(苏)俄双边贸易。

一、沙俄、清朝统治时期中俄双边贸易(1689年—1917年)

从历史上看，俄罗斯是一个典型的欧洲国家，它是由莫斯科公国逐渐发展而壮大起来的。直到15世纪末16世纪初，俄罗斯才通过兼并其他诸侯国，完成了国家的统一。16世纪后期，俄罗斯越过乌拉尔山，通过征服西伯利亚诸汗国，将自己的领地推进到鄂毕河东岸，随即占领了叶尼塞河流域和勒纳河畔，并在勒纳河中游建立了雅库茨克城堡。由此，俄罗斯的领土逐渐接近中国的黑龙江流域，而此前中国作为亚洲东部的国家，不仅与俄罗斯相距甚远，而且两个国家相互知之不多，不相往来。有关俄罗斯对中国的了解，我们可以追溯到13世纪金帐汗国存续期间，据中国史料记载，此间中俄（莫斯科公国）两国曾有过交往的历史，中国先进的政治、经济、思想、文化和科学发明等都曾对俄罗斯产生过影响。但由于元朝的灭亡，中俄之间的往来与交流也随之中断。据记载，中国和俄罗斯最早的官方往来是在明朝万历年间的1618年。俄罗斯向中国派遣了一个使团，其主要人物叫彼特林，该使团在取道托博尔斯克，途径蒙古后，于1618年到达北京，并于次年回国。使团在北京期间得到了中方的款待，明神宗向使团代表赐予了国书，主张中俄两国建立关系，平等往来。彼特林使团的突出贡献就在于对传说中的东方古国——中国的经济、物产、交通、军事等状况进行了较为详细的了解和介绍，这为俄罗斯后来与中国发展经贸关系和文化交流起到了十分重要的作用。但在彼特林使团出使中国后的30余年间，由于中国政权发生更迭，中俄关系基本中断。1644年清军入关，建立清朝中央政权，国内形势的混乱导致了俄罗斯哥萨克武装分子入侵中国黑龙江流域。面对哥萨克武装分子对黑龙江流域的武装占领及疯狂掠夺，1652年清军开始围攻俄军，迫使俄军不得不退回精奇里江口。1658年夏，清军在松花江附近歼灭哥萨克武装分子300余人，其他残余力量均在1661年逃往尼布楚（现涅尔琴斯克）。在哥萨克武装分子积极向东进行推进的同时，沙皇俄国政府不断派遣使团，以示友好，并尽可能多地了解中国，以此获得通商利益。

随着中俄两国在尼布楚地区以及黑龙江流域冲突的扩大，清廷意识到同俄方交涉的必要性，并与1670年派宁古塔将军巴海赴尼布楚，对哥萨克武装分子侵占黑龙江等事宜提出交涉，要求俄国派员进行谈判，以期改善两国关系，但由于俄方根本无意解决中俄两国间存在的问题，所以，两国存在的问题没有得到根本解决，两国的关系进一步恶化。面对沙皇俄国不断的武装挑衅，清廷在加强了对中原地区的统治后，决定对占领雅克萨的俄军进行围剿。1685年5月至1687年5月，中俄两国军队进行的为期两年的雅克萨战争彻底结束。中俄雅克萨战争不仅阻止了俄罗斯东进的势头，同时也为维护中国边境地区的安全起了积极作用。在1686年雅克萨战争结束后，中俄双方立即准备派员进行谈判，划分两国边界。双方原计划谈判于 1688 年在色楞格斯克（乌兰乌德）举行，但因途经地点发生战争，交通受阻，遂更改为 1689 年在尼布楚进行。在长达两个月的谈判中，中俄双方进行了多次交涉，最终在各有退让的情况下，于 1689 年 9 月 7 日签订了《尼布楚条约》。

中俄《尼布楚条约》是两国历史上签订的第一个双边关系条约，也是中国历史上对外签订的第一个双边关系条约。该条约不仅明确划分了两国东段边界以外兴安岭、格尔必齐河和额尔古纳河为界，同时也为两国未来关系的正常化奠定了基础。在条约签订后的 100 余年间，中俄两国按照条约管理边界，在黑龙江流域没有发生重大边界冲突，同时两国也开展了贸易往来，满足了双方自身利益的需要。因此，如果从 17 世纪中叶中国的蒙古地区和黑龙江地区对俄民间易货贸易算起，中俄经贸合作已有 300 多年的历史了。在这漫长而又曲折的过程中，两国经贸关系既有友好和睦相处的岁月，也有不快的阴霾时期，但总体上，中俄的经贸合作不仅对两国边境地区经济发展的繁荣及边境地区落后面貌的改变起了积极的作用，也为两国经济发展、增进两国人民的友谊做出了贡献。

中俄双边贸易的历史可以追溯到 17 世纪初。自 17 世纪初到 1689 年中俄两国签订《尼布楚条约》是中俄贸易的酝酿和探索阶段。《尼布楚条约》签订之后，中俄两国才建立了正式的贸易关系。此后，两国边境贸易有了进一步发展，俄国对华贸易逐步得到拓展，并获得了巨大的通商利益。可以说，《尼布楚条约》"为俄国打开了去中国的大门"。《尼布楚条约》签订之后，俄国继续侵略和蚕食中国的蒙古地区，为此，清廷多次建议与沙俄就中俄中段边界进行谈判，都被拒绝。无奈清廷宣布中断两国贸易。对华贸易的中断，对沙俄的经济贸易影响很大，于是 1727 年 8 月，中俄双方在布尔河畔签订《布联斯奇条约》，1728 年正式换文签订了《恰克图条约》。《恰克图条约》的签订不仅规定了中俄中段边界，还就双方的贸易问题做了规定。从此，俄国商队来华贸易规模越来越大，而且此后开辟的互市贸易也迅速地发展起来。1792 年中俄又签订了《恰克图市约》，这为恰克图互市的发展奠定了基础。恰克图贸易也因此进入一个比较稳定的发展时期。恰克图贸易持续了近两个世纪，特别是 19 世纪中叶前，中俄两国贸易几乎全部集中在此。两国从事贸易的主要货物有：俄国的毛皮、皮革、呢料、镜子、钟表、金刚石等，而中国的丝绸、烟草、茶叶等则是俄国商人采购的主要货物。中俄恰克图边关互市在中俄关系发展史上占有极其重要的地位，因为它在一定程度上促进了两国经济发展，特别是两国边境地区的经济发展，而且增进了中俄两国人民之间的相互了解和文化交流。总之，从俄国方面来看早期中俄边境贸易和商队贸易，使其获得了巨大的经济利益，不但增加了国家收入，而且有力地促进了西伯利亚地区经济的发展。从当时的清王朝来看，边境得到了安宁，同时也发展了自己的民族经济，双方的贸易交往对两国都是十分有利的。

从 19 世纪 50 年代起，中俄两国的社会经济情况都发生了重大变化。19世纪末到 20 世纪初，随着资本主义的逐步发展，俄国进入了帝国主义阶段，而中国却逐步沦为半殖民地半封建社会。1840 年鸦片战争之后，俄国通过多次武装入侵，强占了黑龙江、乌苏里江左岸的中国大片领土，在那里建立了一批俄国城镇，其中包括布拉戈维申斯克(海兰泡)。1858 年 5 月，沙皇俄国与清廷签订了不平等的《中俄瑷珲条约》。该条约除割让中国领土外，还使俄国取得了黑龙江和乌苏里江的航行权和沿江的贸易权。也正是因为《中俄瑷珲条约》确定了黑龙江边境贸易的内容，使以布拉戈维申斯克(海兰泡)为中心的阿穆尔省与以瑷珲为中心的边境贸易取得了合法地位。《中俄瑷珲条约》签订后，黑龙江将军奕山根据条约有关边境贸易规定，拟定了《黑龙江通商条规》，共十四条。其中第一条规定："通商后两国卖货俱不征税。"1859 年清文宗批准了该条文，使其成为黑龙江边境贸易不纳税的最早规定。此条又为 1860 年《中俄北京条约》所肯定。这就形成了边界地区"百里不纳税"的原则。这一时期，双方边贸主要是以物换物，带有互通有无的性质。我国主要商品是粮食、牲畜、烧酒、蔬菜等，俄方除使用金属制品、纺织品、煤油、蜡烛外，还使用货币或沙金兑换。特别值得一提的是，这一时期黑河与布拉戈维申斯克(海兰泡)的经贸活动，还包括劳务出口和开办企业的内容。一大部分的中国劳工在阿穆尔省从事采金业，还有一部分人经商。鸦片战争后的二三十年间，是中俄贸易关系发生巨变的时期。中国西起新疆、东到黑龙江的北部地区几乎全部对俄开放。俄商可以在整个中俄边境和沿海口岸从事贸易活动，虽然两国贸易额扩大了，但中俄贸易关系存在着明显的不平等性。

1891 年，中俄两国签订的《中俄密约》，使得俄国获得了在中国东北修筑中东铁路的权利。中东铁路 1893 年开始铺设，1903 年建成全线通车。中东铁路的开通为中俄贸易的发展创造了条件。随着中东铁路的通车，绥芬河成为开放口岸。1900 年 4 月，根据《中俄密约》有关协定，西伯利亚铁路铺到了满洲里，1905 年满洲里海关开放。此外吉林的珲春、内蒙古的黑山头等地纷纷设立了站所，从事边境贸易的商人纷至沓来，边境贸易也渐渐兴旺起来。据统计，1914 年经中东铁路输往中国的货物有 16 万吨，从黑龙江省输出的大豆有 34 万吨，可见，这一时期的中俄贸易发展速度是很快的。

二、十月革命胜利至新中国成立时期中苏双边贸易(1917 年——1949 年)

这一段时期是中苏两国关系的历史性转折时期。1917 年俄国十月革命胜利，建立了苏维埃政权。苏俄政权公开宣布："以前俄国同中国订立的一切条约全部无效。"从此中苏两国在平等的基础上恢复了两国的贸易关系。1917 年至 1924 年，由于北洋军阀对苏俄实行经济封锁，使中苏贸易几乎中断，加上苏俄国内战争的因素，严重影响了两国的贸易。1924 年中苏建交后，中苏贸易发展比较迅速。1931 年——1937 年由于日本帝国主义侵占东北，东北沦陷，东北地区与苏联的贸易又几乎断绝，中苏贸易急剧下降。1937 年——1945 年是中苏贸易比较特殊的时期，在这一时期中苏两国贸易额巨大，即苏联向中国提供大量军事装备器材，中国向苏联提供矿产品和农产品，双方的贸易有了全新的内容和形式。1945 年——1949 年这一阶段内，由于国民党政府实行亲美政策，加上苏联国内面临战争后恢复国民经济的繁重任务，中苏贸易的发展遇到很大的障碍，只有在东北边境地区开展地方性的贸易。这一时期，中苏两国边境贸易虽得到了延续，但由于战乱不断，民不聊生，边界两岸戒备森严，所以双方的贸易呈衰落的趋势。

三、新中国成立后至改革开放前中苏双边贸易(1949 年——1979 年)

1949 年中华人民共和国成立，标志着中苏关系进入一个崭新的历史时期，联共(布)、斯大林对中国革命的发展与壮大，给予了积极的支持，新中国成立后，中国共产党人更加希望在政治上得到苏联的强有力的支持，在经济上获得苏联的各项援助，同时以美国和苏联为首的两大阵营已经形成。中共在长期的革命斗争实践和历史教训中打消了在苏美之间保持平衡、做美苏桥梁、中立美国等想法，而采取了反蒋必须反美的政策。面对战后国际社会的新格局，不仅新中国需要苏联作为强大的军事、政治、经济后盾，苏联更需要中国作为其远东的安全屏障，与帝国主义阵营抗衡。因此，在这一时期的中苏关系不仅革命利益一致，而且国家利益也相符。

　　正是在这样一个大背景之下，中苏两国在1950年2月14日签订了《中苏友好同盟互助条约》，从而正式建立了两国的经贸关系，中苏贸易关系也进入一个全新的历史时期。在《中苏友好同盟互助条约》的基础上，苏联开始向中国提供大规模经济技术援助，帮助中国进行工业化建设。苏联援建中国的156项工程不仅在20世纪50年代对中国国防工业的发展与建设具有重要意义，而且在中国进行社会主义现代化建设中发挥着重要作用。这个时期也是中苏两国贸易的高峰时期，中华人民共和国刚刚成立，还处于恢复发展建设时期。由于帝国主义和资本主义国家对中国实行经济封锁，在这种特定的国际环境中，中国加强了同邻国苏联的对外贸易，从苏联进口了大量的急需物资。据统计，1955年仅满洲里年货运量就达到了历史最高水平为470万吨，进口的主要物资为原油、机器、设备等，出口物资是水果、肉类等。从1953年开始，黑龙江也开展了对苏的贸易活动。1957年，黑龙江同苏联远东地区的边境贸易进入新的发展阶段。黑河地区贸易公司在这一年成立，并与阿穆尔州建立了边境贸易关系。1958年，同江地区贸易公司、牡丹江地区贸易公司成立，与苏联哈巴罗夫斯克边疆区消费合作社、滨海边疆区消费合作社建立了边境贸易关系。同时，新疆与苏联的边境贸易也很活跃。1953年—1957年新疆对苏贸易进出口总额年平均递增65%，1960年达到高峰，进出口总额为7317万美元。但非常遗憾的是，进入20世纪50年代中后期，随着苏共二十大的召开，中苏两国在如何评价斯大林的问题上出现了分歧。中国所坚持的"依靠自身力量"、不受苏联利益束缚的独立对外政策路线未能令苏联政府满意，以赫鲁晓夫为领袖的苏联政府坚持自身利益永远高于其他国家或民族的根本利益的对外政策路线和坚持的社会主义阵营对外政策统一路线，归根结底就是服从苏联国家利益的路线。也正是这两种路线的冲突导致了中苏国家关系的恶化直至对抗，并由此爆发了中苏之间旷日持久的关于意识形态问题的争论。中苏两国的论战，表面上看是对马克思主义理论问题的争论，但实质上却反映了中苏两国民族利益的冲突，以及对战争与和平、社会主义建设道路的理解和认识问题。

我们由此可以看到，当中苏两国战略利益相符时，意识形态分歧问题并未在中苏关系中产生影响。当两国战略利益相悖时，意识形态问题却在国家关系中起到至关重要的作用，导致两国关系的恶化与中断。新中国成立后的中苏关系所体现的不仅仅是传统意义上的国家关系，更是中共与苏共两大执政党之间的关系，而两党关系在意识形态领域的争论，自然会影响到国家关系。由于中苏两国关系恶化，双方贸易额大幅度减少，两国贸易处于低潮时期，20 世纪 70 年代初至 70 年代末两国贸易几乎终止。1960 年两国的贸易额降为 16.639 亿美元，1961 年急剧卜降到 8.279 亿美元，比 1960 年下降 50%，1967 年的贸易额只有 1.114 亿美元，而从 1968 年开始，两国贸易额已低于 1 亿美元。1970 年，中苏两国贸易额跌到中苏贸易史上的最低点，只有 4723 万美元，仅为 1959 年的 2.25%。总之，新中国成立后中俄两国边境贸易实际进行了近 20 年的时间。在这期间，边境贸易的开展起了相当积极的作用。特别是为今后进出口商品在检验、运输、交接及结账等方面都积累了一定的经验，也培养锻炼了一大批边贸人才。

四、改革开放后至国际金融危机前中（苏）俄双边贸易（1980 年—2007 年）

新中国成立后的中苏关系在经历了 20 世纪 50 年代的友好、60 年代的破裂、70 年代的对抗后，到 20 世纪 70 年代末 80 年代初，仍处在复杂的矛盾和对立中。这一时期，两国间不仅政治关系完全断绝，而且文化、经济和贸易往来也十分有限。作为两大邻国，如此紧张的对抗关系对双方都造成了伤害，甚至对亚太地区的稳定和世界和平的发展都产生了极为不利的影响。1978 年中国共产党十一届三中全会的召开，不仅为中国的经济发展制定了战略方针，同时，为适应国际形势的变化和要求，特别是根据中国正在进行的经济建设的需要，对中国的对外政策进行了重大调整，实行对外开放，加速社会主义现代化建设。这在客观上为中国改善周边环境，调整对苏关系，消除由于苏联在亚洲地区实施战略包围而造成的巨大政治和军事压力奠定了基础。

同样，面对中苏关系的严峻形势，苏联也感到力不从心。大量军力和财力的耗费，不仅未能真正解决中苏之间存在的分歧和矛盾，相反使两国的对抗愈演愈烈，苏联在世界范围内处于中国和美国的双重压力之下。到20世纪70年代末，苏联已经意识到改善与中国关系的必要性，苏联领导人在不同场合多次呼吁改善双边关系，就两国关系的恢复和发展进行接触和谈判。1979年开始进行的首轮中苏国家关系谈判打破了两国的僵局，使得双方有机会在一起就有关问题进行必要的磋商和交流。中国的努力加上苏联对华政策的调整终于使中苏关系得以在1989年5月实现了正常化，中苏两国人民在相互隔绝20余年后，再次走到了一起。中苏关系实现正常化，缘于两国都希望拥有一个良好建设与发展的周边环境，更缘于国际形势发生的深刻变化。因为，无论从中苏两国的国家利益出发，还是从中苏两国无法改变的地缘关系而言，继续对抗只能有害于双方根本利益。特别是中苏两国关系正常化后，中苏两国双边贸易额逐年大幅度增长。1981年、1982年两国贸易额分别为2.25亿与2.76亿美元，1983年为6.74亿美元，1984年为11.8亿美元，1985年为18.8亿美元，1986年为26.4亿美元，1987年为25.5亿美元，1988年为29亿美元，1989年两国贸易额为36.7亿美元，1990年为43.8亿美元。

1991年12月苏联的解体，使业已实现正常化的中苏（俄）关系面临巨大考验。尽管中国在苏联解体的第一时间内承认俄罗斯是苏联的继承国，是联合国安理会的继任常任理事国，双方也确认了中苏关系实现正常化后确定的各项原则，但由于在社会制度、意识形态上的差异，两国关系能否继续向前发展面临新的课题。可以这样说，苏联解体初期，由于俄罗斯深受以美国为首的西方经济援助的影响，在对华关系上采取了低温的政策，也使这一时期的中俄关系实质上处于停滞不前的状态。由于俄罗斯寄予厚望的西方经济援助并未得到真正落实，相反，以美国为首的西方在对俄关系上更变本加厉地要求俄罗斯按自己的理念行事，导致俄罗斯政府重新调整自己与东西方的政策，首先是对华政策。俄罗斯积极调整对华政策的重要举措就是叶利钦总统

1992 年 12 月的对华访问。中俄双方首次明确"为互视友好国家"，双方将按照和平共处五项原则发展睦邻友好与合作关系。最为重要的是，《中俄联合声明》明确承诺，中俄双方尊重各国人民自由选择其国内发展道路的权利，社会制度和意识形态的差异不应妨碍国家关系的正常发展。之所以提出上述立场和观点，主要原因在于当代的中俄关系与早期的中俄关系、中苏关系具有明显的差异，因为中国所坚持的是社会主义现代化建设道路，而俄罗斯重新选择的是独特的俄罗斯发展道路，这两种不同的道路本身就有可能成为两国关系发展的瓶颈。应当说，叶利钦当年的对华访问，不仅为中俄两国的政治关系奠定了良好基础，拓宽了两国在经贸、科技和文化交流领域的合作，更重要的是为未来中俄关系的发展，选择了更加务实的对华政策。

正是在这种务实政策的推动下，两国经贸合作领域不断扩大，1993 年双边贸易额达到 76.79 亿美元的高峰。特别是在此期间中俄边境贸易获得了前所未有的大发展。边境贸易是国际贸易的重要组成部分，是毗邻国家边境地区之间进行经济和贸易活动的一种特殊的表现形式。边境贸易的产生和发展是历史发展的产物，并随着历史的发展而不断演变。早在原始社会末期，就出现了以边界交换为目的的边境贸易初级形态，随着社会的发展，国家取代了部落成为社会单位后，部落间的边界贸易也就演变成了边境贸易。① 随着生产与国际分工的发展，边境贸易的内容和形式都发生了很大变化。在 1979 年出版的《辞海》中指出：边境贸易是"通过协议，两国在边境毗连地区（一般离边境两边各 15 公里）所进行的小额贸易。主要目的是满足当地居民生活品的需要。通常予以关税减免及简化海关手续等优待。但两国通过协议进行边境贸易时，双方相互给予的优待，不能适用于两国间边境贸易以外的贸易；同时，其他国家对该国的贸易亦不能援例享受这种优待。"② 后在《对外经济贸易实用大全》中认为："边境贸易是毗邻国家之间在两国接壤地区（一般为边境两侧各 15 公里），居民可以相互来往，在指定的集市上，在规定的金额、品种范围内，进行生活必需品和生产资料的小额贸易。对于这种边境小额贸易，

---

① 张丽君、王玉芬：《民族地区和谐社会建设与边境贸易发展研究》，北京：中国经济出版社，2008 年版，第 39 页。

② 《辞海》，上海：上海辞书出版社，1979 年版，第 1035 页。

一般都给予减免关税待遇，并不列入国家对外贸易统计之中。这是由于历史传统习惯形成的一种贸易方式。"①随着中国改革开放、沿边开放战略的实施，边境地区经济的不断发展，边境贸易日趋活跃，边境贸易的对象、商品种类、地域范围以及贸易形式也在不断扩展，人们对边境贸易的理解也在原来边境贸易的概念的基础上得到了更多的诠释。1996 年，中华人民共和国国务院颁布了《关于边境贸易有关问题的通知》对边境贸易做了明确规定，对其进行两种形式的管理：(1)边民互市贸易，系指边境地区边民在边境线 20 公里以内，经政府批准的开放点或指定的集市上，在不超过规定金额或数量范围内进行的商品交换活动。(2)边境小额贸易，系指沿陆地边境线经国家批准的对外开放的边境县(旗)、边境城市辖区内(以下简称边境地区)经批准有边境小额贸易经营权的企业，通过国家指定的陆地边境口岸，与毗邻国家边境地区的企业或其他贸易机构之间进行的贸易活动。另外，对边境贸易的税收、小额贸易进出口的具体管理等问题都做了规定。但实际上，中国对俄边境贸易并没有按照上述的规定进行，出现了"边贸无边"的现象。边贸没有受两国接壤地区 20 公里以内范围的限制，边贸既不限于边民在贸易市场交换生活和生产用品，也不限于从事小额贸易，而是从事一般贸易与大宗贸易。由于出现这种情况，后经中俄两国一致商议用"地方边境经贸合作"这个笼统概念对待边境贸易。中俄边境贸易主要指我国四省区，即黑龙江、吉林两省和内蒙古、新疆两自治区与俄毗邻边境地区之间的地方政府、企业及边民之间的经济贸易联系。1984 年 12 月经国务院批准，对外经济贸易合作部颁布《边境小额贸易暂行管理办法》，中俄边境各省区抓住了中苏关系改善、国家调整边贸政策的历史机遇，深入实施"南联北开，全方位开放"的战略方针，大力发展边境贸易和经济技术合作，中俄边境贸易出现了快速发展的态势。1988 年黑龙江省与苏联边境易货贸易达到 1.96 亿瑞士法郎，相当于 3.3 亿美元，1989 年实现 5.9 亿瑞士法郎，1990 年实现 7.2 亿瑞士法郎。这段时期，两国边境贸易首先是着眼于民用商品的互补需求，主要是采用易货贸易的方式进行的。中俄在此间交往中积累了经验，增进了了解，结交了许多的贸易伙伴，锻炼了队

---

① 《对外经济贸易使用大全》，上海：复旦大学出版社，1989 年版，第 462 页。

伍，为进一步发展奠定了良好的基础。1991 年，黑龙江省对俄边境贸易首次突破 7 亿美元。1992 年，国务院出台了 33 号文件，赋予边境贸易企业经营自主权、减半征税和放开进出口商品经营范围等一系列优惠政策。1992 年中俄边贸额同比上一年翻番，达到了 15 亿美元。1993 年达到了 20.9 亿美元。这一时期，两国边境贸易快速发展的原因主要是因为：苏联解体后，俄罗斯成为独立国家，并开始进行"激进式"的经济改革，使其国内物价飞涨，经济急剧下降，消费品严重匮乏，对中国的轻工日用商品需求很大。同时，中国的经济也在迅速膨胀，国内基本建设的摊子铺得很大，俄罗斯的钢材、建筑材料、工程机械在我国很畅销。因此，两国经济较强的互补性为两国边境贸易的发展创造了极佳的条件。但我们也看到，在这一特殊的历史时期，两国的不正常和不规范的商务运作给后期的边贸发展带来了很大的问题和困难。从 1994 年起，黑龙江省对俄边境贸易开始下滑，对俄边境贸易进出口总额为 16.5 亿美元，比 1993 年下降 21.9%。1995 年实际进出口总额为 14.6 亿美元，比上年下降 10.5%。1996 年为 7.02 亿美元。1997 年略有回升，达到 10.01 亿美元。从 1993 年下半年开始，边贸下滑的主要原因是：中国对前期的经济政策做了一些调整，大力压缩基本建设的规模，停建、缓建了一些项目，从而导致国内建材市场急剧萎缩，钢材等大量产品价格下跌，供大于求，从俄罗斯进口的商品量大幅度减少；前一个阶段，由于我国向俄罗斯出口的商品中混有的假冒伪劣的商品极大地败坏了我国商品在俄罗斯市场上的良好信誉；过去，易货贸易是中俄边境贸易的主要形式，不涉及外汇，贸易形式十分简单，从 1995 年开始，现汇贸易逐步取代了易货贸易的主导地位，但是中俄双方却一直没有解决好由易货贸易向现汇贸易方式转变中出现的结算问题，致使边境贸易中现汇贸易与易货贸易同时并存，现汇贸易与现钞贸易混杂，贸易方式十分复杂。

1998 年中俄边境贸易开始回升，2000 年是中俄边贸发展的一个新阶段。这个阶段的背景是，首先俄罗斯实现了政权的稳定交接。总统普京执政采取了强而有力的国家中央干预政策，俄罗斯的经济强劲复苏，政局趋于稳定。俄罗斯的经济稳定增长为中俄贸易包括中俄边贸的发展创造有利的条件。2000 年黑龙江省边贸进出口贸易额为 12.35 亿美元。进入 21 世纪后，由于两国政府的高度重视，中俄两国政治关系的健康发展，特别是 2001 年中俄两国元首签署了《中俄睦邻友好合作条约》，这份条约的签订为双方睦邻友好与互利合作关系和长期稳定发展奠定了坚实的法律基础，开辟了广阔前景。从此两国在政治、经贸、文化、科技、国际等各领域的合作开始了深入发展。2000 年，中俄双边贸易额达到 80.03 亿美元，增长达 39.9%。2001 年双边贸易在这基础上继续快速发展并再创新高，贸易额突破 100 亿美元大关，达 106.7 亿美元，2002 年中国同俄罗斯双边贸易额为 119.3 亿美元，2003 年中俄贸易额为 157.6 亿美元，2004 年达到 212.3 亿美元，2005 年达到 291 亿美元，2006 年双边贸易额上升为 333.9 亿美元，2007 年达到了 481.6 亿美元。

通过以上的中俄经贸历程的回顾，我们看到通过双方的共同努力，中俄双边经济合作取得了相当的成就，特别是中俄边境贸易作为中俄区域经济合作的先导，对中俄两国毗邻地区的经济发展和人民生活水平的提高起到了无法替代的作用。

第二节　中俄贸易通道建设历史悠久

中俄两国在东北亚区域合作有其悠久的历史渊源，在清俄陆路贸易通道和中蒙苏铁路联运的通道建设基础上有着一脉相承的发展阶段。

一、清俄陆路贸易通道的建立

16 世纪末沙皇俄国统一，成为欧亚大陆西端的重要国家，17 世纪初欧亚大陆东端崛起了满族，后建立了清朝。沙俄向东扩张，清朝向西进军，双方在东北亚地区相遇，进而争夺北亚。后来经过战争与谈判，俄方要求通商，经清方允准，写入条约，清俄陆路贸易通道形成。1689 年，清廷与沙俄签订《尼布楚条约》，条约允许边民互市。1693 年清朝允准俄方每隔三年前往北京进行贸易。其后，沙俄每隔三年派一次商队，到中国进行贸易，他们由莫斯科(后来是彼得堡)出发渡过贝加尔湖，行抵尼布楚，然后越过边界，越过大兴安岭，最后到达北京，这就是当时俄国商队走的尼布楚路线。1696 年，清圣祖(康熙皇帝)亲征漠北，打败准噶尔，清朝控制了漠北草原，为俄清之间开辟蒙古高原路线提供了政治保障。1724年，清俄签订《恰克图条约》，约定边界上设立买卖城，由此，恰克图得以兴建，成为贸易路线上的咽喉。恰克图贸易路线的形成，为繁荣200多年的中俄贸易奠定了基础，因为通道上的主要大宗商品是中国的茶叶，所以，这条路线也称为茶叶之路。1891年沙俄开始修建西伯利亚大铁路，以连接其欧洲部分与远东出海口。1896年签订《中俄密约》，其中一项是修建中国东省铁路(简称中东铁路)，其路线设计由满洲里进入中国东北，经过齐齐哈尔、哈尔滨、牡丹江，由绥芬河出境。中东铁路修通后，中俄货运从恰克图线转到中东铁路，满洲里成为中俄重要的陆路港口，中俄贸易格局和东北亚格局发生了巨大变化。20世纪上半叶，由于中蒙之间的贸易关系中断，加之诺门罕战役爆发，满洲里铁路失去了经济意义，逐渐趋于中断。

二、中蒙苏经贸互助通道的设立

1949年10月，中华人民共和国成立，苏、蒙两国立即表示承认，并建立外交关系。1950年2月中苏两国政府签订了《中苏友好同盟互助条约》《关于中国长春铁路、旅顺口及大连的协定》《关于苏联贷款给中华人民共和国的协定》等文件。苏联对华实施援助，作为对苏联援助的回报，中国向苏联提供了农产品和橡胶等工业原料，当时中国与苏联的贸易量超过中国同任何一个其他国家的贸易量。中苏没落20多年的贸易通道再度繁荣。当时，满洲里作为中苏陆路港口，成为中俄物流咽喉，满洲里铁路充当中苏主要贸易通道。1952年9月，中、苏、蒙三国协定修通中国集宁到蒙古乌兰巴托的铁路，开办三国铁路联运的协定。1956年1月举行了铁路接轨典礼，宣布乌兰巴托至集宁铁路建成，中蒙铁路的修通，连接了中蒙苏三国铁路，成为三国经贸互助的重要运输路线。后因中苏论战，三国关系恶化，三国之间的经济交往逐渐减少，贸易通道趋于中断。1984年，中苏蒙三国恢复了经济往来，但随着中国改革开放，经济热点逐渐转向沿海地区，中蒙苏铁路不如以前重要了。

综上所述，数百年中俄关系表明，在国际格局、世界秩序和大国关系面临深刻复杂调整的当下，维护和推动中俄关系稳定、健康、可持续发展，是中国对外战略的重要方向。只有构建全方位、深层次、多领域的中俄互利合作新格局，实现更紧密的利益融合，两国人民才能共享中俄合作成果。

第四章　中俄经济合作的
外交战略基础

国际经济关系和国际政治关系是国际关系的两个主要方面，二者不仅相互影响，还能相互转化。对于中俄两国来说，为了保持两国关系全方位的健康平稳发展，依托经济的相互合作来稳固两国的政治关系，同时利用良好的政治关系促进两国经济合作的良性发展十分必要。

第一节　中国外交辉煌历史

一、社会主义建设初期中国外交

新中国成立初期，我国外交的首要任务是：彻底摧毁帝国主义对中国的控制，恢复国家的独立和主权。毛泽东在新中国成立前夕提出："另起炉灶""打扫干净屋子再请客"和"一边倒"的三条方针。"另起炉灶"，就是同旧中国的屈辱外交彻底决裂，在新的基础上同世界各国建立新的外交关系。"打扫干净屋子再请客"，是要彻底清除旧中国遗留下来的帝国主义在华的特权和残余势力。"一边倒"，即倒向社会主义一边，同时坚持独立自主。

1953 年底，周恩来提出了互相尊重主权和领土完整，互不侵犯，互不干涉内政，平等互利的和平共处五项原则。中国积极支持并参加了 1955 年 4 月在印度尼西亚万隆举行的亚非会议。美国则不仅企图在政治上孤立中国，在经济上扼杀中国，而且企图从朝鲜、越南和中国台湾三个方面对中国大陆进行军事威胁。经过坚决抗争，新中国取得了抗美援朝和援越抗法胜利，并解放了一江山岛。经过这一时期的外交工作，新中国在国际上已经站稳了脚跟。到 1956 年，同中国建交的国家已有 25 个。面对苏美两个超级大国都与中国为敌的不利局面，毛泽东提出了"两个中间地带"的战略思想①。他指出："中间地带有两个部分：一部分是指亚洲、非洲、拉丁美洲的广大经济落后的国家，一部分是指以欧洲为代表的帝国主义国家和发达的资本主义国家。这两部分都反对美国的控制。在东欧各国则发生反对苏联控制的问题。"中国的外交战略是依靠第一中间地带，争取第二中间地带，反对两个超级大国的霸权主义。

第一，大力加强同亚非拉国家和人民的团结合作。中国政府和人民坚决支持埃及等阿拉伯国家的反帝国主义斗争，支持古巴等拉美国家的反美爱国斗争，支援撒哈拉以南非洲国家的反殖民斗争，支持安哥拉等国争取独立的武装斗争和南非人民反对白人种族主义的斗争，支持不结盟运动的正义主张和行动。中国先后同缅甸、尼泊尔、蒙古、阿富汗解决了历史遗留的边界问题，同巴基斯坦签订了边界协定，同印尼解决了华侨双重国籍问题。

第二，与发达国家建立友谊。中国同法国建立了外交关系，并同意大利和奥地利互派了商务代表。毛泽东和周恩来等为中日睦邻关系倾注了大量心血，始终把广大日本人民同极少数日本军国主义分子加以严格区分。新中国采取主动步骤，沟通了两国之间的贸易，协助在华日侨回国，不断加强两国各类民间组织间的交往。

第三，反对苏联控制，顶住苏联的威胁。20 世纪 50 年代末期，苏联领导人赫鲁晓夫妄图推行"苏美合作，主宰世界"战略，向中国提出诸如共建长波电台和共同舰队等有损中国主权的要求，并竭力使中国在台湾问题和中印边界问题上放弃原则以服从苏联的全球战略，遭到中国断然拒绝。1960 年 7 月，苏联在一个月内，撤走在华的全部 1390 名苏联专家，撕毁中苏政府签订的 12

---

① 中共中央文献研究室编：《毛泽东文集》（第八卷）. 北京：人民出版社，1999 年版，第 441 页。

个协定和 300 多份专家合同，废除 200 多项科技合作项目，继而在中国新疆一些地区挑起边境纠纷。勃列日涅夫上台后，在中苏边境陈兵百万，不断进行武装挑衅，甚至入侵中国珍宝岛等地，挑起大规模武装冲突，中国击退苏联的多次武装入侵。

第四，坚决反对美国的战争叫嚣和制造"两个中国"的阴谋。美国恣意策动台湾当局"反攻大陆"，并派美舰为其护航。中国人民解放军从 1958 年 8 月 23 日开始炮击金门、马祖。美政府遂转而力劝蒋介石放弃金门、马祖，实现"划峡而治"。毛泽东亲自起草了《告台湾同胞书》，揭露美国搞"两个中国"的阴谋。并先后采取暂停炮击和逢双日不炮击等做法。正如毛泽东所说，"金门炮战，意在击美"。1954 年签订《日内瓦协议》后，美国采取各种手段插手印支事务，并最终对越南进行了大规模侵略，中国全力支持了越南人民的抗美救国斗争。这一时期，中国在国际上的影响不断扩大，出现了第二次建交高潮。到 1969 年，同中国建交的国家已达 50 个，中国已成为独立于美苏之外的一支重要力量。

苏联凭借其迅速膨胀起来的军事实力到处伸手，而美国由于侵略战争力量相对削弱。西欧、日本的经济得到迅速发展。亚非拉国家维护和争取独立的斗争取得伟大胜利。1974 年 2 月，毛泽东提出了划分三个世界的战略思想："美国、苏联是第一世界。中间派，日本、欧洲、澳大利亚、加拿大，是第二世界。咱们是第三世界。"

第一，在毛泽东的战略思想的指导下，中国抓住美国不断发出改善关系的信息的机会，调整对美政策。恢复中美大使级谈判、乒乓外交、基辛格秘密访华，直到尼克松总统访问中国，双方领导人经过直接会谈，于 1972 年 2 月发表了《中美联合公报》，中美关系取得突破。1979 年 1 月两国正式建交。

第二，苏联从北、西、南三个方面对中国形成包围之势。考虑到《中苏友好同盟互助条约》已名存实亡，中国全国人大常委会决定不再延长该条约，中苏两国正式结束同盟关系。

第三，中国恢复了在联合国的合法席位。1971 年 10 月，第二十六届联合国大会以压倒多数通过 2758 号决议，恢复了中华人民共和国在联合国的一切合法权利。此后，中国同绝大多数西方国家建立外交关系，从而出现第三次建交高潮。

二、改革开放时期中国外交

我们提出维护世界和平不是在讲空话，是基于我们自己的需要，当然也符合世界人民的需要，特别是第三世界人民的需要。因此，反对霸权主义，维护世界和平是我们真实的政策，是我们对外政策的纲领。[①] 邓小平外交思想是新时期中国外交的理论基础和行动指南。

第一，反对霸权主义，维护世界和平。中国发展了同美国、日本、西欧国家的正常关系，改善了对苏关系，全面发展了同第三世界国家的关系。

第二，不以社会制度和意识形态的异同论亲疏。邓小平以消除"三大障碍"为条件提出与苏联谈判。中苏两国经济、科技、贸易等领域的互利合作和人员往来得到了不同程度的恢复和发展。1989 年 5 月，苏联总统戈尔巴乔夫访华同邓小平举行了高级会晤，实现了两国关系的正常化。中国同东欧社会主义国家的关系也得到了恢复和发展。

第三，改善和发展同周边国家和广大发展中国家的关系。在处理中国与邻国之间存在的历史遗留的领土和海域争端的问题上，邓小平提出"主权属我、搁置争议、共同开发"的主张。中国提出"和平相待、友好协商、互谅互让，公平合理、全面解决"的原则，维持了边界的和平与安宁。

第四，认真贯彻"一国两制"，推进祖国统一大业。中国同英国和葡萄牙经外交谈判，分别于 1984 年 12 月和 1987 年 4 月发表联合声明，确认中华人民共和国政府分别于 1997 年 7 月 1 日和 1999 年 12 月 20 日对香港和澳门恢复行使主权。

两极格局终结，各种力量重新分化组合，世界进入了新旧格局转换的过渡时期。以江泽民同志为核心的党的第三代中央领导集体继承并创造性地贯彻邓小平外交思想和独立自主的和平外交政策，始终把维护国家的主权和安全放在第一位，坚持以经济建设为中心，不断增强综合国力。

第一，同发展中国家的关系进一步巩固和加强，经济贸易更是飞速发展。

[①] 《邓小平文选》(第二卷)。北京：人民出版社，1983 年版，第 417 页。

中国先后同印尼复交，同新加坡、文莱和韩国建交，同越南、蒙古实现了关系正常化。1996 年，时任国家主席江泽民访问南亚三国。中国与东盟于 1997 年 2 月成立中国—东盟联合委员会。亚洲金融危机发生后，中国向受打击最大的国家提供了援助。中国积极发展同朝鲜北南双方的友好关系，维护朝鲜半岛的稳定，并先后同沙特阿拉伯、以色列等建立外交关系，在阿以争端、海湾问题、伊拉克制裁问题上采取公正和均衡的政策。中国同撒哈拉以南非洲国家的关系进一步得到巩固。1998 年 1 月 1 日，中国与南非正式建交。与中国建交的拉美国家也增到 19 个。

第二，同俄罗斯和独联体国家的关系得到不断发展。1991 年，苏联解体，中国宣布承认俄罗斯和其他独联体各国政府，并先后同它们建立了外交关系。1996 年 4 月，中俄宣布建立"平等信任、面向二十一世纪的战略协作伙伴关系"，从而为两国关系的发展确立了明确的方向。中国和哈萨克斯坦已成功地解决了两国间的边界问题。

第三，改善和发展同西方发达国家的关系。美国曾带头对华实施"制裁"，中国采取了一系列外交行动予以反制。1997 年 10 月，时任国家主席江泽民应邀对美国进行国事访问，中美两国将致力于建立"面向二十一世纪的建设性战略伙伴关系"。1989 年以后，西欧发达国家一度追随美国对中国实行"制裁"。1994 年，时任国家主席江泽民对法国进行国事访问，提出中国与西欧关系的四项原则。1994 年底，欧盟正式取消对华制裁。中日两国高层互访和各个领域的接触则相当频繁。1997 年是中日邦交正常化 25 周年，两国共同确认在严格遵循中日联合声明和中日和平友好条约的原则基础上，建立长期稳定的睦邻友好关系。

第四，积极开展多边外交，在国际事务中发挥独特的建设性作用。中国坚决支持发展中国家争取建立国际政治经济新秩序的合理主张和要求，同 77 国集团建立了行之有效的合作关系，并作为观察员参加不结盟运动的重要活动。作为联合国安理会常任理事国，中国主张正义，力主通过和平方式解决伊拉克武器核查危机和南斯拉夫科索沃问题。中国全面参与国际裁军领域的活动，为达成《禁止化学武器公约》和《全面禁止核试验》做出了积极贡献。在国际人权领域，中国主张对话，反对对抗。1990 年以来，在联合国人权会议上，中国连续 8 次挫败了西方国家的反华提案。

第五，实行"一国两制"，推进祖国统一大业。1997 年 6 月 30 日午夜，中英双方在香港成功举行政权交接仪式，中国政府对香港恢复行使主权。1999 年 12 月 20 日，中国政府对澳门恢复行使主权。香港、澳门的回归，标志着中国人民在完成祖国统一大业的道路上迈出重要两步。

综上所述，中国外交战略始终坚持和平共处五项原则，坚持求同存异的方针，坚持一个中国的坚定立场，在建立了独立自主的和平外交基础上，与世界上大多数国家建立了友好的往来关系。同时，中国一贯主张对历史遗留下来的边界问题和有争议的问题，双方应通过和平谈判，互谅互让，求得友好解决，而不应诉诸武力，其目的就是安定四邻，争取国家形势的和缓，便于进行建设，而不是使中国同邻国的关系紧张起来，这对维护世界和平做出了重大贡献。

第二节　新时代中国外交战略

党的十八大之后，中国中央领导集体在外交领域的一些新举措，引起了国际社会的广泛关注和赞誉，这些举措凝聚着中国外交新环境的科学判断，展示着中国外交的一系列新理念、新布局、新风格。

一、中国外交的新理念

党的十八大以来，中央领导集体应环境变化和历史要求，提出了一系列具有鲜明时代特征、既契合中国利益又符合世界发展利益，既具有中国特色又具有世界影响的外交新理念。

第一，关于"中国梦"。习近平总书记指出，实现中华民族伟大复兴，就是中华民族近代以来最伟大的梦想。这个梦想凝聚了几代中国人的夙愿，体现了中华民族和中国人民的整体利益，是每一个中华儿女的共同期盼。"中国梦"的本质内涵，是实现国家富强、民族振兴、人民幸福。"中国梦"是中国人的梦想，随着新一届中央领导集体的一系列外事活动的开展，"中国梦"的世界含义、"中国梦"作为中国外交新理念的特色越来越凸显。"中国梦"是中国外交的新理念、新品牌。"中国梦"与"世界梦"的关系格外引人关注。简而言之，"中国梦"与"世界梦"是互为前提、互为依托、互为机遇的关系。一方面，实现"中国梦"必须有和平发展的国际和周边环境。没有和平的国际环境，中国不可能保持稳定，同样没有"中国梦"的实现。改革开放 40 多年来，世界的发展为中国的发展注入强大活力，没有世界要发展、求合作的主流，中国发展是无源之水。未来也是一样，没有世界的繁荣发展，"中国梦"永远只是个梦想。另一方面，"中国梦"同样给世界的和平发展注入活力、带来机遇。一个走和平发展道路的中国是维护世界和平的重大力量，一个不断发展壮大的中国是对世界繁荣发展的重要贡献。中国正在力所能及的范围内承担更多国际责任和义务，为人类和平与发展做出更大贡献。当前和今后一个时期，中国经济将继续保持健康发展势头，国内需求特别是消费需求将持续扩大，对外投资也将大度增加。这充分说明，中国越发展，越能给世界带来发展机遇。

第二，关于中国对外交往的旗帜。党的十八大报告提出，中国将继续高举和平、发展、合作、共赢的旗帜，坚定不移致力于维护世界和平、促进共同发展。在国际关系中弘扬平等互信、包容互鉴、合作共赢的精神，共同维护国际公平正义。和平、发展、合作、共赢成为中国外交的旗帜。这面旗帜中，最引人注目的是"合作共赢"的理念。合作共赢是国与国之间更好的、更和谐的共处方式，追求的是一种 1+1>2 的和谐发展，既利人，又利己；既合作，又竞争；既相互促进，又相互激励；既不是逃避现实，也不是拒绝竞争，是以理性的态度追求共同利益的最大化。

经济全球化的时代催生了合作共赢的理念。当今世界各国相互依存，相互影响达到前所未有的程度。中国高举合作共赢的旗帜，就是要倡导人类命运共同体意识，在追求本国利益时兼顾他国合理关切，在谋求本国发展中促进各国共同发展，建立起更加平等均衡的新型全球发展伙伴关系，同舟共济，权责共担，增进人类共同利益。

改革开放以来中国外交的丰富实践也催生了合作共赢的理念。40 多年来，中国本着互利共赢的精神，全方位推进对外友好合作，中国同世界的相互依存度不断加深，同世界的利益交融也在日益加深。中国和平发展，得益于和平发展这一时代主旋律，又为世界的和平发展与日益繁荣做出了重要贡献。中国在致力于自身发展的同时，始终坚持向经济困难的其他发展中国家提供力所能及的援助，承担相应的国际义务。可以说，和平、发展、合作、共赢已成为当今时代的潮流。中国愿意与世界各国一道，共同做世界持久和平的维护者、共同发展的开拓者、友好合作的促进者、互利共赢的倡导者。

第三，构建人类命运共同体。在国际关系中，大国关系是国际局势的导向因素，也是国际格局的重要塑造性因素，随着中国的发展壮大，中国的大国政策受到越来越广泛的关注。中国倡导的人类命运共同体理念成了国际社会关注的焦点。习近平总书记对人类命运共同体理念用三句话做了精辟概括：一是不冲突、不对抗。就是要客观理性看待彼此战略意图，坚持做伙伴、不做对手；通过对话合作，而非对抗冲突的方式，妥善处理矛盾和分歧。二是相互尊重。就是要尊重各自选择的社会制度和发展道路，尊重彼此核心利益和重大关切，求同存异，包容互鉴，共同进步。三是合作共赢。就是要摒弃零和思维，在追求自身利益时兼顾对方利益，在寻求自身发展时促进共同发展，不断深化利益交融格局。

人类命运共同体理念是中国对世界局势的科学判断，对国际关系发展历程和中国外交实践的科学总结。这一理念最突出的特点就是针对性强。一是针对的"国强必霸、崛起必战"的传统逻辑思维；二是针对的是意识形态偏见和以零和游戏为代表的冷战思维；三是针对的是经济全球化背景下世界各国，包括大国之间利益交融的现实；四是针对的是各国之间共生共存，既竞争又合作的复杂关系；五是针对的是世界各国的期许与担忧。中国要走自己的路，走中国特色社会主义道路；中国的国家利益和社会主义制度，决定了中国无意称霸，更无意争霸。

二、中国外交的新布局

(一)中国新的外交布局呈现出新的阶段性特征

第一，全方位。中国领导人的出访国有大国强国，也有小国穷国，有近在咫尺的邻国，也有远隔万里的非洲、拉美国家。中国外交布局既兼顾了发达国家，也兼顾了发展中国家，兼顾了周边国家、相同或不同社会制度的国家，兼顾了双边合作与多边舞台，也兼顾了公共外交与热点问题。

第二，宽领域。中国的外交活动涉及政治、经济、军事、人文等各个领域。首脑外交既谈政治，也谈经济，既推动经贸合作，也推动人文交流，同样也会探讨人类共同挑战的应对之方和国际地区热点问题的解决之道。

第三，多形式。多形式甚至不拘泥于形式的外交活动往往能达到更好的效果。

第四，谋长远。中国外交工作重视战略思维，立足当前，但重点在于谋长远。

(二) 新时期的中国外交新风格

第一，务实。例如，习近平主席的外交"首秀"仅仅9天行程，但访问内容丰富，日程紧凑，出席了66场活动，与32位国家元首及政要举行了会谈和会见，发表了20多次演讲和重要讲话，多角度、深层次阐述了中国的外交政策和重大主张，出席了10多场人文和公共外交活动。话题涵盖了中美关系、全球性挑战、国际地区形势和世界热点问题，还有经贸合作、人文交流等问题，交流的广度和深度都是前所未有的。第二，自信。中国外交自信的实质上展现了中国共产党人充分的理论自信、道路自信和制度自信。第三，亲和。中国今天的外交，更讲究软实力。亲和力就是软实力的重要形式，也是一个国家重要的魅力之一。第四，鲜明。中国外交风骨更重要地体现为在原则问题上、在涉及中国核心利益问题上的鲜明立场，体现了中国对维护国家安全和国家利益的坚定立场，这是对中国人民的宣示，也是对全世界的宣示。

总之，现在的中国，已进入为建设社会主义现代化强国而奋斗的新时期。中国的综合实力在不断增强，中国的国际地位和影响力在不断提升，中国的国家利益在不断延伸，中国在逐步走上世界的中心舞台，中国与世界的关系在频繁的互动中日益紧密。今天，在国内国际两个大局的互动中，国际因素与国内因素的互相影响、国际局势与国内局势的互相关联远远超出了人们的想象。随着中国的发展壮大，这种关联面会更广，这种关联度会更深。当然，中国外交面临更多的风险与挑战也是必然的，中国作为发展中的大国，有自己"成长的烦恼"。这种烦恼必然会体现在外交工作的方方面面。同时，世界形势的深刻复杂变化更会给中国外交带来可以预见和难以预见的风险与挑战。

第三节　新时期俄罗斯外交战略

近些年来，随着俄罗斯的崛起和俄罗斯外交在国际舞台的精彩展现，世界各国都为俄罗斯外交精心的布局、娴熟的技巧所惊叹。俄罗斯外交之所以能够游走于世界舞台特别是西方强国之间，最大限度地扩大并维护俄罗斯的国家利益，源于其在历史发展过程中不断丰富自己的外交思想、外交艺术，逐步形成了独有的外交传统。因此，要想更加准确地预测今后俄罗斯外交的基本走向，把握当代俄罗斯外交的脉搏，我们必须从俄罗斯的外交历史中去探寻其基本运行规律，探索其外交传统。

一、俄罗斯外交战略思想

地理因素、国家规模和实力、国民性和意识形态等因素作为一个国家相对稳定的客观存在，是影响一国外交传统的最基础性因素，俄罗斯是一个绝佳例证。俄罗斯外交战略思想是俄罗斯外交文化和外交经验积淀下来的俄罗斯独特的外交战略方式和战略模式。

第一，"双头鹰战略"的实施。"双头鹰战略"的形成并不是无条件的，也不是说俄罗斯将双头鹰徽记作为国家的象征时起，俄罗斯就有了"双头鹰战略"。"双头鹰战略"的形成必须具备以下一些条件：一是有广阔的国土，国家有足够的空间和实力实施该战略；二是在东西或南北两个对立方向面临重大的挑战或机遇；三是在东西或南北两个对应方向都有重大的利益。俄罗斯的"双头鹰战略"同时关注着东西两个对应的战略方向，但不同时期会表现出不同的特征：或东西并重；或西方为主，东方为辅，以东方策应西方；或东方为主，西方为辅，以西方策应东方。

自俄罗斯中央集权国家建立以来，俄罗斯外交始终是以加强与西方联系为主的，欧洲始终是俄罗斯外交的主要舞台。东方或南方尽管在个别的时候也曾在俄罗斯外交中一度占据过主导的地位，但都是很短暂的，在俄罗斯外交布局中绝大多数时间处在次要位置，这种状况即使在今天依然如此。因此，西方为主，东方为辅始终是俄罗斯"双头鹰战略"最基本的特征。俄罗斯把努力融入西方作为其外交战略的原因是多方面的：一是地缘环境上的影响。俄罗斯位居欧洲的东部，其政治、经济、军事、文化等活动的中心绝大部分在西方。二是西方文化的牵引。对于俄罗斯来说，西方是一个榜样，是努力学习的对象，融入它可以从那里获得不竭的营养。三是俄罗斯的安全利益所系，这也是影响俄罗斯外交西向的根本原因。由于在俄罗斯的东部和南部都是发展中国家，并不能对俄罗斯构成多大威胁，而俄罗斯的西部，法、英、德等欧洲大国，实力雄厚，是俄罗斯的主要对手，避免这些国家联合起来对付俄罗斯，并借助其他欧洲国家来牵制或者打击俄罗斯在欧洲的主要敌人成为俄罗斯倾向西方的重要原因。俄罗斯只有融入西方体系才能更好地维护自己的利益，避免孤立；也只有借助西方这个舞台，才能张扬俄罗斯的利益，使俄罗斯从偏远的欧洲东部进一步向西部发展，扩充俄罗斯的利益。但是，俄罗斯在努力融入西方的过程中，并不是一帆风顺的，西方总是将俄罗斯看作一种外来的、异己的力量，不愿接纳它。其原因是多方面的。首先，从地缘上看，俄罗斯偏居欧洲的东部，与欧洲的联系相对较晚。其次，敌意多于友好。在俄罗斯与欧洲的早期联系中，大多数的时间是以冲突的形式表现出来的。彼得一世之后到苏联解体，俄国与西方国家发生了数十次规模比较大的战争。通过这些征战，俄罗斯扩大了领土，获得了大量的利益，也增加了西方国家对俄罗斯的敌意和戒心。再次，宗教文化、社会制度不同。俄罗斯与欧洲国家虽然同属于基督教国家，但是他们属于两个完全不同的派别。欧洲人信奉的主要是天主教(个别国家信奉新教)，而俄罗斯主要信奉的是东正教。对西方文明社会的国家而言，俄罗斯还是完全不可知的，是某种异化的东方，时而以其神秘迷惑人，时而以其野蛮而令人生厌。最后，尽管俄罗斯在政治经济制度、意识形态和宗教文化上不断向欧洲西方世界靠近，尽量"西方化"以增加西方国家的认同，但西方国家更多地将俄罗斯的这些改革看作是一种内在的改革，是一种强化自己的手段，并不是为了融入西方而采取的。"西方化"并不能消除长期以来西方国家对庞大的俄罗斯所形成的恐惧。很显然，俄罗斯融入西方也绝不是要去充当配角，西方很清楚这一点，因此，对西方来说，只有在西方与俄罗斯面临同样的恐惧、同样威胁时，俄罗斯在欧洲政治格局或国际政治格局中处于一种可以借重的地位时，才会接纳俄罗斯。西方国家对俄罗斯的这种敌视与排斥，使俄罗斯人对西方国家的态度充满着矛盾。当处于低谷中的俄罗斯希望从西方获得自己需要的帮助，满怀热情要投入西方的时候，西方却总是用一种异样的、歧视的目光审视着它；当强大的俄罗斯希望进入西方世界时，西方国家常常会用一种怀疑的、敌视的目光来防备着它。这时，遭受挫折后的俄罗斯会转向东方，期望从东方借取力量和赢得尊严。

第二，独特的均势外交战略。俄罗斯的均势外交具有以下一些特点：一是俄罗斯常常集欧洲均势的维护者与破坏者于一身。由于俄罗斯面对欧洲大陆的争端，既可以置身事外，又可以置身其中，因此，俄罗斯对欧洲均势能够采取更为灵活的态度，既可以成为欧洲均势的一部分，又可以不完全属于欧洲均势。这样，俄罗斯完全可以在欧洲争夺激烈的时候置身之外，成为欧洲均势的旁观者，奉行中立政策，任冲突各方争夺。二是俄罗斯可以利用一个方向的均势，为自己在另一个方向获得局部优势服务。俄罗斯的均势外交，并不是单纯为了获得稳定，在很大程度上，它在一个方向的均势是为在另一个方向获得优势服务的。具体而言，由于俄罗斯具有避免卷入欧洲或者亚洲地区冲突的地缘优势，它可以利用自己置身冲突之外的有利条件，充分利用欧洲或者亚洲各国间的矛盾，巧妙地运用外交手段，与欧洲或者亚洲其他国家达成有利于自己的联盟，在欧洲或亚洲国家无暇顾及的方向为自己谋求利益。三是保持中、西欧的均势，追求在东、南欧的优势。由于东、中、西欧和南欧在俄罗斯战略布局中的地位不同，俄罗斯对这几个地区采取了不同的外交战略。一般来说，东、南欧国家力量相对较弱，而且大部分国家与俄罗斯在宗教、文化和种族上有共通之处，加上东南欧地区又都是俄罗斯通往中、西欧的战略前沿，也是中、西欧进攻俄罗斯的前哨阵地，因此，俄罗斯非常重视对这一地区的争夺，谋取在这一地区的优势地位是俄罗斯对外政策的基本目标。由于欧洲的主要大国在中、西欧，因此，中、西欧国家常常扮演欧洲均势的破坏者，如法国、德国。欧洲均势被打破形成一国独霸的局面将严重威胁俄罗斯的安全，因此，保持中、西欧的均势对俄罗斯本身的安全，对俄罗斯谋求在东、南欧的优势地位十分重要。四是当中、西欧面临严重破坏，俄罗斯才愿意成为欧洲均势中的一部分，俄罗斯对欧洲大陆的争夺常常采取观望的态度。五是全方位的均势外交常常是俄罗斯弱势时的选择。当俄罗斯处于强势时，俄罗斯是不愿成为均势的维护者的，只有在俄罗斯处于弱势时，俄罗斯才肯真正成为欧洲均势的一部分，因为处于弱势中的俄罗斯需要借助别国的力量来制衡自己的对手。

第三，实用主义与意识形态并用。首先，俄罗斯外交中的运用意识形态手段并不是一成不变的，常常会随着俄罗斯在国际上地位的变化和国内形势的发展，表现出时浓时淡的特征。一般来说，越是在俄罗斯实力相对较弱或者相对较强的时候，俄罗斯外交中的意识形态色彩就越浓。其次，意识形态与现实主义相得益彰。意识形态具有相对的稳定性，而外交所面对的形势错综复杂、瞬息万变，必须根据不断变化的形势来确立自己的国家利益，实用主义才是对外政策中的主要原则。意识形态只有与现实主义协调配合时，才能彰显其魅力，空洞的意识形态在残酷的现实外交面前就会显得苍白无力。最后，现实利益始终是俄罗斯外交的根本。不管意识形态的外衣有多么华丽，现实政治才是驱动俄罗斯外交最根本的动力。结盟关系的改变，外交理念的变化，都源于现实政治的推动。

第四，侵邻、控邻多于睦邻。从俄罗斯与邻国间的关系史中我们可以发现，在是采取侵略邻国、控制邻国还是睦邻友好之间，俄国政府更倾向于采取侵略邻国、控制邻国的政策。在与俄国相邻的国家中，没有一个邻国没有遭受过俄国的侵略。瑞典、芬兰、波兰、中国等国都曾经是俄罗斯扩张势力的对象。在俄罗斯发动的对外战争中，大部分是针对邻国的，而且其主要目的是夺取领土，谋求直接统治。俄国正是通过不断地对邻国发动侵略，不断夺取邻国的领土，才从一个中等国家最后一跃而为世界上领土最庞大的国家的。

第五，韬光养晦是俄罗斯脱困的外交选择。从俄罗斯外交发展的历史轨迹看，俄罗斯只有在遭受重大挫折时，才奉行这一外交战略。首先，外交目标取决于国内的需要。国内形势的需要是俄罗斯韬光养晦外交产生的内在根源。其次，放弃积极干预他国事务的政策，奉行中立外交。其三，必要的时候可以在次要方向或领域做出适当的退却。最后，奉行大国协调外交，不谋求自由行动。在处理重大国际事务时，俄罗斯不谋求单独行动，主要通过大国协调的方式来达到分享利益、缓解紧张局势的目的。但是，韬光养晦外交的实施对俄罗斯这样一个民族主义情绪很强的国家来说，并不是一帆风顺的，常常要承受来自各方面的压力，特别是民族主义的压力。

第六，避实就虚，适时而动。避实、就虚与适时而动三者之间是紧密联系的整体，是俄罗斯外交策略布局中完整的一环。避实是为了就虚，就虚是目的，避实是手段。适时而动是避实就虚的时机选择。当时机有利时，适时启动"避实"外交，为"就虚"营造良好的外部环境。当"避实"外交取得成功时，适时启动"就虚"行动。在俄罗斯历史上，有很多避实就虚、适时而动的外交经典范例。

总之，俄罗斯外交战略思想可以归结为：一是俄罗斯外交深受地缘影响；二是俄罗斯善于充分利用国际国内两种资源为国家利益最大化服务；三是俄罗斯外交战略中存在一种激进激烈的特性；四是开展多边外交是俄罗斯外交战略的重要内容。

二、俄罗斯外交战略时代特征

第一，俄罗斯对外目标的强烈外向性。不同国家由于其地缘、综合实力、战略文化传统不同，其对外政策目标往往表现出不同的特征。有些是内敛性的，有的是外向性的，有些是内外兼修的。从历史上来看，综合实力比较弱、主要以自然经济形态存在的国家，其对外政策目标内敛性比较强。综合实力比较强、主要以自然经济形态存在、在文化传统上具有内敛性的国家，其对外政策目标往往具有内外兼修的品性。综合实力比较强但受强烈外向文化传统影响的国家，即使其处于自然经济状态下，其对外政策也会带有强烈的外向性，俄罗斯就是最突出的例子。集中表现在：首先，夺取出海口既是俄罗斯对外政策目标强烈外向性的具体表现，又进一步强化了俄罗斯对外政策的外向性。这一对外政策目标带来两方面的影响：一方面，夺取出海口的行动本身就带有很强的外向性，另一方面，随着出海口的取得又会进一步强化俄罗斯外向的特性，使俄罗斯与外部的政治、经济、军事上的联系更加密切。其次，不断对外扩张，使俄罗斯对外政策具有了更强烈的外向性。俄罗斯通过不断向东、向南扩张，逐步成为横跨欧亚、幅员广阔的国家，这也使其成为跨地域、多邻国的国家，地缘上的这一特征更强化了俄罗斯对外政策目标的外向性。为了能够在错综复杂的国际环境中赢得最大的利益，俄罗斯不得不广泛开展双边、多边外交活动，重视发展与邻国关系，以谋取最大利益。

　　第二，俄罗斯外交目标的剧烈波动性。为适应国家实力的变化，对外政策目标也随之波动的情况，是所有国家都存在的，也是必需的。但是，不同的国家表现出的波动形态、幅度会有很大的不同，调整的方式、时机的选择也各不相同。从俄罗斯外交历史的过程来看，俄罗斯对外政策目标调整常常呈现出滞后的效应。俄罗斯对外政策目标的确立与国家实力常常呈现出不协调的态势，往往是在国际舞台上出现重大挫折后才会对自己的外交政策目标做出调整，通过收缩战线，积蓄力量，使其对外政策目标与国家实力之间相协调，即实力呈下降趋势时其对外政策目标的调整具有滞后性。而当实力处于上升阶段时，其对外政策目标的调整则具有超前性，会很快随着实力的逐步恢复再度向外扩展，并且渐渐离开中轴，使其对外政策目标与其实力之间再次出现失衡。只有当失衡达到一定限度、其对外政策再度遭受重大挫折时，其对外政策目标才会再度调整，使目标和实力之间达到新的平衡。总之，俄罗斯对外政策目标基于本国国力波动，但是，俄罗斯对外政策目标的波动幅度与许多国家不同，由于其对外政策目标处于实力下降阶段时主动适应力量变化调整相对滞后，往往是在出现比较大的挫折后，才进行调整，而在其处于上升阶段时主动调整的幅度又偏大，使目标围绕实力这根中轴波动时，波幅就显得比较大，其对外政策目标相对于国家实力常常会超出其实力所能提供的最大可能。

　　第三，俄罗斯对外政策目标始终不变的坚定性和决策的不确定性。一个国家对外政策的基本目标是不是坚定，对其能否实现对外政策目标十分重要。如果基本目标飘忽不定，或者模糊不清，其结果往往失败。从俄罗斯历史传统上看，俄罗斯对外政策基本目标上的坚定性集中表现在：一是始终把夺取领土作为俄罗斯增强安全、扩充实力的重要手段。正是由于俄罗斯的统治者始终坚持这一点，才使俄罗斯从东欧一隅的国家发展成为世界上领土面积最大的国家。二是始终把夺取和维持出海口放在突出位置。受地缘、经济贸易和打通通往欧洲的海上通道等因素的驱动，俄罗斯一直把夺取和维持出海口放在突出位置。三是坚决避免两线和多线作战。在俄罗斯外交史上，避免两线作战或多线作战基本上是成功的，这与其对外政策的坚定性密切相关。四是固守势力范围。尽管乌克兰、白俄罗斯、中亚地区等领土归属在历史上经常发生变化，但不管是沙皇当权，还是苏共掌政，俄罗斯总是运用政治、经济、外交甚至军事手段，或是努力将这些地区纳入自己的版图，或是将这些地区置于自己的强力控制之下，或是努力扩大对这些地区的影响，力图取得主导权。但俄罗斯外交战略决策也存在着不确定性，表现在：一是由于外交决策中最高统治者拥有独断的权力。在俄罗斯，高度集权、顺从专制、崇拜领袖以及缺乏一定的分权机制是俄罗斯政治体制最根本的特性。在这样一种体制下，最高统治者的性格、能力往往在外交决策过程中发挥决定性作用，对决策起着决定性的影响。二是俄罗斯的外交政策突变性较大。对于高度集权的俄罗斯来说，由于君主或最高领导人在外交决策中常常起决定性作用，君主的更替、好恶、情绪变化，影响着重大外交政策的变化，因此，俄罗斯外交具有很强的不确定性、突变性和盲目性。三是俄罗斯外交决策执行坚决，缺乏灵活性。在俄罗斯，由于沙皇或最高领导人绝对地掌控着外交的决策权，为了体现其权威意志，往往外交决策的执行力比较坚决，不轻易改变，这势必使得外交常常显得缺乏弹性，危机处理机制往往反应迟缓。

第四，俄罗斯外交战略选择上的灵活性、多取向性。首先，俄罗斯地跨欧亚两洲、面积广阔，幅员广阔使俄罗斯外交具备了收缩自如、攻防兼备的特征，其战略周旋空间很大，俄罗斯以空间换取时间，利用其领土幅员广、纵深长的优势，为外交运作赢得时间。其次，当俄罗斯受到西方欧洲国家挤压时，它通过加强与东方联系，借助东方国家的联系，平衡西方势力，以减缓压力。再次，俄罗斯经常根据国际形势的变化，适时转换外交重心，以谋求利益的最大化。最后，俄罗斯是一个多邻国的国家，而且邻国的构成十分复杂。由于俄罗斯是在不断扩张中形成的，所以它的边疆地区与毗邻的国家的民族文化、宗教信仰大多相同或相近。因此，俄罗斯与周边邻国具有很大的同一性，没有特别明确的文化、种族和宗教界限，这决定了俄罗斯邻国外交的多取向性，俄罗斯总是根据邻国的强弱、大小、民族的不同采取不同的邻国政策。

第五，俄罗斯外交流派上的多元性与外交理念上的极端性、摇摆性。首先，不同的文化特征往往会引发不同的外交理念。俄罗斯横跨欧亚大陆的独特地理位置，使俄国人从不同的角度、不同的立场对俄罗斯进行定位。俄罗斯的文化具有两重性，一方面蕴含着东方文明的某些因子，同时又包含着西方文明的因素。俄罗斯文化的多元性对俄罗斯外交的理念产生了非常深刻的影响。其次，俄罗斯民族在性格上最突出的特点莫过于它的矛盾性和极端性。在俄罗斯人身上，各种矛盾结合在一起，形成了俄罗斯民族性格的极端性和矛盾性的特点，同时导致俄罗斯外交理念总是在激进与保守、在东方和西方两端摇摆，要么就是激进超前的理性主义，要么就是极端保守的现实主义。

第四节　新时代中俄两国整体外交战略

中俄两国于 2001 年签署《中俄睦邻友好合作条约》，至今已满 20 年，这 20 年来中俄两国全面战略协作伙伴关系不断巩固、深化，经贸联系日益紧密。2021 年 6 月，中国国家主席习近平同俄罗斯总统普京成功举行视频会晤，共同宣布《中俄睦邻友好合作条约》延期，两国领导人就加强中俄战略协作和全方位务实合作等重大问题达成新的共识，将双边关系提升至"新时代全面战略协作伙伴关系"的新高度，并将"守望相助、深度融通、开拓创新、普惠共赢"作为新时代中俄关系发展的目标和方向，新时代中俄全面战略协作伙伴关系动力十足、前景广阔。高度的政治互信为两国经济合作的发展奠定了良好基础。

一、西方的经济制裁促使中俄战略协作伙伴关系进一步巩固

随着俄罗斯的崛起与强大，能源大国的确立，综合国力迅速提升，俄罗斯强国外交势头强劲，成为制约美国单极世界霸权的重要力量，对世界政治

格局与中俄关系产生了深远影响。

2014 年克里米亚危机后，美欧加紧挤压俄罗斯的战略空间，特别是对俄罗斯实施严厉的制裁，正是美国对俄罗斯和中国实施的战略压力，迫使两国坚定地携手打造中俄两国合作关系的增强版。2014 年 12 月 20 日，中国外交部长王毅表示，中俄合作不受国际形势左右，两国的平等互利合作在当前形势下更为重要，"如果俄方需要的话，我们会在力所能及的范围之内提供必要协助。"①时任中国商务部部长高虎城也表示，西方的制裁使中俄扩大货币互换机制的重要性进一步凸显，他还强调，中国能源、制造业等大项目的推进，要更多从两国产业互补性、经济结构等基础性角度去看待，不会因为俄罗斯当前的金融和经济形势而发生显著改变。②

2018 年 6 月 15 日，中美贸易摩擦使中国将加强对俄合作作为抵抗来自美国压力的重要支撑，而俄罗斯也看到了由此可能带来的重要战略机遇。中俄之间的经济合作、政治互动以及战略协作关系进一步深化。

2018 年 6 月，俄罗斯总统普京访华，中俄两国发表《联合声明》，认为"当今世界冲突高发，地缘政治矛盾激化，建设性协作空间压缩，经济保护主义抬头"，强调"中俄伙伴关系是当今国与国关系的典范，中俄协作是维持世界战略平衡和稳定的关键因素"，特别表示"反对绕开联合国安理会采取单边经济制裁，反对破坏公平诚信竞争原则和损害世界经济的讹诈、施压"，主张"共同采取措施，促进世界经济可持续增长，确保全球金融体系稳定，促进贸易和投资自由化便利化，反对单边主义和一切形式的贸易保护主义，维护和巩固以世界贸易组织为核心的多边贸易体制"。③

2019 年 6 月 5 日，中俄在莫斯科签署《关于发展新时代全面战略协作伙伴关系的联合声明》，宣布将致力于发展中俄新时代全面战略协作伙伴关系，并确定"守望相助、深度融通、开拓创新、普惠共赢"的新目标。在国际经济领域，两国特别提出"反对包括单边贸易制裁在内的任何形式的保护主义，维护并巩固以世界贸易组织核心作用和规则为基础的开放、透明、包容、非歧视

---

① 参见《外交部长王毅：中方在力所能及范围内助俄度困》，人民网，2014 年 12 月 21 日。
② 参见《外交部长王毅：中方在力所能及范围内助俄度困》，人民网，2014 年 12 月 21 日。
③ 《中华人民共和国和俄罗斯联邦联合声明》，外交部网站，2018 年 6 月 8 日。

的多边贸易体制""反对国际经贸合作中的政治垄断和货币讹诈,谴责个别国家企图掌控别国开展正当合作的必要性和尺度,以及操纵全球不扩散制度,向不合其心意的国家施压"。①

二、新的时代内涵赋予中俄外交战略进一步深化

美苏冷战结束后,美国作为唯一超级大国的实力与影响增强,世界格局的力量对比出现了严重失衡。俄罗斯也曾认同美国起主导作用的国际体系,并努力与美国搞好关系,但是,随着俄罗斯实力的增强,特别是自 2014 年乌克兰危机以来,以美国为首的西方国家不断对俄罗斯施加严厉制裁,美国"遏俄""弱俄"政策对俄罗斯利益的造成严重损害,美俄关系倒退日趋明显。2017年美国政府发布首份《国家安全战略》报告指出"修正主义国家中国与俄罗斯正在挑战美国的权力、影响力以及利益,并企图损害美国的安全与繁荣"②。特朗普对俄政策更趋强势,将中国与俄罗斯置于"战略竞争对手",俄罗斯遂改变了对俄美关系的看法并调整了外交政策,俄罗斯外交的主动性与独立性提高,国际影响力增大,成为制约美国建立单极世界,推动建立多极世界的重要力量。

俄罗斯是中国的近邻,两国有着漫长的边境线,中俄两国又都是安理会常任理事国,俄罗斯的大国外交不仅影响着世界格局,而且也影响着中俄关系。近年来,中俄战略协作伙伴关系得到了全方位的发展,两国已经达成了永远做好朋友、好邻居、好伙伴的共识,中俄两国战略协作伙伴关系的基础明显增强。近年来,俄罗斯比以往更积极地推动上海合作组织的发展与完善,十分注意加强与中国的经济合作,同时,俄罗斯与美国为首的西方国家的矛盾日益尖锐,一时难以调和,受到美国等西方国家的压迫,中俄两国之间的友好合作更加有利于捍卫两国战略利益,为两国各自经济快速发展提供良好的外部条件。

---

① 《中华人民共和国和俄罗斯联邦关于发展新时代全面战略协作伙伴关系的联合声明》,外交部网站,2019 年 6 月 6 日。

② "A New National Security Strategy for a New Era", December 18, 2017. https：//www.whitehouse. gov/wp-content/uploads/2017/12/NSS-Final-12-18-2017-0905-2. pdf

中国连续 11 年成为俄罗斯在全球最大的贸易伙伴，据中国海关总署统计，2021 年中俄贸易额近 1 470 亿美元，创历史新高。中俄贸易关系的变化反映了两国经济的实际状况，但是作为当今世界的两个大国，双方经贸合作额度还仅徘徊在 1 000 亿美元的发展水平，与中国和欧盟经贸合作额度 6 000 亿美元形成巨大反差，这与两国关系高水平发展极不相称。尽管中俄经贸合作水平不尽如人意，但随着中俄两国战略协作伙伴关系的全面推进，两国政府高度重视和积极推动，加上两国经济的互补性强，双方经济合作的空间和潜力非常大，两国在"一带一路"和欧亚经济联盟战略对接的基础设施建设、能源领域、高新技术领域等合作潜力还是很大，只有两国坚持合作研究和市场开发，形成一套完整成熟的合作机制，摸索一些行之有效的合作模式，两国经济合作才会越来越密切，这也对两国政治关系的促进作用会越来越明显。

综上所述，中俄两国同为崛起大国，美国多年来一直把中国和俄罗斯作为竞争对手，不断对中俄施加的战略压力，挑战两国的核心利益，形成了"挤压"效应，为中俄两国政治关系进一步提升提供了增长空间。同时，中俄两国通过共同努力在一定程度上扭转了双边关系中长期存在的"政热经冷"的问题，两国经济合作逆转上扬，但随着俄罗斯实力的增强和对华倚重的降低，双方的矛盾和摩擦可能还会增多，如在领土与移民问题上，由于中俄两国的人口数量差距过大，虽然中国没有扩张的意识，但俄罗斯仍然对中国存有防范的心理，在对华合作中有一定保留。在能源合作与开发问题上，俄罗斯担心成为中国的原料"附庸国"，因此，中俄双方在能源合作中实际效果并不明显。为了中俄关系的长远发展，这些客观存在的问题需要加以重视和解决。

第五章 中俄经济合作的现实基础

在百年未有之大变局下中俄关系进一步升温，两国都试图获取新的经济增长空间来应对各自面临的国际环境的深刻变化，中俄经济合作的重要性日益凸显。特别是进入新时代，中俄经济合作不断深化，良好的局势为中俄双方经济合作高质量发展创造了良好基础。

第一节 "一带一路"倡议背景下
中俄经济合作的状况

习近平总书记在"一带一路"倡议提出五周年座谈会上指出，要保持良性、健康发展势头，以"一带一路"为基础，推动中俄双边贸易高质量发展，更新发展理念，整合资源、集中力量加强双方合作。中俄两国以"一带一路"为基础，充分挖掘经济合作潜力，抓住机遇，使中俄经济合作实现新跨越。

一、中俄双边贸易合作逆势上扬

自 2013 年中国提出"一带一路"倡议以来，获得了沿线国家的大力支持，各国都将本国的发展战略积极与中国"一带一路"合作实现对接，经济贸易领域的合作呈现良好态势。到 2018 年底，中国与 140 多个国际组织和主权国家签署了共建共享合作文件，为沿线国家创造了超过 30 万个就业岗位，中欧班列开行超过 1 万列，亚投行、丝路基金以及中资银行机构先后参与的沿线项目超过 3 000 个，发放贷款规模近 3 000 亿美元。[①] 在俄罗斯方面，普京总统十分重视推进"一带一路"倡议与"欧亚经济联盟"对接，希望形成"一带一盟"，构建欧亚经济联盟的统一市场，从而建立大欧亚伙伴关系。与此同时，在西方对俄制裁和中美贸易摩擦背景下，2014—2020 年中俄双边贸易合作全面升级，双方贸易额呈现出逆势上扬的趋势，并实现了历史性的突破。2014年，双边贸易额达到 952.7 亿美元。2015 年和 2016 年，受西方对俄制裁和国际油价下跌等不利因素影响，双边贸易额出现严重下滑。但从 2017 年开始，两国通过采取一系列有效措施促使双边贸易额实现了快速反弹。2017 年中俄贸易额达到 840.94 亿美元，同比增长 20.8%。2018 年，中俄双边贸易额达到1 082.8 亿美元，首次超过 1 000 亿美元，增幅达 27.1%。2019 年，中俄双边贸易达到 1 107.57 亿美元，同比增长 2.5%。2020 年，尽管受到新冠肺炎疫情的严重冲击，但中俄贸易额保持 1 000 亿美元以上高位(见图 5-1)。

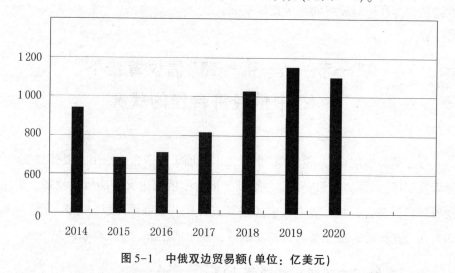

图 5-1　中俄双边贸易额(单位：亿美元)

资料来源：中国商务部《俄罗斯贸易简讯》，商务部网站。

二、中俄能源合作取得实质性进展

能源是俄罗斯经济发展和国家振兴的支柱产业和基石，能源是俄罗斯经

[①]　蒋随：《"一带一路"倡议下中俄区域经济合作对策》，社会科学家，2021(4)，第 93 页。

济发展的重要动力，仅石油和天然气产值就占其国内生产总值的 1/4。2008 年俄罗斯国内生产总值增长为 7.8%，主要依靠石油等能源出口获得外汇收入。一直以来，俄罗斯能源出口方向主要是欧洲市场，但由于国际金融危机的影响，其能源需求量增长缓慢，而且价格还往往低于东亚地区，中日韩等东北亚地区的能源市场对俄罗斯来说具有重要意义。特别是，自美国对俄罗斯实施严厉制裁以来，美国对俄主要的能源企业的负责人进行"精准"制裁，俄罗斯的能源领域成为美国重点打击的目标，美国限制技术转让、阻碍管道建设，在一定程度上压缩了俄罗斯能源出口空间。为此，俄罗斯不得不对能源政策进行了调整，开始实施其能源出口多元化战略，俄罗斯的能源出口市场过于依赖欧美市场的单一局面发生很大改变。尤其是，俄罗斯制定的《2020 年前俄罗斯能源战略》表明，要将远东和东西伯利亚地区的油气开发视为促进远东和东西伯利亚经济腾飞乃至维护俄国家安全的战略举措。

(一) 俄罗斯对中国油气出口迅速增长

随着中国经济的快速发展，能源需求量急剧上升，中国对进口能源的依存度不断提高。2009 年中国石油对外依存度超过 50%，2020 年上升至 60%～70%，年石油进口量将达到 4～6 亿吨。中国对石油的需求量和进口量是十分巨大的，而俄罗斯油气资源十分丰富，又是世界上重要的能源生产国，加上俄罗斯积极的石油出口多元化战略，恰好与中国实施的石油进口多元化政策相吻合，两国存在着巨大的未被开发的合作潜力。因此，双方应在目前良好的开端下，尽快解决具体技术问题，争取修建更多的管道以便提高石油供应量。受国际金融危机的影响，俄罗斯开展同中国的能源合作的愿望更加强烈，并多次表示愿意与中方在石油、天然气、电力和核能等领域开展长期务实合作。金融危机造成全球国际油气价格的大跌，对俄罗斯收入造成严重打击，使俄罗斯的经济元气大伤。刺激国内消费、改善经济结构、推进创新经济发展尽管是俄罗斯应对危机的重要举措，但这都是长期战略目标，并不能立即改善陷入困境的俄罗斯经济，继续依靠能源资源复苏俄经济是最现实和目前首要的选择。同时，在国际油气市场供过于求的情况下，俄罗斯开辟中国这样一个巨大的油气销售市场，从而获益颇丰。另外，能源外交一直是俄罗斯政府外交的重要手段，着眼于"后危机时代"，俄罗斯亟须掌控能源资源的话语权，并试图以石油资源作为筹码，进而逐步提高俄罗斯的国家地位。俄罗斯能源对外战略的重大调整，也极大减轻了美国制裁带来的压力。但是我们也看到，目前由于俄罗斯受到经济发展水平的制约，还无力独自开采或修建输油管道，需要外国资本和技术的支持，中国参与俄罗斯远东地区的油气开发和对修建输往中国管道支线的投资和承建，在满足自身油气需求的同时也极大带动了俄罗斯远东地区的经济发展和基础设施的建设。因此，共同利益成为推动中俄两国能源合作的最佳动力，尤其是国际金融危机爆发以来，中俄两国的能源合作更是取得了实质性的进展。2014 年—2020 年，俄对华石油出口量连续上升，从 2014 年的 3 310.82 万吨增至 2020 年的 8 357 万吨，六年间增长 129%，年均增速达 21.8%。2016 年—2018 年，俄罗斯连续三年超过沙特阿拉伯成为中国第一大石油供应商，中国成为俄罗斯石油出口前景最好的市场。

（二）中俄油气管道建设初见成效

2008 年 10 月，中俄在莫斯科签署了《关于在石油领域合作的谅解备忘录》《关于斯科沃罗季诺—中俄边境原油管道建设与运营的原则协议》等能源合作文件。这些文件的签署加速了中俄能源合作从最初的"安大线"管道的设计到"安纳线"的变化，又到"泰纳线"支线方案的最终确定的进程。2009 年 2 月 17 日，中国石油天然气集团公司和俄罗斯石油管道运输公司签署了从俄罗斯斯科沃罗季诺到中俄边境的管道设计、建设和运营协议。根据协议，中方投资 3 200 万美元，用于支线管道的设计。2009 年 4 月，由于金融危机的冲击，俄罗斯面临着资金严重缺乏的状况，在此情况下，中国发展银行同俄罗斯石油公司、俄罗斯运输石油公司签订了贷款合同，分别贷款 150 亿美元和 100 亿美元，期限为 20 年。俄政府通过管道向中国提供 3 亿吨石油，每年供应 1 500 吨石油，以偿还 250 亿美元的贷款。2009 年 4 月 21 日，中俄两国签署了《中俄石油领域政府间协议》。同年 4 月 27 日，中俄石油管道正式开始建设。2010 年 9 月 27 日，起自俄罗斯远东石油管道斯科沃罗季诺分站的长约 1 000 公里的俄原油管道全线贯通。2010 年 12 月 20 日，中俄石油管道开始进行试运营，向大庆输出石油。2011 年 1 月 1 日，俄罗斯正式通过中俄石油管道向中国供应石油，截至 2021 年 1 月 1 日，中俄原油管道正式开通运行 10 周年。

据哈尔滨海关发布的信息，哈尔滨海关所属漠河海关 10 年间监管服务中俄原油管道由俄进境原油近 2 亿吨。中俄原油管道的运营，标志着中国东北方向的原油进口战略要道正式贯通。它不仅丰富了中俄两国石油进出口战略的多元化，更体现了中俄两国能源合作的进一步深化。这对原油储量日渐枯竭的中国来说，相当于补充了新的血液，也为解决中国因石油紧张制约发展的瓶颈问题起到了积极的作用。此外，中俄石油合作下游炼化项目进展也十分顺利，2010 年 9 月 21 日，中国与俄罗斯在天津的投资建设中俄合资炼油厂项目已奠基开工，每年炼油量达到 1 300 万吨，项目总投资为 45 亿美元。该项目的形成将推动中俄石油产业链上下游一体化合作的进程。

（三）中俄天然气合作取得一定成效

除了传统石油外，中俄两国在天然气领域合作也是能源合作中的一个重点。虽然中国天然气市场尚未完全开放，中国对天然气的需求所占整体能源比重很小，但是中国为实现可持续发展的战略，完成节能减排的目标，势必要调整能源结构，将来会更多地使用天然气，这对于俄罗斯来说，是一个巨大的市场。2009 年 10 月，中俄签署了《关于俄罗斯向中国出口天然气的框架协议》，俄罗斯计划于 2014 年—2015 年向中国供应天然气，这一协议的签订标志中俄天然气合作取得了突破性进展。同时，中俄双方表示将尽一切努力，使俄罗斯通过管道向中国供应天然气的谈判取得进一步成果。2014 年 5 月，俄罗斯天然气工业股份公司与中国石油天然气集团有限公司签署了交易额达 4 000 亿美元的天然气的购销合同，这个合同为期 30 年，标志着中俄两国开启了长期而稳定的天然气合作进程。2019 年 12 月 2 日，中俄东线天然气总长度为 8 000 多公里的管道正式开通运营，这对于遭遇美国能源制裁的俄罗斯来说是巨大的机遇，也促使俄罗斯终于获得了在欧洲之外的庞大而稳定的天然气销售市场。此外，中俄天然气合作还覆盖了俄罗斯其他产业领域，例如，正在建设的阿穆尔天然气加工厂将用于处理通过管道输送的"原始气体混合物"，每年除生产 380 亿立方米甲烷标准气外，还可生产 6 000 万立方米氦气、200 万吨乙烷、100 万吨丙烷和约 50 万吨丁烷。而俄罗斯西布尔公司建设的"阿穆尔天然气化学综合体"可将乙烷加工成乙烯和聚乙烯，并利用阿穆尔天然气加工厂的原料生产合成聚丙烯。[①] 这将进一步提升俄罗斯天然气工业的深加工能力并提高产品附加值。

（四）中俄煤炭合作前景广阔

根据中国国家统计局的数据，2020 年中国煤炭消费量为 40.4 亿吨，进口 3.04 亿吨，因此，中国在煤炭生产和消费方面保持领先地位，同时还需大量进口。俄罗斯阿穆尔州动力煤炭储量超过 5 亿吨，各煤矿煤炭年产量约为 350 万吨。俄罗斯煤炭质量在热值和硫黄等指标方面优于澳大利亚和美国煤炭，俄罗斯有多种不同等级的动力煤和焦煤，可在中国用于住宅公共事业，热电站，玻璃、水泥和农业生产。此外，从澳大利亚和美国进口煤炭运输成本较高，而中国与俄罗斯是邻国，从物流上看中国从俄罗斯进口煤炭，可以降低运输成本，中国煤炭需求不断扩大，中国市场对俄罗斯来说前景广阔。目前，俄罗斯煤炭公司正与多家中国企业合作，其中一家为香港环球能源集团有限公司，这家公司每年从俄罗斯克拉斯诺亚尔斯克边疆区和哈卡斯共和国煤矿采购 10 多万吨煤炭产品，并且计划未来扩大从俄罗斯进口动力煤的品种。双方正在讨论对华供应问题，2022 年 4 月开放的新的中俄边境口岸下列宁斯阔耶—同江铁路桥将为中国进口阿穆尔煤炭物流运输提供更为便利条件。

（五）中俄电力及核能源合作进展顺利

中俄两国电力领域合作由来已久，但过去的电力合作主要是中国进口俄电。随着后金融危机时代的到来，中俄电力合作从以贸易为主向贸易与投资合作相结合转变，从而实现了跨越式发展。2011 年 1 月 10 日，黑龙江对俄电力合作联盟在哈尔滨宣告成立，电力联盟汇集了 43 家中国电力设备制造、设计、施工、科研、贸易企业和金融机构，整合了优势资源。

中俄两国核能领域的合作开启于江苏田湾核电站的工程项目，但因俄罗斯原子能建设出口公司未能按期提供设备而拖延了两年才完工，给中方造成巨大损失。2009 年 10 月，中俄双方签署了《中俄合作建设中国示范快堆预先设计研究合同》和《中国核工业集团公司与俄罗斯原子能公司关于田湾核电站

---

① 参见《亚洲能源合作前景广阔 俄罗斯成为最大供应国》，透视俄罗斯，2019 年 12 月 19 日，http：//tsrus. cn/jingji/nengyuan/2019/12/19/668199［2019-04-19］。

有关问题的谅解备忘录》，这表明，中俄在核能领域的合作取得了新的进展。由此可见，中俄两国能源合作已经从油气领域向核能等领域扩展，合作水平得到了进一步的提升，中俄能源合作的内涵更加丰富。中国充分利用俄罗斯资源，扩大能源合作，这不仅是缓解中国资源短缺的必要手段，也是获得支撑中国经济又好又快发展的各种资源，以确保国家能源安全的有效形式。

特别是 2021 年 5 月，通过视频连线的方式中俄两国元首共同见证了中俄核能合作项目——田湾核电站 7、8 号机组和徐大堡核电站 3、4 号机组的开工仪式，这是中俄迄今最大的核能项目，也是两国合力为减少碳排放、守护绿水青山做出的贡献。

(六) 中俄两国能源技术合作有效开展

俄罗斯油气行业在技术和设备方面对外依存度较高。俄 80% ~ 100% 的油气开发软件、70% 的涡轮机和锅炉、50% ~ 60% 的压缩机、20% 的管材、80% 的大陆架开发技术依赖进口。① 2014 年美国对俄经济制裁后，特别是对俄罗斯能源行业实施先进技术和设备的出口禁令，俄罗斯面临着两难的境地。因此，俄罗斯从中国获得相关能源技术，一定程度上克服了西方技术禁运给俄带来的困境。随着新能源革命的到来，中国庞大的能源消费市场正使"卖方"市场向"买方"市场转变，中国在中俄能源合作中具有重要的议价权。近年来，在中俄能源合作过程中，中国获得资源，俄罗斯获得资金、技术和市场，这种合作互补性日益凸显，双方能源合作还应发挥其有效的作用和功能。

三、中俄金融合作取得突破性进展

近年来，尤其是中国"一带一路"倡议提出后，随着中俄经贸合作的深化，中俄两国金融合作领域日益扩大，双方在银行间合作、机制建设、本币结算等方面均取得一系列积极进展。

(一) 中俄金融合作机制基本构建

中俄总理定期会晤委员会下设 19 个分委会，其中金融合作分委会是统筹

---

① 参见毕明《美对俄最新制裁分析及中俄油气合作机遇和挑战》，《国际石油经济》2018 年第 11 期。

双方金融合作的重要机制和专业平台。另外,中俄财长对话机制对双边金融合作起到了积极作用,双方在两国金融合作领域中进行了有效沟通,通过共同努力中俄在双方金融合作实践中逐渐构建了合作机制。除此之外,中俄两国陆续建立了一些民间组织,这些组织反应迅速、灵活性强、具有较强的执行力,如中俄金融合作论坛、中俄金融联盟等对两国金融机构间的交流合作发挥着重要作用。2015 年 12 月,中俄元首就关于深化双边金融合作达成了重要共识,两国央行签署了《中国人民银行与俄罗斯联邦中央银行合作谅解备忘录》,双方银行间的合作日益紧密。2016 年,俄罗斯央行在华设立了代表处,这是俄央行在国外设立的首家代表处。目前双方共有 9 家俄罗斯的银行在华设有 1 家分行和 10 家代表处,有 6 家中资银行在俄罗斯设有 5 家子行和分行以及 2 家代表处。

(二)中俄贸易中的本币结算进展快速

国际金融危机爆发前,人民币区域化已有一定进展,如在中缅边贸中,每年跨境流动的人民币已达 10 亿元。在老挝东北地区,人民币甚至替代了本币流通。国际金融危机爆发以后,美国滥用金融霸权严重影响到中俄结算支付体系,给中俄两国的经济安全造成巨大威胁,中俄两国贸易结算支付体系面临着"去美元化"的现实需要。与此同时,美联储为摆脱日益严重的美债危机,实施量化宽松政策,导致美元超发,并面临着大幅贬值,以美元为核心的国际货币体系面临着巨大的压力,全球美元资产大幅度缩水,美元作为主要国际货币的地位进一步削弱。中国为有效地应对金融危机的冲击,进一步加快了人民币区域化和国际化的进程。特别是随着中国经济实力的增强,人民币币值十分坚挺,在世界的影响力正在不断扩大,人民币深受许多贸易和投资伙伴的青睐,受到了世界的关注,跨境人民币结算为贸易企业规避汇率风险,增加企业收益,增强市场信心,促进国际贸易发展起到了明显的作用。特别是在中国与俄罗斯贸易中最主要的结算货币——美元和欧元的汇率剧烈波动,使中国进出口企业和俄罗斯贸易伙伴都遭受了巨大损失。如果中俄贸易实行人民币结算,就能够使两国进出口企业实现双赢,不但有利于促进两国贸易的便利化,有利于稳定和扩大中俄贸易需求,更有利于规避双方贸易和结算的风险。可是在中俄区域经济合作的发展过程中,两国的金融合作明显滞后，对两国的区域经济合作产生了不利影响。例如，2008 年中俄两国贸易额达到 568.3 亿美元，其中大部分都以美元结算，而不是人民币或卢布结算。两国以本币结算的贸易额只占总贸易额的 5%～6%，并且还呈现卢布"一边倒"的态势，卢布与人民币本币结算量极不均衡。据统计，2008 年人民币结算占中俄贸易本币结算总量的 0.5%，卢布结算占的比例为 99.5%。随着中俄两国贸易额的不断扩大，两国的本币结算状况却不容乐观，导致卢布与人民币结算币种不均衡的主要原因是：一是政策和技术层面的。俄罗斯的银行、海关、企业为配合卢布的国际化战略，采取不同措施，对使用卢布结算提供各种便利。相反，与俄方相比，中国缺乏推行人民币结算的统一规划和发展战略。俄罗斯不断调整政策，推出有利于卢布的结算措施，而中国却难以相应地提出有利于扩大人民币结算的建议和措施，使中国处于一种不利的被动地位。同时，银行系统技术的支持也不到位。银行系统中没有相关核算系统，在办理业务时，只能通过手工操作核算，大大拉低了工作效率，本币结算业务的积极性受到很大影响。二是在认知和接纳程度上。俄罗斯出口中国的商品一般为相对紧缺的或需求量较大的资源性产品，如石油、木材、化工产品等，属卖方市场，中方出口给俄罗斯的商品以轻工业产品为主，竞争力不强，在对俄贸易中处于劣势地位。因此，在选择结算币种时，中国缺少话语权，一般会按照俄方的要求使用美元或卢布结算。另外，中俄文化差异较大，俄罗斯民族优越感和民族意识感较强，一向以大国自居，对推行卢布的区域化很积极，对人民币则较为排斥。然而国际金融危机的爆发可以说在一定程度上改变了这种状况，推动了中俄区域金融合作步伐的加快，使中俄两国政府加深了对两国区域经济及金融合作的认识。

正是在这样的背景下，2008 年 12 月，中国与越南、缅甸、俄罗斯、蒙古等八个周边国家贸易伙伴签订了协议，允许在贸易结算时自主选择双边货币结算。2009 年 4 月 8 日，中国政府决定在上海市及广东省的广州、深圳、珠海、东莞四城市开展跨境贸易人民币结算试点。中国积极展开的区域金融合作的做法，得到俄罗斯的有力支持。2009 年 5 月 21 日，俄总统梅德韦杰夫在哈巴罗夫斯克召开的远东发展与中国、蒙古边境地区合作的会议上，就明确表示赞同中国决定使用跨境贸易人民币结算的创举，认为可以转用中国这一经验，并思考合理构建中俄的金融关系，希望吸引中国对俄石油加工及对基础设施建设的投资。俄罗斯的许多专家也一致表示中俄之间可以使用本币结算，认为俄中贸易向本币过渡合作将有助于减弱美元波动对两国经济的影响。2009 年 7 月 2 日，中国人民银行、财政部、商务部、海关总署、税务总局、银监会共同正式公布实施《跨境贸易人民币结算试点管理办法》。2010 年 4 月 27 日，中国银行宣布在中国境内推出卢布对人民币的现汇业务，开启了中俄贸易结算中真正意义上的本币结算时代。这显然是中俄两国金融合作中的一个重要的突破，它为进一步加强中俄区域经济合作和两国的经济往来与相互依赖奠定了更加坚实的基础。2016 年 10 月，人民币被纳入国际货币基金组织 SDR(特别提款权)货币篮子，成为继美元、欧元和英镑后国际结算中第四大货币。截至 2018 年底，已有土耳其、俄罗斯等近 30 个国家和地区可用人民币作为结算货币。2017 年 11 月 22 日，中国与俄罗斯两国央行签署了双边本币互换协议，协议规模为 1 500 亿元人民币/13 250 亿卢布，有效期为三年。由于中国对俄直接投资和贷款规模不断扩大，俄罗斯更倾向于直接持有人民币外汇储备，为此，俄罗斯宣布将人民币纳入储备货币，中国、俄罗斯纷纷减少美元储备，减少美元在经贸中的使用。2018 年随着美国对俄制裁升级，俄央行为降低风险，俄罗斯开始大幅出售美债，大量减持美元，增持人民币，俄央行的外汇储备从以美元为主转向以欧元、人民币和黄金为主。俄罗斯大型石油公司的出口合同主要通过欧元、人民币完成，美元结算全部停止使用。2018 年人民币在俄罗斯外汇储备占比提高到 14.4%。2019 年，中国人民银行强调人民币国家化的工作重点，为人民币国家发展指明了方向。2019 年 6 月，中俄两国正式签署过渡到本币结算的政府间协议，两国央行以及政府部门展开谈判，就双边本币结算体系路线图达成共识。2020 年 12 月，美国公然对中国官员实施金融制裁，拜登上台后，更是推动西方对俄罗斯采取金融制裁。为了降低对美元的过度依赖，寻找更加稳定的国际储备货币，同时，美元国际地位削弱也刺激了国际货币进一步向多元化方向发展，这为中国推进人民币区域化和国际化带来新的机遇，许多国家和地区更加重视加强区域货币的金融合作。随着中国综合国力和国际地位显著增强提升，中国是全球第二大经济体，第一大贸易体，后疫情时期唯一全球实现正增长的主要经济体，人民币作为国际结算货币和储备货币的职能也相应增强，这也为中俄人民币结算创造了契机。2020年1—9月，中俄贸易中两国本币结算的比例已提高至24%，人民币结算占比升至17%，卢布结算占比7%，本币结算在中俄贸易中的比例稳步上升。截至2020年6月30日，俄央行的外汇储备中人民币占比达到12.2%。2021年2月24日，俄罗斯联邦财政部宣布，将人民币纳入国家财富基金，占比为15%，这既是人民币国际化的重要体现，也是中俄金融合作深入的重要表现。

四、中俄投资合作风生水起

近年来，中俄双边投资合作呈现出良好的发展态势，大量中国企业赴俄罗斯进行林业和服务业等领域的投资，在俄设立的中国企业已超过1 000家。[①] 乌克兰危机以来，俄罗斯为突破美欧制裁、缓解资金压力，最大限度地吸引中国资金来保障其国计民生与社会稳定。2014年，在中俄总理定期会晤机制框架下两国设立了投资合作委员会，负责协调推进中俄投资合作机制。委员会旨在"营造更加规范便利的投资环境，挖掘潜力，优势互补，合作共赢，重点推动落实能源、高铁、通讯、采矿、保障房建设、基础设施等领域的大项目合作，同时扩大金融领域的合作，更好地促进两国经济发展，使合作成果惠及两国人民"[②]。俄方也强调"加强俄中投资合作对扩大和深化两国全面务实合作至关重要，使双方合作的重要组成部分。俄方愿积极发挥俄中投资合作委员会的推动、指导、协调作用，为中方投资者开放更多投资领域，提供更有利的投资条件和更便利的金融服务，促进双方投资合作迈向新水平"[③]。

2016年10月14日，中俄投资合作委员会就中俄投资合作66个重点项目进展、筹办中俄重点省州产能与投资合作论坛、建设项目管理网上平台、举

---

① 《2019年度中国对外直接投资统计公报》，中华人民共和国商务部、国家统计局、国家外汇管理局，2020年9月16日。

② 《张高丽与俄第一副总理举行中俄投资合作委员会第一次会议》，中央政府门户网站，2014年9月9日，http://www.gov.cn/xinwen/2014-09/09/content_ 2747627. htm[2021-04-30]。

③ 《张高丽与俄第一副总理举行中俄投资合作委员会第一次会议》，中央政府门户网站，2014年9月9日，http://www.gov.cn/xinwen/2014-09/09/content_ 2747627. htm[2021-04-30]。

行中俄企业建材领域圆桌会、促进中国东北与俄罗斯远东地方合作、推动两国重点项目合作协议等共同关心的问题进行了深入交流，达成了重要共识，在推动两国重点项目合作、地区合作方面发挥了重要作用。

2019年9月7日，中俄两国签署了《中俄总理第二十四次定期会晤联合公报》，明确了两国在投资领域的重点是："扩大两国投资合作……推动双方投资项目落地；加强两国经济发展各领域的战略、规划和政策协调，拓展投资合作的广度和深度；积极拓展在高新技术、数字经济等领域的投资合作；加强政府间合作机制，进一步明确区域间、产业间、产业链上下游间的协同开发方案，推进战略性大项目落地实施；创新合作方式推动企业间合资合作，推广海外合作园区、项目联合体、合资公司等多样合作模式；加强对双边合作基金的统筹引导。"①为了进一步加强两国的投资合作力度，中俄双方建立了一系列合作基金，例如2012年6月，中俄两国的主权财富基金中国投资有限公司与俄罗斯直接投资基金，共同出资设立中俄投资基金20亿美元，由双方平均负担，用于促进两国之间的经济合作，其70%资本用于投资俄罗斯及独联体国家项目，30%用于投资中国项目。

2015年5月，俄罗斯直接投资基金、中俄投资基金和黑龙江省政府三方签署了关于设立总额20万亿美元专门投资基金，用于实施中俄两国在农业、种植、农产品加工等领域的农业项目协议。2016年4月，中国亚太粮食产业发展基金管理公司与俄远东和贝加尔地区发展基金签署了中俄远东农业开发基金股东协议。协议规定，基金资本金不超过100亿美元，初始资本金为130亿卢布，中俄双方各出资90%和10%，该协议的签署是基金启动实质性工作的关键一步。2016年9月，中国深圳市创新投资集团与俄罗斯风险投资公司合作设立中俄产业投资基金。基金首期规模设定为1亿美元，侧重于投资高端装备制造、能源化工、消费升级等俄产业优势较为突出，同时也是中国经济增长新驱动力的行业领域，通过中俄优势互补实现投资项目在两地差异化上市。②

---

① 《中俄总理第二十四次定期会晤联合公报（全文）》，新华网，2019年9月18日，http：//www.xinhuanet.com/2019-09/18/c_ 1125007195.htm［2021-04-08］。

② 《深创投设立中俄产业投资基金》，深圳特区报，2016年9月20日。

2018 年 8 月 21 日,中俄地区合作发展投资基金管理有限责任公司成立,基金首期 100 亿元、总规模 1 000 亿元人民币。该基金由中国国家电力投资集团有限公司、中国核工业集团有限公司等牵头发起,实行政府引导、市场化运作模式,基金将用于核能发电、清洁能源、"一带一路"基础设施、农林牧副渔、高新技术及装备制造等重点领域,并将重点投资于中俄两国政府战略重点合作项目、中俄两国市场化的优质项目、"一带一路"倡议的国家和地区合作项目等。①

2019 年 6 月 5 日,中国科学技术部与俄罗斯经济发展部签署了《关于推动设立中俄联合科技创新基金的谅解备忘录》。双方将共同推动总规模为 10 亿美元的中俄联合科技创新基金,用于支持中俄重点经济领域以及交叉领域新技术发展,促进中俄联合科技解决方案与创新成果的转移转化与推广应用,重点支持科技型中小企业。② 2019 年 9 月 19 日,广东粤财投资控股有限公司与俄罗斯直接投资基金、中俄投资基金共同发起设立 10 亿美元的中俄大湾区基金,旨在充分发挥投资带动和引领作用,助推广东省及粤港澳大湾区与俄罗斯有关地区和重点企业双向投资合作,打造中俄地方合作"广东样板"。③

根据中国商务部公布的《中国对外投资发展报告》,2014—2019 年,中国对俄罗斯的年度直接投资分别为 6.3 亿、29.6 亿、12.9 亿、15.5 亿、7.2 亿和 3.8 亿美元,投资存量分别为 86.9 亿、140.26 亿、129.8 亿、138.7 亿、142.1 亿和 128.0 亿美元。根据俄罗斯中央银行数据,2014—2018 年俄罗斯对中国的投资分别为 0.54 亿、0.11 亿、0.06 亿、0.33 亿和 0.247 亿美元,投资存量分别为 1.89 亿、1.59 亿、2.18 亿、2.55 亿和 2.64 亿美元。2021 年在中俄投资合作委员会的主导下继续开展 70 个合作项目,总额超过 1 200 亿美元。如此规模庞大的投资毫无疑问为中俄经济合作注入强劲动力。

五、中俄农业合作稳步推进

中俄农业合作是中俄区域经济合作中的重要组成部分,双方已经把该领

---

① 《中俄地区合作发展投资基金确定未来投资重点》,新华社新媒体,2018 年 9 月 20 日。
② 《〈中华人民共和国科学技术部与俄罗斯联邦经济发展部关于推动设立中俄联合科技创新基金的谅解备忘录〉正式签署》,科学技术部网站,2019 年 6 月 25 日。
③ 《中俄大湾区基金今设立》,同花顺财经,2019 年 12 月 19 日。

域的合作提升到了一个很重要的战略地位，采取了各种措施，促进合作。中俄农业经济合作主要是中国东北地区和俄罗斯远东地区的合作。黑龙江省非常重视对俄罗斯远东地区的农业合作，经常组织企业和农民在俄罗斯境内从事农业综合开发。俄罗斯远东地区也非常重视与黑龙江省的农业合作，希望黑龙江省加强对该地区的农业合作的投资。目前中俄农业合作已从最初简单的种植劳务合作逐渐向种植、养殖、农产品加工、出产品加工合作转变，合作取得了良好的发展。

（一）中俄农产品贸易连年增长

早在 20 世纪 80 年代，中苏边境贸易时期就已经开始了以苏联的生产资料化肥交换中国农产品土豆、蔬菜和粮食等产品。1999 年以来，中俄农业贸易额连续 8 年保持增长，年均增速 30% 左右。2005 年中俄两国农产品进出口贸易额约为 18.8 亿美元，2006 年达到 21.8 亿美元。蔬菜是中国向俄罗斯出口的主要农产品。仅 2006 年，中国向俄罗斯出口蔬菜 54.98 万吨，创汇 2.16 亿美元。黑龙江省对俄农产品贸易多年来一直为贸易顺差。2003 年黑龙江省农产品出口额达 7.46 亿美元，其中有 2.59 亿美元出口到了俄罗斯。2006 年黑龙江省对俄罗斯出口农产品贸易额为 5.1 亿美元。黑龙江省对俄农产品出口主要是粮食产品、畜产品、特色农产品和园艺类产品等。目前，黑龙江省已形成了大米、玉米、大豆和蔬菜三大对俄出口加工优势产业，出口农产品已发展为大豆制品、马铃薯制品、蔬菜加工保鲜冷冻产品和水产品等八大类优势产品。黑龙江省从俄罗斯进口农产品的贸易额很小，且品种类别较少，主要进口商品品种为水产品、化肥等资源性产品。俄罗斯是世界化肥生产和出口大国，80%~85% 的产品都用于出口。中国是化肥消费和进口大国。俄罗斯是中国钾肥重要进口市场，如果中俄两国能够进一步加强合作，对于保障中国的资源安全是非常重要的。

2014—2020 年，俄罗斯农产品对中国出口连年增长，从 10.95 亿美元猛增至 40.9 亿美元，年均增速达 39%。近年来，俄植物油、面粉、糖果、巧克力、果汁、酒精饮料等出口不断增长，葵花籽油、油菜籽、禽肉级副产品、大豆油出口涨幅明显。2018 年，大豆等农产品成为中国对美进口商品实施反制裁的焦点，这给俄罗斯农产品进入中国市场提供了良好契机。2018 年，俄罗斯对中国出口86.2万吨大豆，同比增长91%，占俄大豆出口总量的89%。[1]
2019年6月，中俄签署《关于深化中俄大豆合作的发展规划》，两国企业将在大豆等农作物生产、加工和贸易等领域实现全产业链合作。除了大豆及其制品外，俄罗斯对中国的肉类市场更是寄予厚望，对肉制品出口中国市场雄心勃勃，俄罗斯养猪专家估计中国市场的潜力为5亿美元。2018年11月，中俄两国相关部门签署禽肉和乳制品相互供应协议。2019年，俄罗斯共出口约20万吨禽肉，其中约6万吨销往中国。截至2020年年初，俄罗斯共有40家家禽加工公司和15家仓储公司获得对中国出口家禽产品资格。2020年1月17日，中国海关总署批准《中俄关于俄罗斯牛肉输华检验、检疫和卫生要求议定书》，并颁发相关许可证，这意味着中国市场对俄罗斯产牛肉打开了大门。[2] 同年4月7日，俄对华出口的首批牛肉抵达中国。俄罗斯副总理阿布拉姆琴科表示：“对华出口将为俄畜牧业发展带来新动力。我们从零开始发展该领域，取得现在的突破难能可贵。”[3]根据俄罗斯政府制定的农产品出口发展战略，俄方希望到2024年把对华农产品出口额提高到95亿美元。

中国进口俄产品增长的主要原因是俄农产品性价比高，俄法律禁止生产转基因食品，因此中国消费者将俄产品看作环保、安全的产品。2020年各国防疫措施影响农业生产，叠加洪水、干旱、农地流失等不利因素，粮食产量下降、价格上涨。中国对俄亚麻、豆类、大豆、水产品需求很高，因此，俄罗斯农产品对中国出口具有很大潜力。

（二）中俄农业科学技术合作稳步推进

俄罗斯拥有十分雄厚的科研和科技实力，中俄两国开展农业科技合作与交流也是中俄农业区域经济合作的重要内容之一。1992年中俄签订了《中华人民共和国政府和俄罗斯联邦政府科学技术合作协定》并在中俄经贸科技合作委员会设立了科技合作常设分委会，充分发挥了政府间合作主渠道的作用。1993年—1996年间，中俄共商定了245项政府间科技合作项目，涉及机械、

---

① 参见《俄罗斯欲扩大对华农产品出口，美豆涨价难获青睐》，新浪财经，2019年11月18日。
② 参见《俄罗斯企业获准对中国出口牛肉》，透视俄罗斯，2020年1月18日。
③ 参加《俄副总理：俄开始对华供应牛肉，第一批牛肉将于4月7日抵达中国》，俄罗斯卫星通讯社，2020年4月2日。

农业、生物技术、仪器制造和医学等领域。1994 年 5 月 27 日中俄两国签订《在农工领域中的科技和经济合作协定》，规范了中俄农业科技合作的总体框架。2007 年中俄农业合作成为中俄合作领域中的新亮点和增长点。黑龙江省作为农业大省积极开展农业合作工作，在黑龙江省牡丹江市开工建设建成中国第一个对俄农业园区——黑龙江中俄农业高新技术合作示范园区。这个园区总投资 7312 万元人民币，规划有科技攻关、现代农业展示、农产品出口加工、观光休闲等六个功能区，起到组装集成农业技术、引进转化科技成果、人员培训等促进中俄农业合作开发的作用。在农业高科技技术方面，黑龙江省累计引进俄罗斯农业先进技术 20 余项，其中 6 项技术形成了产业化，7 项技术被列入中俄政府间合作项目，优质大豆栽培等 3 项技术被列入了农业部重点引进项目。黑龙江省已确定了 20 个对俄农产品基地建设大项目，通过组织实施和重点扶持来示范引导，确保对俄农产品基地建设的规模和档次。除此之外，黑龙江省还加强了信息交流来促进农业科技的合作。例如，绥芬河市建立了中俄农业商务网站，为中俄双方用户提供信息服务；黑龙江农业委员会还投资 40 万元在俄罗斯建立"黑龙江省驻俄罗斯劳务服务站"，这对中国农业对俄农业合作和农业劳务输出起到了极大的推动作用。

(三) 中俄农业劳务合作有待加强

俄罗斯领土广袤，人口稀少，劳动力十分缺乏，经济开发有心无力，人口不足和劳动力短缺已成为俄罗斯东部地区开发和经济发展的瓶颈。而中国人口众多，劳动力资源十分丰富，且中国劳务人员具有吃苦耐劳的精神。自20 世纪 90 年代开始，中国北方地区的农民到俄罗斯从事种菜及其他的农业生产活动，就博得了当地俄罗斯人民的赞誉。中俄(苏)两国劳务合作开始于 20世纪 80 年代末，黑龙江省是中国对俄农业劳务输出最早的地区。根据中国劳动部的统计，1993 年中国大约输出 3 万人到俄罗斯远东地区工作，其中 1992年黑龙江省就向远东地区输出劳动力 1.6 万人，合同金额达 1.8 亿美元。中国劳务人员在境外主要种植蔬菜和瓜果等。据当时报道，俄罗斯市场上的西红柿和黄瓜 90% 都是中国菜农生产的。20 世纪末至 21 世纪初，中俄两国劳务合作却陷入了低谷。1993 年—1997 年中国派往俄罗斯远东地区劳务人员数量减少、生产规模急剧萎缩，管理经营不善、经济效益严重下滑。之后，中俄相邻地区不断加强劳动力移民的管理，中国对俄罗斯农业劳务合作也由过去民间、松散、无序向政府有组织、成建制、多渠道和宽领域发展，形成了"政府搭台、企业唱戏、农民受益"的新格局。目前，中国对俄罗斯劳务输出累计达到5万人次，劳务总收入超6亿元人民币。中俄双方的劳务合作已由低层次的劳务输出向技术、劳务、开发相结合合作的高层次跃进。

（四）中俄农业生产和农产品加工合作潜力优势明显

早在20世纪90年代初，中国就发挥自身优势，大力发展对俄农业开发生产合作，组织农业机械化程度较高、富余人员较多的边境农场和种田大户到俄罗斯跨国承包土地。1994年5月27日中俄两国签署了《中华人民共和国与俄罗斯联邦政府关于农工综合体经济与技术合作协定》，这是中俄农业合作非常重要的文件。经过多年的探索实践，黑龙江省有20多个市县和农场"走出去"，在俄境内建立种植业、养殖业和加工业基地项目70个，种植面积达到210万亩。黑龙江省在农业开发已经形成一些龙头企业和开发大户，带动作用明显。例如，绥芬河市阜宁镇天鑫经贸公司与滨海边疆区彼得罗夫农场开展农作物种植合作，组织了32名有技术的中国农民，种植了344公顷水稻、550公顷玉米、450公顷大豆，年获利2 400万元，被俄滨海边疆区赞为"中俄农业合作项目的典型"。

中俄农产品加工业合作相对晚一些，近几年来，随着农产品贸易的迅速发展和对俄农业经济合作的深入，以市场为导向、企业为主体的对俄农产品生产加工业快速发展。从2004年开始，黑龙江省内对俄农产品加工企业已发展到50多家，其中省级农业产业化龙头企业17家，主要是从事粮食加工、大豆加工、马铃薯加工、蔬菜加工和保鲜、水产品加工等八大类。2007年，黑龙江省为了积极推动建设对俄农产品加工企业和基地颁布了一系列的政策提供支持。黑龙江省针对本省实际情况和俄罗斯远东具体情况，逐步建设和完善五个对俄出口加工基地，如哈尔滨市对俄出口加工基地，牡丹江市对俄出口加工基地，绥芬河市、东宁县（现东宁市）、黑河市对俄出口加工基地。2021年3月23日，由黑龙江省交投集团有限公司与绥芬河市开展合作，围绕中国"一带一路"建设、集疏运体系建设和互贸商品进口落地加工等，签署了绥芬河互贸（国际）物流加工园区项目合作协议。该项目旨在构建"国内国际双循环"新发展格局，利用中国与国际两个市场、两种资源优势，有效带动绥芬河地区互市贸易发展，补齐已有互市贸易市场存在的短板，推动中俄农产品贸易升入合作。绥芬河市互贸(国际)物流加工园区总规划占地面积 72 万平方米，计划总投资 18 亿元，拟建设粮食加工区、油料类加工区，项目建成后将主要针对进口俄罗斯的粮食进行落地加工，这些加工基地的建设对中俄农业合作的升级起到了积极的作用，也为中俄农业合作的发展提供了坚实的基础。

现阶段中俄的农业合作仍处于较低的水平，中俄农业合作项目普遍存在规模较小、分散和不突出的问题，技术合作还远未深化。此外，两国合作也面临着不少障碍，既有来自中国方面的，也有来自俄方的。中方的主要问题是：某些商人商业信誉很低，见利忘义，致使中国在俄市场信誉不佳，另外中国劳动力文化、技术水平低，影响了俄方对中方整体劳动力的印象，造成不良影响。俄方的主要问题是：观念上，俄罗斯人对与中国进行劳务合作一直心存疑虑，对安全考虑过度，对与中国进行劳务等合作表现出排斥心理。同时俄罗斯的企业及政府对外资进入农业的态度还是比较保守，对吸纳中国劳动力态度消极。在制度和外部环境上，俄政府对外资鼓励和优惠政策较少、市场制度建设滞后、投资环境改善缓慢、法制不够健全和透明、政策法规多变、社会治安较差。

针对上述问题，中俄两国应该加强研究，认真做好以下工作：首先，要增强两国战略互信，消除俄方戒心。其次，要制定中央和地区层面的长期合作战略。民间的合作不可避免地会出现短视的现象，中俄两国必须做好长期及持续性的规划，制定长期的合作协议。再次，加强政策和法律协调，优化合作环境。俄罗斯对中方劳务人员、农用生产资料和农产品进口管制很严，大大降低了中俄双方的合作效率，常常会给合作双方带来巨大的损失，因此，中俄两国政府应在政策上加以协调，尽力为双方的合作营造有利的环境。最后，增强风险意识，提高抗风险能力。发达国家的跨国企业都具有强烈的风险意识，不会因为眼前的利益冒较大的风险，因此在进入新市场开展业务之前都会进行可行性研究和风险评估。而中国企业在这方面做得不够，由此会蒙受损失，因此，中方的个人、企业和政府都要增强风险意识，建立各种抵抗风险的预警机制。

总之，中俄农业合作中积极因素与消极因素并存，两国应采取利用对方优势的方式，同时在战略的层面上，实现优势互补，合作共赢，对于两国的农业安全才是最明智的选择。

六、中俄科技合作出现新拓展

中俄经贸关系的发展实践表明，中俄之间贸易较多，但是合作不够，特别是科技合作更显不足。近年来，中俄科技合作取得一些成果，但是科技合作的水平同两国全面加强区域经济合作的要求还有一定的距离。中俄科技合作自新中国成立后曾经历了辉煌、曲折的历史阶段，大致可分为五个阶段：

（一）探索阶段（20世纪50年代至60年代）

新中国成立后，在中苏两国非常密切的政治关系背景下，中苏两国开拓了许多重大的科技合作项目。苏联援建中国156个重点项目，为中国创建现代化的工业奠定了坚实的基础。这些项目在中国发挥着极其重要的作用，也是中国对外经贸科技合作史上规模最大、项目最多的时期，中苏两国开展了广泛的科技合作。历史证明，在新中国成立之初、极其困难的条件下，中国与苏联的全面的科技合作为中国从落后的农业国向工业国的转变，提供了良好的条件和宝贵的经验。

（二）停滞阶段（20世纪60年代至70年代）

由于中苏两国意识形态的分歧导致两国关系的破裂，从20世纪60年代开始，中苏科技合作处于一个萧条和停滞的阶段，直至1968年，两国的边境贸易和合作全部终止，中苏两国的经贸与科技合作跌入低谷。从20世纪70年代起，中苏两国的贸易合作开始有所回升，但处于很不稳定的状态。由于前期合作与交流奠定了坚实的基础，两国的高校、科研院所以及民间之间的科技合作与人才交流没有中断。这也为后期两国的科技合作和长期的战略合作关系的发展提供了良好的机遇。

（三）磨合阶段（20世纪80年代至90年代中期）

随着中苏关系的改善，两国的经贸和科技合作也逐步升温。1984年12月，中苏两国签订了四项关于经贸科技合作的协定。按照协定，苏联将参加改造20世纪50年代援建中国的17个工业项目，这些项目的合作，推动了中国科技的进一步发展，为中俄两国大规模的科技合作创造了条件。20世纪90年代，中俄双方的科技合作进入了不断探索、磨合和进行实质性合作的阶段。中俄两国在航空航天、生物技术、环保等领域都进行了广泛的合作，特别是黑龙江省率先组织了科技代表团，访问了俄罗斯很多地区，与俄罗斯科学院签订了合作协议、进一步拓宽了两国科技合作领域。这一阶段，中俄科技合作对中国迅速提高科技水平产生了重要的影响。

（四）突破阶段（1996年至2020年）

两国关系进入了新的历史时期，中俄两国于1996年确立了面向21世纪的战略协作伙伴关系后，两国的科技合作也呈现出新的特点。1997年6月，在中俄总理定期会晤委员会第一次会议上，两国正式决定设立科技合作分委会，对中俄科技合作展开管理和协调的工作。中国国家科委火炬高技术产业开发中心与俄罗斯科技部共同成立了中俄科学与高新技术中心协会。协会促进了两国高新技术产业方面的合作，在推动中俄双方的科技成果转让，引进俄罗斯技术和人才等做了很多的工作。俄罗斯与中国的科技合作日益密切，俄罗斯不断与中国开展联合科学考察，同时与中国的一些省市如黑龙江省、山东省、无锡市、哈尔滨市、长春市、武汉市等建立了高新技术企业和研究基地，陆续建立了中俄科技咨询服务等机构，进行科技合作，共同开展双方感兴趣的科研项目。科技合作项目取得可喜的成果，例如双方在中国烟台地区建立了"中俄高新技术产业化合作示范基地"；在黑龙江省哈尔滨市建立了"中俄科技合作及产业中心"；在长春建立了"中俄国家级科技联合研究中心"；在浙江衢州，双方建立了"中俄科技园"等，这表明中俄两国的科技合作进入实质性的阶段。除此之外，中国东北地区与俄罗斯开展技术合作，采取了技术互换和技术互补的方式，技术互换主要是通过引进材料、设备、技术和利用专家的交流互访来提高产业技术水平，从而实现双方的技术合作，例如哈尔滨工业大学曾通过引进航天航空领域的俄罗斯专家在合作中进行技术的研发，对提高中国航天领域的高新技术发展起到了一定的促进作用；吉林农业大学也曾通过引进俄方专家，攻克了蓝莓组培脱毒育苗技术难题，并在全国多个地区得到应用。实践证明，中国与俄罗斯技术合作中引进俄罗斯的人才和技术，即"双引"，是中国东北与俄罗斯开展技术合作非常有效的方式。

技术互补方式是中国与俄罗斯在资源以及技术方面拥有各自优势的前提下，为了共同的科学研究任务所进行的科学技术研发和交流，从而用彼此的优势弥补对方的劣势的一种技术合作方式。

中俄科技合作的目标是进行技术贸易，为产业发展提供技术动力，使其产业链向纵深延伸，占领产业链的高端位置，培育产业集群。在中国与俄罗斯的技术合作中，通过技术贸易实现双方合作的方式应用得还不是很普遍，运用技术贸易进行的合作项目比较少，但这也说明两国科技合作亟待提高层次，尽快开创中俄科技合作的新局面。

(五)深化阶段(2020年至今)

2020年突如其来的新冠肺炎疫情席卷全球，疫情发生以来，俄罗斯与中国围绕疫情联防联控、疫苗及药物研发和生产开展了密切合作。2021年6月，国务委员兼外长王毅在贵阳同俄罗斯外长拉夫罗夫通电话，呼吁两国应进一步拓展疫情防控专业技术合作。两国应共同面对后疫情时代的挑战，就统一检测标准、共享数据信息、边境疫情防控、联合科研攻关、推行国际旅行健康证明互认等方面推动两国专业部门加强合作。中俄双方坚定地以维护人民生命安全和身体健康为要，不断深化疫苗研发生产技术合作，在保障疫苗全球供应链安全稳定、构建人类卫生健康共同体上注入正能量、贡献新力量。

在航天航空科技合作领域，中俄两国政府于2021年3月签署了《关于合作建设国际月球科研站的谅解备忘录》，同年6月又联合发布了《国际月球科研站实施路线图》，双方启动了国际月球科研站的合作，这是中俄两国科技合作的最新成果，也为推动联合国外空活动长期可持续发展做出了新的重要贡献。

七、中俄经济合作存在的问题

中俄作为相邻的两个世界大国，经历了数百年的风风雨雨、艰难曲折的贸易发展历程。虽然近十几年来，双边贸易规模有大幅度提高，两国进出口的商品结构、区域合作范围都有较大的改变，但由于受政治、经济、历史因素等影响，中俄区域经济合作的进度还较为缓慢，效率较低，还存在一些困难和问题，这些问题主要体现在以下几个方面。

（一）贸易出口结构不对称

2008 年金融危机之后，俄罗斯经济受危机影响尚未走上健康发展之路，经济增长持续乏力。2019 年俄罗斯 GDP 在世界经济中占比只有 1.94%。特别是苏联解体后，俄罗斯并未充分融入全球化大潮，其在世界经济体系中基本处于边缘位置。因此，20 世纪 80 年代以来，中俄经济合作无论是易货贸易还是现汇贸易，其发展的规模和水平都非常有限。近些年来，中俄边境贸易额占中俄贸易总额的比重呈下降趋势，这说明中俄区域经济合作已越来越走出边境地区，向更加广阔的地域和更多领域扩展，但与此同时，俄罗斯经济始终未能摆脱"资源依赖型"的出口结构，据统计，2020 年，在俄罗斯出口商品结构中，矿产品占 51.19%、金属和金属制品占 10.37%、贵金属和宝石占 9.03%、食品和农产品占 8.80%、木材和纸浆及纸制品占 3.68%、化工产品占 7.11%、机械设备和车辆占 5.73%，数据表明俄罗斯在全球产业链中很大程度上还处于"原材料供应者"的位置，而随着"页岩革命"和碳达峰碳中和的到来，俄罗斯倚重资源出口的形势也将遇到越来越多的挑战。另外，中国对俄出口商品结构也比较单一、缺乏品牌意识，对俄罗斯市场行情变化适应能力差，不能满足俄罗斯居民的消费需求和能力。近年来，俄罗斯居民消费更追求品牌和质量，对优质商品的需求量大增，而在对俄贸易中，中国商品还远远没有形成商品的品牌效应。据《今日俄罗斯》报道：俄消费者对低档服装需求仅占 29%，对中档服装需求占 55% 以上。据俄罗斯公众意见研究中心调查显示，有 80% 的受访者认为中国产品质量低下。以上说明，我国对俄市场深度研究不够，我们应改变原有对俄贸易的陈旧思想，加大对俄罗斯市场的重新认识，及时根据俄罗斯市场的变化而调整我国对俄合作的战略，树立质量第一、品牌至上的意识，加大宣传，积极推动中国知名品牌进入俄罗斯市场。由此可见，中俄两国经济合作范围仅限于能源、资源等方面，在物流、环境保护、旅游、文化、技术以及非资源产业领域还没有深入合作，贸易结构较为单一、合作范围较窄。

（二）发展环境较差

除自然条件影响外，受俄罗斯国家安全防范、对外政策、民族意识等影响，使得边境地区得天独厚的地缘经济优势转化为影响较重的地缘政治劣势。

例如俄罗斯对中国存在偏见，使得中国边境地区的对外贸易、招商引资、经济和文化交流都受不同程度的冲击。边境地区的区位条件优势没有全部发挥出来，"边缘化"特征仍然明显，对区域外投资吸引力和生产要素集聚力仍然较弱，使得其经济、社会发展相较沿海地区仍相对落后，经济运行的质量和效益较低，经济社会发展综合水平依旧较低。俄罗斯远东地区的经济基础薄弱，产业结构不合理，第三产业活力不足。整个中俄毗邻地区经济总量仍然较小，外向型经济发展不快，资源综合利用水平和产品科技含量较低，骨干企业竞争力不强，支撑作用不明显。同时，边贸企业规模较小，发展后劲不足，实力较弱，市场开拓能力差，专业化程度低，尚未形成具有跨国生产经营能力的主体。另外，边境口岸的功能发挥不够、利用率低，使得边境贸易总量不大，边境贸易发展缓慢，对边境地区经济发展的拉动作用还很小。

(三)投资合作发展力度不足

虽然《俄罗斯外国投资法》明确规定，除俄罗斯联邦法律另有规定外，给予俄联邦境内外国投资者的法定待遇不得低于本国投资者，但是，近年来，俄罗斯通过税收、产业政策、外汇管理等方面实行一些保护性政策，导致投资合作力度发展不足。同时俄方法律法规政策繁多且频繁进行修订，如果中方投资者不及时关注或缺乏对俄方法规和政策的了解，就会导致投资不慎并产生很大风险。据统计，仅2007年一年时间，俄81个联邦主体就颁布了908个与投资相关的地区级法律文件，如《矿产资源法》《俄罗斯限制外资程序法》《移民法》《联邦税收法典》，等等，这些法案大部分对原有法律进行了某些修改。其中，俄罗斯新修改的《矿产资源法》明确规定：外国公司不能开采俄联邦级矿产资源，其中包括金刚石、高纯度石英矿以及铀、镍、钴等金属矿藏。另外，俄联邦于2007年7月签署了一项《关于在战略经济领域保护俄罗斯民族安全利益》的法律草案。根据这项草案，俄罗斯未来将在39个战略行业对外国资本做出严格限制。这种投资合作保护主义做法在世界各国是屡见不鲜的，可是如果中方企业忽视了对俄方法律的了解和掌握，就会导致投资风险的产生，中国一些企业因对俄方的法律复杂性考虑和准备不足，"匆忙上阵"往往导致在合作中处于劣势，甚至出现了许多"半截子"投资，投资项目无法如期开展，造成重大损失。另外，由于俄罗斯市场经济监管不规范，加之腐败情况较严重，也容易导致中方投资者遭遇意外性风险。特别是近年来，受西方国家经济制裁、国际油价大幅波动、卢布大幅贬值，新冠肺炎疫情等因素影响，俄罗斯经济复苏乏力，俄罗斯的银行信用等级低，中方在对俄投资的过程中，缺乏专业精英人才，缺乏对投资风险全面深入的法律评估，缺乏有效应对策略，缺乏风险预警机制，造成对俄投资风险较高，中方企业对俄投资意愿不高。

(四) 融资障碍较大

中俄区域内合作项目众多，基础设施建设资金需求巨大，但中俄两国还是发展中国家，属于新兴经济体，经济初期发展需求与资金瓶颈的矛盾十分突出。另外由于地区经济转型和经济发展滞后等原因，中俄两国边境地区地方财政支持能力较差，资金筹措和落实的难度比较大，边境地区基础设施投入成本较高，使得基础设施建设滞后，大多数边境口岸硬件设施条件相对落后，交通、通信设施等社会公共事业投入仍然不足，出现合作需求与可供使用资金不足的矛盾，迄今为止共同融资渠道尚未完全形成。

(五) 人力资本匮乏

人口问题是俄罗斯国家战略性和全局性的一个重要问题，长期以来俄罗斯人口始终处于较低增长状态，人口老龄化非常严重，劳动力资源十分短缺，导致俄罗斯无法通过大力发展人力资本实现经济的快速增长，对俄罗斯后续经济的可持续发展带来严重影响。从世界发展格局来看，国家间的竞争主要体现为人才的竞争，人力资本的劣势导致俄罗斯的整个生产成本越来越高，相关出口产品在国际竞争中失去竞争优势。加之中俄毗邻地区都是两国经济发展欠发达地区，人们的思想相对封闭、发展观念落后，这不仅严重制约了边境地区政府部门与机构的发展创新意识，同时也制约着当地人们的素质、技能的提高。很多地方政府官员在思想上还存在懒政思想。同时，因为地方财政困难，对专业人才的教育和培训投入严重不足，造成大量人才外流，致使边境地区人力资源整体素质和劳动技能较低，引进人才困难，边境地区高级企业经营管理者和各类专业技术人才匮乏。如何改善两国人力资源状况，充分发挥人力资源的优势，这是中俄两国经济合作面临的重要挑战。

(六)法规政策多变

俄罗斯正处于经济社会转型期,政策法规的变化比较大,还十分不完善。随着金融危机影响的不断加深,从经济安全的角度考虑,俄罗斯经济发展稍有不利,就会频繁地调整政策法规,这种零和博弈的做法已经使中国蒙受了重大损失,同时,也使俄罗斯的经济发展遭受影响。为了限制部分产品出口,俄方还扩大了征收出口关税的品种,大幅度提高税率,例如提高木材出口税和汽车等商品进口关税,对有色金属、木材、石油、矿产品等16类产品实施出口许可证管理。俄罗斯原木出口关税的提高,对中国木材进口企业影响极大。同时,木材出口税的提高也在俄罗斯国内产生重要影响。原木出口税提高,导致原木出口受阻,俄罗斯国内市场原木的价格大幅度下降,引起俄罗斯国内木材加工等上下游企业之间的恶性竞争,对俄罗斯经济也带来负面影响。

(七)合作效率不高

中俄两国在合作框架下,已建立了各级磋商机制,通过这些机制,中俄区域经济合作得到了推动。然而,由于两国发展状况、利益不同,各级机制的运转效率有待提高,需要强有力的协调机制加以推动。例如中俄两国金融合作,虽然在对话与沟通、融资便利性等方面取得了积极进展,但还缺乏能够指导金融合作长远发展的顶层设计和战略统筹。另外,中俄金融领域的合作也缺乏有效监督,从而导致一些重要的金融协议始终停留在文件共识的层面,无法予以落实,合作效率较低。在地方合作层面,中俄边境地方经贸合作协调委员会和地方政府领导人会晤机制缺少明确的工作目标和时间表,难以满足地方经济合作的专业化需求。工作乏力、执行力差、官僚主义、议而不决、决而不行的工作作风对中俄区域经济合作也造成了严重的负面影响。另外,中俄缺乏机制化管理,两国信息交流大多处于自发状态,信息交流还不够顺畅,交流也不够及时,信息的搜集和整理较为碎片化,导致双方因信息不对称而造成误判。因此,两国应着力进行务实合作,建立有效的机制并督促执行,提高现有机制的执行效率,使中俄区域经济合作每年都有明显进展,这样双方才能切实感受到合作带来的好处。

综上所述,中国与俄罗斯经济合作在贸易、能源、金融、农业、科技等领域的合作取得了显著的成就，但也存在许多问题，其经济合作的潜力还未有充分挖掘和释放，总体合作水平不高，仍处在区域经济合作的初级阶段。中俄两国的区域经济合作主要体现为一种功能性推动，而制度性、体制性推动力较弱。特别是关税和非关税壁垒的障碍因素直接制约着中俄两国的经贸合作发展。同时，中国企业在俄罗斯市场的占有率与影响力、控制力相当有限。投资规模、合作项目较少，除油气开采、管道运输方面的投资合作外，很难寻觅其他领域成功投资的亮点，对俄影响十分有限。另外，从中国与俄罗斯的区域经济合作的几个重要领域来分析，呈现如下特点：一是能源合作成绩最突出，但能源合作涉及双方最敏感的战略利益，因此，该领域的合作竞争也最激烈，存在的问题最多。二是科技合作方兴未艾，该领域的突破性进展可带动高新技术的合作，直接提高区域经济合作的层次。三是金融合作最为基础，但中俄两国在金融领域的合作中明显滞后和薄弱，如果双方能尽快找到利益契合点，就可成为进一步发展其区域经济合作的重要推动因素。

通过对中俄经济合作现实基础的分析，我们不仅看到中俄经济合作的外部环境发生了深刻变化，也感受到俄罗斯内部经济政策走势带来的巨大的影响。因此，面对这种严峻挑战和难得机遇，我们要充分利用有利条件和独特优势，果断采取应对策略，增强对俄合作战略调整的紧迫感和危机感，努力推动中国东北地区与俄罗斯远东地区的区域经济合作，尽快推动两国相关产业的升级，加大投资合作力度，提升合作质量和效益，拓宽和深化多领域合作，加强中俄两国经济合作持续、快速、健康发展。

综上所述，中俄两国在双边贸易、能源、金融、投资、农业、科技等领域的合作方兴未艾，双边务实合作能够为中俄两国经济合作稳定、健康发展提供有力支撑，能够更好地为中国的安全与发展营造稳定的周边环境。

第二节　中国东北地区与俄罗斯远东地区经济合作

区域经济合作的规模取决于本地区一定时期政治、经济环境等因素。随着东北老工业基地的振兴战略和"一带一路"倡议的实施，中国东北地区的对外营商环境明显改善，中国东北地区与俄罗斯远东地区的经济合作迎来了新的发展机遇。

一、中国东北地区与俄远东经济合作成效日益凸显

(一) 中国东北地区与俄罗斯远东地区经济合作的基础

中国东北地区是中国传统的老工业基地，这里曾是中国的骄傲，是中国工业发展的基础。东北地区资源丰富，汽车、机械制造、能源、石化等重工业基础十分雄厚，但是 20 世纪 80 年代以来，东北的工业发展迟缓，整体经济占中国 GDP 的比重不断降低。2003 年中国政府实施东北老工业基地振兴战略，提出把东北地区建成具有国际竞争力的装备制造业基地、国家新型原材料和能源保障基地、国家重要商品粮和农牧业生产基地、国家重要的技术研发与创新基地。在这一战略背景之下，东北老工业基地焕发了新的生机。同时，在东北老工业基地的改造中，中国政府还制定了新的鼓励引进资金、技术和人才的特殊政策，为这一地区开展经济合作注入了巨大的动力。特别是中国东北地区为实现建设能源原材料基地振兴的目标，亟待扩大引进俄罗斯、蒙古的石油、天然气、矿产、木材等资源，这为俄罗斯参与中国东北振兴提供了难得的机遇，也为振兴东北老工业基地战略的实施提供了更加广阔的合作空间，更为加强中国东北地区与俄罗斯东部地区的经济合作带来很好的机遇，因此，中国东北地区与俄罗斯东部地区的经济合作的基础条件十分雄厚，在区域经济合作不断强化的国际大背景下，中国东北地区必须调整思路，以大开发带动大调整、大改革，实行走出去、引进来的政策，加强与俄罗斯远东地区的区域合作。

俄罗斯远东地区是俄罗斯滨临太平洋的地区，位于欧亚大陆最东端，东南临近日本、韩国和朝鲜，南面隔乌苏里江和黑龙江与中国相邻，这里是俄罗斯通往亚太地区的重要枢纽，远东联邦管区是俄罗斯位于远东的联邦区，为俄罗斯八大联邦区之一，其下共有阿穆尔州、犹太自治州、马加丹州、滨海边疆区、堪察加边疆区、哈巴罗夫斯克边疆区、萨哈共和国、萨哈林州、楚科奇自治区、布里亚特共和国与外贝加尔边区等 11 个联邦主体，占地 695 万平方公里，占全俄领土 40.6%，人口却只有约 618 万人，人口密度每平方公

里 0.91 人。

从俄罗斯发展战略来看，自 2000 年以来，远东一直是俄政府的重点发展地区，加快开发远东地区是其经济社会发展战略核心。近年来，俄罗斯不断加大对远东地区的开发力度，与亚太地区各国经贸合作不断加强，远东成了俄罗斯经济发展最快的地区，也是俄罗斯经济发展潜力巨大的地区之一。

首先，俄罗斯远东地区幅员辽阔，土地广袤，约占俄罗斯总领土的三分之一面积，自然资源极其丰富，远东和贝加尔地区已探明石油储量为 190 多亿吨，100 亿吨煤炭储量，拥有俄罗斯 77% 的石油、85% 的天然气、95% 的锡矿、80% 的金刚石资源，森林覆盖率占全俄森林面积 31%，也是全俄最好的渔业基地，捕鱼量占俄总量 65%。同时远东地区又有天然良港符拉迪沃斯托克(海参崴)，与中国、日本、韩国等国家之间交通便利，是实现俄罗斯在亚太地区国家利益的前哨地区，也是其在亚太地区的地缘和战略要地。然而由于人力资源缺乏、基础设施薄弱等因素，使得该地区发展缓慢，远东地区经济始终和以莫斯科、圣彼得堡为中心的俄罗斯欧洲部分有较大差距，若能推动远东地区经济快速发展，不仅能促使俄罗斯内部经济平衡，也能为开拓亚太市场打下良好基础。其实，历史上俄罗斯就一直高度重视这一地区的发展，从沙俄到苏联时期，俄中央政府就着手对远东进行不断开发。17 世纪至 19 世纪初，远东地区的居民主要以原住民、劳改犯与流亡者构成，平日开发仅止于撷取自然资源，很少从事传统的农业活动。为了扩张领土，沙俄在 19 世纪中叶将触手深入远东地区，逐渐在远东地区建设军营、哨所、医院与居民住宅，形成了一个完整的俄罗斯式部落。到了 1858 年和 1860 年，沙俄通过《瑷珲条约》和《北京条约》，从清廷手中获得了黑龙江以北、外兴安岭以南的土地，以及乌苏里江以东至海之地。19 世纪末，为了保障远东领土免受日本侵扰，沙俄除了建设军事基地以外，还积极建设西伯利亚大铁路、中东铁路和符拉迪沃斯托克(海参崴)港口等基础设施，以保障人员与物资的供给。日俄战争结束后，沙俄鼓励农民迁居远东，并发展远东地区的渔业、林业、海运和采矿业，试图为远东地区经济发展打下根基。十月革命后，苏俄(联)政府不断在开发战略进行补充与完善，形成了较为完整的开发战略，把快速开发这一地区视为实现全苏经济发展战略的一项重要措施，并对这一地区进行了数十年的开发建设，在这里建成了燃料动力工业基地、黑色和有色冶金工业基地、化工和石油化工基地及机器制造基地、森林采伐及木材加工等工业基地，但是由于俄罗斯东部地区远离俄罗斯政治、经济、文化中心，该地区地广人稀，自身的一些短板仍制约着经济发展，与欧洲部分相比相对落后，农、轻、重发展比例失调，军工企业在机器制造业中占有很大比重，基础设施发展滞后，第三产业不发达。苏联解体后，由于俄国工业制品质与量的竞争力难以与欧洲地区商品竞争，加上亚洲崛起，远东地区与东亚邻国的跨境贸易日渐蓬勃，于是叶利钦政府在 1996 年制定了《俄罗斯联邦远东和外贝加尔1996—2005 年及 2010 年前社会经济发展专项纲要》，明确了今后这一地区经济发展的总目标，充分利用现有的发展条件，最大限度地减轻阻碍此地区适应转型后经济情势的各种因素影响，描画了该地区经济发展轮廓，为以后加速发展创造条件。1998 年 9 月俄联邦政府完成了拟定"西伯利亚"联邦专项纲要草案的工作。纲要的战略意图是有效利用西伯利亚地区的自然、生产和智力潜力，以便迅速地摆脱危机，稳定和振兴西伯利亚经济。但由于叶利钦执政期间，联邦平均实际拨款不到承诺金额的 6%，使得远东地区工业现代化发展缓慢，大型基础建设亦十分缺乏。

进入 21 世纪，普京对东部地区的发展更为重视，"向东看齐"倾国家之力发展远东。2000 年后，随着国力不断复苏，俄罗斯政府重新将注意力投回远东地区。普京表示，需要彻底改善远东地区的发展政策，并将决策高度由联邦区提升至国家级。2008 年 2 月，普京发表《2020 年前俄罗斯创新发展战略》讲话，提出应把西伯利亚与远东建成俄罗斯新的社会经济发展中心。他明确指出，俄罗斯经济能否崛起，在相当程度上取决于东部地区的发展。如果俄罗斯要成为世界性的经济大国，就必须改变东部地区长期落后、经济结构不合理的现状和困境，从而实现俄罗斯均衡的区域发展和和谐发展。2009 年，俄政府批准"2025 年前远东和贝加尔地区经济社会发展战略"，提出将致力发展远东地区的创新产业。2013 年，俄政府成立远东地区发展委员会，主导远东区开发工作。2014 年乌克兰事件后，伴随欧俄关系冷却，远东地区与亚太经济的合作策略再度引起政府重视，俄罗斯政府发布《俄罗斯联邦社会经济超前发展区法》，计划在远东地区建立超前发展区平台。2015 年普京签署《符拉迪沃斯托克（海参崴）自由港联邦法》，明确自由港内的企业享受特殊关税、海关与签证制度。2017 年，为改善俄远东地区基础设施薄弱情况，俄罗斯远东发展部基础设施司预计以 7 亿卢布预算规划大量基础设施的兴建。为促进远东开发，俄罗斯已推出建立远东跨越式发展区、符拉迪沃斯托克（海参崴）自由港等政策，优化营商环境，吸引外来投资。同时俄罗斯还将开通圣彼得堡到符拉迪沃斯托克（海参崴）之间的定期航线，加强这一地区与俄罗斯欧洲部分的经济联系。

其次，从世界经济"东升西降"的发展趋势看，世界经济与贸易重点已日趋转向亚太地区，俄罗斯必须做好准备，使其东部地区适应这一发展趋势。从产业发展来看，远东地区自然资源极其丰富，然而，这样得天独厚的环境也造成该地区产业结构单一化，轻工业相对落后，经济发展一直以来均以原材料出口为主。西伯利亚与远东和亚太地区国家在经济上的互补性强，合作潜力很大，俄罗斯加速开发开放东部地区，对推动亚太地区今后的发展会起到重大、不可或缺的作用，西伯利亚与远东参与紧密的区域经济合作是不可避免的。从对外贸易来看，俄罗斯与欧美各国关系紧张，长期遭受西方国家经济制裁，对西方各国贸易发展空间遭到压缩。俄罗斯与中国、日本、韩国等亚洲国家的贸易前景远好于对西方贸易，这也是俄罗斯越来越重视远东经济发展的主要原因。远东地区对外贸易主要对象为中国。在中俄双方共同的努力下，中俄在东北亚区域的经贸合作取得了不少进展，2020 年中国和俄罗斯远东地区的贸易额达 108 亿美元，中国企业参与符拉迪沃斯托克（海参崴）自由港等 58 个项目，总投资额约 116 亿美元。值得一提的是，近年来，俄罗斯远东地区加大了对华的合作力度，中国黑龙江省提出的一些合作方案与建议都得到了俄罗斯远东地区政府的积极支持和响应。原来许多久拖不决的项目得到了落实，如中俄跨境索道项目、北黑铁路升级改造项目正在全力以赴加快建设进程。连接中国黑河与俄罗斯布拉戈维申斯克（海兰泡）的中俄跨境索道项目是世界首条国际跨境索道，在建设中俄跨境产业集群、推进边境区域一体化发展中具有十分重要的作用，因此中俄跨境索道项目、北黑铁路升级改造项目高质量推进，为黑河高质量、跨越式发展提供了有力支撑。中俄双方已经建设绥芬河—波格拉尼奇内和东宁—波尔塔夫卡两个跨国边境经济合作区、黑河—布拉戈维申斯克(海兰泡)和洛古河—波克罗夫卡两座跨黑龙江大桥建设，这些基础设施建设都有利地提高了两国边境通道的过货能力，中俄政府还批准了修建黑龙江省虎林市至俄远东列索扎沃茨市的跨国铁路项目，等等。这些表明中国东北地区与俄罗斯远东地区的经济合作的发展取得了一些成果，合作的趋势已十分明显。但是我们也清楚地看到，两国边境地区还存在着经济总量小、人口聚集度不够、没有强有力的产业支撑、劳动力相对缺乏等制约两国在这一区域经济合作的因素。另外，俄罗斯对东部地区发展战略过多地侧重于国家安全战略，实质性措施较少。尤其是，中俄两国合作的这一区域位于亚洲东北地区，这一地区政治关系较为微妙，冷战遗留的很多问题都没有得到很好地解决，如日俄之间存在的"北方四岛(千岛群岛)"的领土争端问题，中日两国因侵华战争及钓鱼岛等问题隔阂很深，朝鲜半岛的局势更是牵动着这一地区国家紧绷的神经，除此之外，由于中国经济近年蓬勃发展对俄远东地区产生的庞大能源需求，也让远东政府担心自身沦为"资源附属国"的地位，由于缺乏政治互信，在很大程度上影响着中俄两国在该地区的经济合作。俄政府在俄东部地区发展问题上，往往把该地区的安全战略摆在规划和发展战略的优先位置，经济发展则处于次要地位。因此，俄罗斯东部地区较之欧洲部分地区经济发展比较落后，从而制约俄罗斯国家的社会经济的整体发展。总之，俄罗斯有必要消除中俄关系发展道路上的一些障碍，积极制定实质性的政策与中国开展合作，要认识到中俄两国的合作不是威胁而是机遇。如果中俄在这个区域建立自由贸易区，必将吸引两国和其他国家的投资，进而加快两国这一地区的社会经济发展。中俄两国还要利用中国东北地区与俄罗斯东部地区毗邻的地缘优势，拓宽合作领域、调整中俄双方的合作方式，多开展木材深加工，开展鱼类和其他海洋生物资源加工，提高有色冶金产品的附加价值，凭借中国东北工业基地的有利条件，扩大汽车、技术设备和其他高科技产品在俄罗斯进出口的结构中的比重，尽快改善俄罗斯东部地区的投资环境，吸收中国资金，促使对能源资源的开采开发项目的尽快实施。

(二)中国东北地区与俄罗斯远东地区经济合作的成效

近年来，随着俄罗斯东部经济发展战略的实施，俄方越来越认识到只有尽快发展该地区的经济，才能使东部地区变得更加安全，开发和开放东部地区成为俄罗斯重要的经济社会发展战略。为此，中俄双方在这一区域合作采取了一系列措施，取得了一些合作成果。

第一，把中俄双方的科技合作放在优先地位。中国东北地区振兴战略着眼点是调整与改造、加速发展装备制造业。依赖先进的科技所形成的核心竞争力，来牵动工业企业在国内外市场竞争，实现可持续、跨越式的发展，是这一战略的根本任务。而俄罗斯在不少领域的科技水平处于领先地位，是个科技大国，具有较强的科技合作优势。因此，近些年，中国黑龙江省加强与俄罗斯在航空航天、现代农业技术、核能源、水处理、环保等方面的合作，已取得了良好的成果。但总的来说，双方的科技合作水平还不够高，科技含量约只占双方贸易的6%。中国在沈阳投资10亿元建立俄罗斯高科技产业园，目的是引进俄罗斯的高新技术，并将其运用到生产中去。另外，普京在《关于俄罗斯到2020年的发展战略》中强调发展创新型经济，在航空航天领域、造船业和能源动力领域，发展信息和医疗等领域，积极发展高新技术，如果中俄两国能够在这一领域加强合作，十分符合两国加快实现经济发展与现代化的战略目标。

第二，加强交通运输等基础设施领域的合作。中国东北地区与俄罗斯东部地区在这一领域拓宽合作的空间很大。例如，中俄合作建设黑龙江公路桥与铁路桥，对构筑中俄经贸大通道、发挥中俄在东北亚地区的经济合作区位优势有重要意义。又如，中俄铺设东宁—乌苏里斯克（双城子）铁路，这条铁路修通，可以使中国东北地区的物流通过这条铁路，输往到符拉迪沃斯托克（海参崴）、纳霍德卡港、东方港等，再向日本、韩国、北美等国家和地区集散，这就拓宽了中国东北地区出海大通道。另外，通过与俄罗斯、朝鲜的合作共同开发图们江地区，这不仅为吉林省增加了一个对外开放的出海口，还对推动整个中国东北地区经济发展具有重要意义。俄罗斯东部地区交通基础设施较为落后，交通运输网络欠发达是制约其经济发展的重要原因之一。因此，中俄两国加强这一地区交通基础建设的合作，包括建立边境贸易综合体、过境站和桥路通道，具有较强的现实意义。

第三，继续加强开展双边货物贸易。中俄两国货物贸易的品种结构在相当长时期内没有改变俄罗斯以出口原材料为主导的模式，中国向俄出口劳动密集型的各种消费品的现状也没有实质性变化。因此，在中俄区域经济合作过程中，中俄两国贸易互补性加强，货物贸易合作对双方都不容忽视。中国东北地区与俄罗斯东部地区货物贸易与新的增长点的合作领域十分广泛，如建材、农副产品、家电等都有很大潜力，合作亦有良好的前景。

第四，拓展双边合作领域。中俄东北部毗邻地区的经济合作是中俄两国区域经济合作和两国战略协作伙伴关系的基石和主旋律。首先，中俄东北部毗邻地区的经济合作是顺应经济全球化和区域经济一体化趋势的需求。中俄两国是东北亚主要的成员国，双方积极推进该地区经济合作是其共同诉求，也符合中俄双方的国家利益。特别是，俄罗斯在加入欧盟无望的情况下，选择了积极参与东北亚区域经济合作，实施了开发远东西伯利亚的战略，这是一个明智的决定。同时，中国政府先后实施了"西部大开发""振兴东北"及"中部崛起"等发展战略。中国的区域经济协调发展战略的实施也为加强中俄毗邻地区经济合作提供了难得的机遇。中俄东北部毗邻地区属于两国相对落后地区，可是，如果中俄两国能彼此利用地缘优势进行资源整合，从成本收益的角度来说可以带来双赢的结果。其次，中俄东北部毗邻地区的经济合作在某种程度上可以优化中俄两国商品贸易结构，改变俄罗斯单纯依靠能源材料出口的经济增长模式。国际金融危机发生后，俄罗斯制定了由资源型经济向发展型经济转变的国家发展战略，中俄毗邻地区在基础设施、森林采伐及木材加工、汽车制造、有色金属制造、农业等领域的深度合作，对转变俄罗斯经济增长方式有促进作用，虽然能源合作在中俄毗邻地区经济合作中仍具有重要意义，但其比重将会逐渐缩小。再次，中俄东北远东毗邻地区的经济合作可以视作中俄区域经济合作的试验地，这一地区的边境互市贸易区和跨境经济合作区是向中俄自由贸易区模式发展的探索过程，是向中俄两国建立自由贸易区的过渡，其合作经验可以作为中俄区域经济合作的典范，起到启示的作用。最后，中俄两国毗邻地区的文化交流与渗透可以增强地区民间的信任与认同，从而进一步促进中俄两国之间的友谊与合作。

俄罗斯开发远东西伯利亚的战略与中国振兴东北老工业基地战略已开始同步实施，这成为中俄毗邻地区经济合作的支撑和平台。特别是2009年中俄两国在地方和毗邻地区的合作方面取得了重大突破。2009 年 9 月 23 日，中国国家主席胡锦涛和俄罗斯总统梅德韦杰夫在纽约会晤并正式批准了《中华人民共和国东北地区与俄罗斯联邦远东及东西伯利亚地区合作规划纲要（2009—2018 年）》（简称《规划纲要》），确定了两国地方和边境地区的合作重点，设立了 200 余个重要合作项目。这些重点合作项目涉及三个方面：一是加强中俄边境口岸的基础设施建设与改造。在《规划纲要》中确定了进一步建设和改造中俄口岸相关的基础设施，加快口岸电子化，完善检验系统，提高通关效率。例如，加快改造中俄满洲里—后加尔斯克国际公路口岸。中方要改造满洲里—呼伦贝尔 301 国道，建设满洲—大庆高速公路。俄方建设和改造赤塔—后贝加尔斯克 A—166 联邦公路。完善铁路口岸。中方建设满洲里—新巴尔虎右旗—伊尔施铁路，改造满洲里—呼伦贝尔铁路。俄方扩大伊尔库茨克—后贝加尔斯克铁路运量等。二是加强中俄交通运输、物流网络领域的合作。例如，中俄双方研究落实互用中国东北地区和俄罗斯远东地区的港口出海；开辟中俄国际铁路联运通道；研究开设跨境公路线路和扩大中俄铁路客货运量的问题；加快边境区域航空运输和物流网络建设等。三是建设中俄合作园区。例如，建设和发展科技合作园区，建立哈尔滨、牡丹江中俄信息产业园、长春中俄科技园等；开发黑瞎子岛与生态保护合作，就黑瞎子岛生态保护与开发问题加强相互协作。《规划纲要》的签署标志着中国东北地区和俄罗斯东部地区的区域经济合作迈向一个实质性的阶段，这是中俄两国双边关系中划时代的一件大事，在中俄合作的历史中无论就性质还是规模来看都具有战略性和开拓性。特别是，中国是世界经济增长速度最快的国家，由于中国对原材料和能源的极大需求，才使俄罗斯东部地区出口原材料和能源的生产能力得以充分发挥。当然，俄罗斯东部地区经济发展的主要任务不仅是要增加原材料的出口，还要更进一步发展深加工领域、扩大国内外市场高附加值产品的出口。中国与俄东部地区在投资、新技术领域开展合作，在中俄边境地区组织联合生产，吸引中国资金投入俄罗斯经济，这些是中国与俄罗斯东部地区合作的基础和社会经济稳定发展的最主要条件。所以，俄罗斯只有加强与中国的经济合作，才能搭上了中国经济增长的高速列车，从而带动俄罗斯远东地区的经济驶入经济增长的快车道。

(三)中国东北地区与俄罗斯远东地区经济合作面临的挑战和机遇

中俄东北远东毗邻地区的经济合作还面临着严峻的挑战和机遇,首先,面临俄远东市场国际竞争日益加剧的挑战。日本、韩国、欧美等国家和地区的资本大量涌入远东地区,迫使中国在俄远东地区投资领域逐步收窄,贸易地位受到严重挑战,科技领域合作难度进一步加大。加上,俄罗斯正在谋求远东利用外资多元化的战略,西方国家和日本、韩国参与俄远东地区的投资合作热情十分高涨。据2011年1月24日俄罗斯《新闻报》报道,日本马自达公司计划在俄罗斯远东建设汽车组装厂,这是经济危机之后第一家准备在俄建厂的外国汽车生产商。可见,日本等国利用远东发展机遇、扩大投资合作的嗅觉十分灵敏,而中国对俄远东投资的行动似乎缓慢,显示出其竞争力较弱。

其次,两国毗邻地区的经济合作也将面临前所未有的机遇。随着中国东北振兴战略的深入实施,辽宁沿海经济带、长吉图开发开放先导区、黑龙江省绥芬河综合保税区等区域发展战略相继上升为国家战略和俄罗斯联邦政府通过的《远东和后贝加尔地区2013年前经济社会发展专项规划》、中俄《中华人民共和国东北地区与俄罗斯联邦远东及东西伯利亚地区合作规划纲要(2009—2018年)》的战略实施,中国东北地区与俄罗斯东部地区的合作将由过去向边境口岸聚集转向整个毗邻地区交织合作的局面,中俄毗邻地区合作会向沟通便利、交通便利、双方人员往来便利化、信息便利化的方向发展。特别是后金融危机时代将进一步促进中俄毗邻地区合作的步伐,使中俄经济合作由以贸易为主的合作方式向高水平、多领域、全方位的阶段迈进。俄政府为了支持远东发展,批准了远东2024年之前的社会经济发展计划和2035年远景发展规划,这项规划将分2020—2024年、2025—2030年、2031—2035年三个阶段实施。远东经济在2035年之前总共将创造至少45万个工作岗位;计划改造40个机场,实现每个辽远的居民点都有航空交通,全部接入互联网;远东联邦区11个地区将全部建立的旅游产业集群;建立新学校、幼儿园、医院等文化设施。这些庞大的发展远东计划离不了中国的协助与支持,而"三步走"的远东计划无疑为中国东北和俄远东毗邻地区合作开发和利用俄罗斯远东地区的丰富资源提供了新的难得的机遇,因此,中国东北地区应紧紧抓住此次与俄远东地区的合作契机，加大投资力度和加快投资步伐，积极融入俄罗斯基础建设项目中去，开发中俄区域经济合作的新领域。

综上所述，基于东北亚地区地缘政治现实和经济竞争加剧，俄罗斯可以尝试根据其全球利益影响东北亚的安全体系，在双方利益重合的情况下，中俄两国经济合作具有一定合作潜力，俄罗斯也是中国在东北亚区域首选的合作伙伴。俄罗斯可吸引更多中国企业与俄罗斯企业合作，帮助俄罗斯企业提升生产研发能力，以扩大制成品出口占比，改善俄罗斯远东地区的出口结构，有助于俄罗斯远东出口多元化，积极改善当地基础设施，优化经济发展条件和环境，借力中国经济发展红利，以突破制约基建加速的资金和人力瓶颈。

二、吉林省与俄远东区域经济合作异军突起

吉林省位于东北亚区域地理中心，中国东北地区腹地，东与俄罗斯远东地区接壤，接壤边境线 246 公里，具有与俄罗斯开展经济合作的区位优势，在资源开发和产业孵化等方面具有良好的合作基础。位于吉林省东南部的珲春市，1992 年被国务院批准为首批沿边开放城市，是我国唯一地处中俄朝三国交界的边境口岸城市，也是联合国开发计划署倡导的图们江地区国际合作开发的核心，它最近处距日本海仅 15 公里，距俄罗斯的波西耶特湾仅 4 公里，距俄符拉迪沃斯托克市（海参崴）180 公里。珲春周围分布着俄罗斯的纳霍德卡、符拉迪沃斯托克（海参崴）、东方港、斯拉夫扬卡、扎鲁比诺、波西耶特等港口，与俄罗斯远东地区开展经济合作，具有良好的地理条件和区位优势。

珲春市区位优势特殊，战略意义重大。近年来，为拓展对外开放空间，畅通国际物流大通道，更好地融入"一带一路"倡议，吉林省把珲春摆在十分突出的位置，集全省之力支持珲春加快发展，通过租借俄罗斯扎鲁比诺港，实现出海梦想，进行了"借港出海"等多种尝试，解决了困扰珲春几十年的出海难的问题。

吉林省与俄远东地区主要从推进区域基础设施建设合作上着手，在交通设施和基础设施上发力，近年来，吉林省在中俄毗邻地区重要口岸和节点城市全力推进贸易和金融便利化，进一步提高互联互通程度，积极推动吉林珲

春东北亚出海大通道建设的早日实现。通过"一带一路"来开辟新的市场,推动这一地区的经济繁荣。同时,探索和尝试建立自由贸易区等经济合作模式,促使中蒙俄经济走廊的建设升级,有效地促进产业合理分工,营造良好的进出口运营以及经贸投资环境,从而建立起高效运行的"物资运输网""货币交换网""财富流通网"。在大通道建设取得长足进步后,吉林省还发挥装备制造和科技创新等方面的优势,在投资、贸易、旅游、通关便利化、科技等方面积极与俄远东地区谋求合作发展。

珲春市现有边境经济合作区、出口加工区、互市贸易区 3 个国家开发区及珲春俄罗斯工业园。珲春边境经济合作区是 1992 年 9 月经国务院批准设立的国家级边境经济合作区,2000 年 4 月和 2001 年 2 月,国务院在合作区内先后批设规划面积 2.44 平方公里的出口加工区和规划面积 0.096 平方公里的中俄互市贸易区,全区实行"三区合一"管理模式。珲春中俄互市贸易区距中俄珲春铁路口岸 0.5 公里、中俄珲春口岸 8.7 公里。2005 年 6 月 1 日转入正式运行。据统计,2017 年,珲春边境经济合作区新进驻企业 32 家;出口加工区实现进出口贸易额 7 亿美元;互市贸易区实现边民入区 5.3 万人次,贸易额 5.93 亿元,同比增长 11.8%。在珲春中俄互市贸易区交易的商品种类中,俄方以各种海产品为主,例如 2021 年 5 月,中国从俄滨海边疆区通过铁路经卡梅绍瓦亚—珲春铁路边境口岸进口了 7800 吨海产品,铁路运输成为向中国运送海产品的新方式,极大提高了运输量。而中方以各种轻工商品为主。互贸区现已成为俄罗斯海产品向我国内地输入的集散地和国内轻工商品对俄输出的重要窗口。珲春中俄互市贸易区启动以来,有效地带动了珲春市与哈桑区乃至吉林省与滨海边疆区的经贸往来,繁荣了边境口岸,促进了双边经济发展,为双方边民提供了增收创收机会。

为实施长吉图开发开放战略和融入国家"一带一路"倡议,吉林省积极推进打通吉林省出海新通道和中俄蒙大通道建设。为此,吉林省正谋划实施敬信湿地运河出海项目。此项目构想把珲春敬信镇紧靠俄罗斯的自然湖(八道泡子、六道泡子)连成一片,改造成方圆 12 平方公里的内陆港,再开凿从敬信湖到俄罗斯波西耶特湾 6 公里的人工运河,构筑"乔巴山-阿尔山-长吉图经济带-人工运河"我国北方丝绸之路。珲春市作为海上丝绸之路的重要节点和我国主导东北亚地区局势的战略重镇，实施敬信湿地运河出海项目，对于承接"一带一路"倡议，具有无可替代的重大作用和长远影响。同时，国务院决定进一步加快东北老工业基地振兴，强调要面向东北亚加强开放平台建设，谋划实施敬信湿地运河出海项目，有利于实现延边从"口袋底"到"口袋口"转变，从而带动吉林省乃至整个东北地区经济发展，实现东北老工业基地振兴目标。

目前，俄罗斯明显加快了开发远东的步伐，加大了对华合作的力度，吉林省与俄政府的一些合作方案与建议都得到了积极响应，许多项目也开始得到落实。特别是 2015 年 3 月，俄罗斯总统普京签署的《超前发展区法》正式生效，宣布在远东建立多个类似中国经济开发区的"超前发展区"。同年 10 月，俄罗斯关于推动远东符拉迪沃斯托克(海参崴)发展的《自由港法》正式通过，这些措施为俄罗斯发展远东奠定了法律基础。符拉迪沃斯托克(海参崴)港货物吞吐量居全俄之首，是俄罗斯在太平洋沿岸最重要的港口，而《自由港法》并非仅局限于符拉迪沃斯托克市(海参崴)，它适用范围涵盖滨海边疆区的兴凯区、波格拉尼奇内区、十月区、纳杰日金斯克区、奥莉加区、什卡托沃区、游击队区、哈桑区、斯帕斯克达利尼市、乌苏里斯克市(双城子)、阿尔乔姆市、游击队市、大卡缅市、纳霍德卡市等 15 个市(区)，以及波西耶特港(距珲春市 42 公里)、扎鲁比诺港(距珲春市 63 公里)和纳霍德卡港(距珲春市 340 公里)，还设置了物流区、工业区、科技产业区、旅游商贸娱乐区 4 个崭新的功能区，总面积为 3.4 万平方公里，设立期限为 70 年，该法案将在税收、海关和检疫等方面为企业提供诸多优惠政策。俄罗斯出台的《符拉迪沃斯托克(海参崴)自由港法》，必将有利于推动"一带一路"与远东开发战略深度对接，不断强化吉林乃至东北地区对俄互通互联基础设施建设，进一步开发利用滨海边疆区各港口资源，加快畅通我国东北地区新的出海大通道。

自 2009 年《中华人民共和国东北地区与俄罗斯联邦远东及东西伯利亚地区合作规划纲要》签订以来，中国东北地区与俄罗斯远东地区的开发合作走向务实推进阶段，特别是中国正大力振兴东北地区经济，俄罗斯也致力于远东地区开发，两国各项举措有助于双边合作的全面提升，同时，俄罗斯开发远东地区与中国"一带一路"倡议契合，"一带一路"倡议中的"三通"即通路、通航和通商，是解决战略问题的发力点，也是吉林省与俄远东地区经济合作所要首先解决的问题。近几年，吉林省与俄远东地区在交通运输基础建设领域合作十分紧密，中国珲春和俄罗斯符拉迪沃斯托克（海参崴）修建跨境高铁的项目正在谋划之中，在中国长春、哈尔滨，俄罗斯符拉迪沃斯托克（海参崴）、哈巴罗夫斯克区域成立高铁快速交通网络，不仅推动双方的人员往来，对于两国的经济、技术和贸易合作发展也是大有助益。

　　吉林省与俄远东人文交流频繁，俄中友好协会对促进双方人员之间的相互往来和双方相互理解和合作方面起到重要作用。为进一步推动吉林省与远东地区开发合作的发展，破解开发合作障碍，吉林省与远东地区通过圆桌会议等形式加强沟通，寻求建议解决问题，至今已举行了三届圆桌会议，加强了吉林省与俄远东地区的交流，也加强了地方合作的政治支持，提高了政策稳定性。伴随着政策沟通的加强和这一地区基础设施的不断完善以及经贸合作的不断深化，建立在其基础上的民心相通和文化交流也同样大放异彩。在"一带一路"倡议秉承"和平合作、开放包容、互学互鉴、互利共赢"的"丝路精神"基础上，吉林省以开放包容的态度推动与俄远东地区民众之间的交流，增强俄民众对"一带一路"倡议等政策的支持和拥戴，从经济和人文两个层面真正实现"共商""共建""共享"的合作理念，实现"民心相通"。

三、中国东北地区与俄罗斯远东地区经济合作的特征

（一）中俄区域经济合作产业链处于垂直分工状态

　　东北亚各国地理位置毗邻、资源禀赋充裕，在过去的经济发展中已经形成了深厚的合作基础，东北亚地区的各国经济各具有一定优势，其中日本和韩国自然资源匮乏，但高素质劳动力资源方面较充足，他们主要生产具有高附加值的技术密集型的机械设备和电子产品。中国拥有丰富的劳动力资源，在劳动力密集型的工业制品生产上有一定的比较优势。对俄罗斯、蒙古、朝鲜来说，其自然资源丰富，在能源矿产类的初级产品生产上具有比较优势。另外，东北亚地区各国的经济结构互补性较强，中国和日本分别为第二、第三大经济体，这一互补的经济结构有利于东北亚实现产业链的垂直分工合作。

(二)中俄区域经济合作潜力后劲不足

中国东北地区作为融入东北亚区域合作的重要窗口,其开放程度直接影响中国与东北亚各国区域经济合作的广度和深度。然而中国东北地区的经济发展及开放程度落后于全国水平,同时中国东北地区缺乏统一协调机制,经济发展过于分散,长吉图等之间并未形成紧密联系,未形成一体化发展模式。这也说明中国东北地区的发展水平有较大的提升空间。中国东北地区与东北亚各国的经贸合作存在后劲不足,这与东北老工业基地经济转型有一定的直接关系。

(三)中俄区域经济合作局限在双边性

东北亚各国形成的对话与会议机制的效力和权威性较差,在出台的一系列政策中,大多是基于特定的投资或者临时性约定,一旦出现意外情况,这些政策就会失去效力,造成双方经济合作的不可预测性。同时,中国与东北亚各国在投资贸易领域和经济领域签订的条约大多是双边性的,多边性条约数量较少。此外,东北亚国家之间未形成相关的经贸规则,贸易无规则就会导致双方出现分歧时,各国倾向于保护本国利益,贸易争端无法得到妥善解决,从而阻碍贸易合作向高水平发展。

第六章　中俄经济合作的
影响因素分析

　　新时代中俄经济合作具有现实性因素的影响，其中包括软硬环境的有利因素和不利因素。客观、准确、全面地解析中国与俄罗斯经济合作的影响因素和导致中俄经济合作进程缓慢存在的深层次原因，这将有助于我们正确制定新时代中俄区域经济合作的战略和对策。

第一节　中俄经济合作的有利因素

　　尽管中俄两国区域经济合作仍然面临着不少的困难，但无论从双方近几年合作的广度和深度，还是从双方取得的显著的成绩来看，中俄两国的区域经济合作仍有较大的发展潜力。目前，中俄两国正处于经济发展的良好阶段，开展深度的经济合作存在诸多有利因素。如图 6-1 所示：

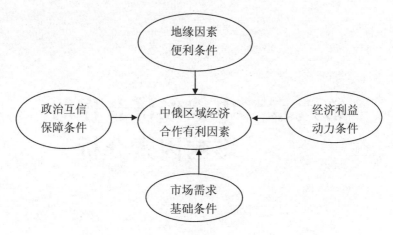

图 6-1　影响中俄区域经济合作的有利因素

一、地缘因素是中俄经济合作的便利条件

地缘对国家关系的影响是一个难以回避的客观现实。作为两个相邻的大国，中俄两国也不可避免地受到地缘因素的影响。中俄两国地理位置毗邻，经贸联系紧密，产业间互补性较强，人员往来密切，因此，中俄两国更容易达成区域经济合作协议，实现经济利益的最大化、交易成本的最小化。同时，作为发展中的大国，中国经济的快速增长首先会对近邻俄罗斯产生影响，俄罗斯的政治经济变化也会对我国产生影响，这就意味着中国要通过加强与俄罗斯的经济交流合作，共同营造良好的发展环境，促进共同繁荣与发展。

地理邻近是区域经济合作的重要因素。地理邻近主要是利用交通的便利，人员往来、语言和民俗等因素，降低货物和人员流动的时间和费用。如果相邻地区之间的资源禀赋差异和经济发展水平差异大，那么两国毗邻区域的相互联系就较为密切。俄罗斯联邦领土面积 1 709.8 万平方公里，是世界上资源最丰富的国家，其重要资源为石油、天然气、煤炭、水能资源、森林资源和土地资源等。与中国毗邻的俄罗斯远东地区是俄罗斯最大的经济区，其面积为 696 万平方公里(2018 年)，占全俄面积的 40.7%，拥有极其丰富的自然资源。这里集中了俄罗斯 1/3 以上的木材，约 40%的煤炭资源，30%的水电资源，40%的黄金储量，83%以上的金刚石。俄远东经济区的油气资源、有色金属等矿产资源储量巨大而开发不足，如果能够放宽市场准入条件，引入中、日、韩等周边经济体的资金、技术和人力资源，以资源换发展，就会形成合作开发、互惠共赢的良好局面。俄罗斯远东地区南部自然条件比较适宜农业发展，这里集了中远东地区 90%以上的耕地，在充分保护自然资源环境的条件下，仍有大量的土地可供开垦。同时俄罗斯远东地区经济结构比较单一，经济部门以原料采掘和国防工业为主，农业、轻工业落后，粮食和日用工业品部分需要依赖进口。中国东北地区的农业机械化发展程度较高，农业人口的农业生产经验丰富，农业人口劳动力富足，农业科研机构数量众多，而俄远东地区地广人稀，人口密度极低，劳动力资源匮乏，根据相关统计数据显示为远东地区人口数量为 670.05 万人，区内人口密度每平方公里还不到 1.2人，从事农业生产的人口少之又少。俄方可利用中国东北地区的农业产业和人口资源优势，加强与中国东北地区的劳务合作，促进俄远东地区的农业开发，同时增加俄远东经济区的人口密度，利用人口的流动性激活经济发展。中国东北地区农业富余劳动力输出，既可缓解中方的就业压力，又可激发俄远东地区经济的活力，各取所需，互利互惠。另外，俄罗斯远东地区的符拉迪沃斯托克市(海参崴)、纳霍德卡港口与中、日、韩、朝等国家陆海通道相同，交通十分便利，如果可以有效地促进俄远东经济区的基础设施建设，就能够增强俄远东经济区的经济总量，繁荣旅游事业，更能促进中俄两国的交流，加强两国的经济合作。

中俄边境总长 4 375 公里，西段 54.57 公里，东段 4 320 公里，地缘优势明显。黑龙江省与俄罗斯滨海边疆区、哈巴罗夫斯克边疆区、后贝加尔边疆区、阿穆尔州、犹太自治州五个州区接壤，边境线 2 981 公里，占中俄边境线70%。吉林省东部与俄罗斯远东滨海边疆区接壤，边境线 246 公里。新疆维吾尔自治区与俄罗斯阿尔泰、克麦罗沃、克拉斯诺亚尔斯克三个边疆区(州)毗邻，边界线 54.57 公里，虽然目前没有陆路口岸，但随着中俄西部天然气合作项目实施，中俄西部边境将成为双方经济合作的重要领域。黑龙江省绥芬河市与俄罗斯滨海边疆区毗邻，边境线长 27 公里，有铁路和公路与俄罗斯连接，距符拉迪沃斯托克(海参崴)仅 210 公里。中俄边境已开通的陆运和水运口岸共 22 个，其中在黑龙江省 15 个，吉林省 2 个和内蒙古 5 个，其中满洲里铁路口岸不仅是国家一类口岸，而且是中国最大的陆路口岸。目前，经中国国务院与当地省政府批准设立的中俄边境互市贸易区共有 12 个，分别是黑龙江省 10 个，内蒙古 1 个，吉林省 1 个。中国东北地区发展较快，口岸等基础设施自成体系，而俄罗斯的基础设施建设速度慢、效率低，港口、铁路、空港建设内需不足。随着北极航道的合作开发，将带动俄远东经济区港口、铁路、空港等基础设施建设，拉动俄方内需，促进东北亚地区经济合作的发展。中方的江海联运体系与俄方的哈巴罗夫斯克深水港、符拉迪沃斯托克(海参崴)自由港联通，经由白令海峡，开辟北极航道，直达欧美，因此，便捷的地缘地理条件，为中俄开展区域经济合作提供了便利条件，通过管道、港口、高铁、光缆等连接，可使中俄经济通过相互借力实现共同发展。

二、政治互信因素是中俄经济合作的保障条件

中俄两国在国际和地区事务中，始终肩并肩站在一起，紧密合作，坚定捍卫联合国宪章和国际关系基本准则，坚决反对单边主义、保护主义、霸凌主义，为捍卫国际公平正义、维护世界和平稳定、促进共同发展繁荣发挥了重要作用，以实际行动诠释了"互信程度最高、协作水平最高、战略价值最高"的大国关系的应有之义，为中俄双方经济合作发展带来强大动力，提供了坚实的保障条件。

(一) 中俄两国之间的政治关系目前处于历史上的最好时期

1991 年苏联解体，中俄两国于 1991 年 12 月 27 日在莫斯科签署了《会谈纪要》，顺利地解决了两国关系的继承问题。1992 年 12 月，中俄两国元首在北京签署了关于两国相互关系的联合声明，宣布双方为友好国家。1994 年 9 月，两国元首在莫斯科签署联合声明，宣布建立"睦邻友好、互利合作的建设性伙伴关系"。1996 年 4 月，俄罗斯总统叶利钦正式访问中国，4 月 26 日，两国领导人在北京发表《中俄联合声明》，确定两国建立"平等信任、面向 21 世纪的战略协作伙伴关系"。中俄作为世界上的两个大国，其在国际事务中的协调与合作对外界的影响具有全局性的意义，中俄战略协作伙伴关系的建立标志两国关系的发展进入新的时期。1997 年 4 月 23 日，时任国家主席江泽民对莫斯科进行国事访问期间，双方签署了《中俄关于世界多极化和建立国际新

秩序的联合声明》。这一文件使得两国业已形成的平等信任的、面向 21 世纪的战略协作伙伴关系的发展路径更加具体化、更加细化。1999 年底俄罗斯总统叶利钦辞职，由普京接替他的职务。普京总统执政后，继续推动两国关系发展，2000 年 7 月，普京作为总统首次访华，两国元首共同签署《中华人民共和国和俄罗斯联邦北京宣言》等多个文件。2001 年 7 月 16 日，中俄两国签署了具有历史性意义的《中俄睦邻友好合作条约》，将中俄"世代友好、永不为敌"的和平思想用法律形式固定下来。该条约概括了过去 10 年中俄关系的主要成就，同时还为两国今后全方位的合作确定了原则和方向，注入了强大的动力。该条约未来 20 年的有效期正是跨越中国全面建设小康社会和俄罗斯实现国家振兴的重要历史时期，因此它是指导两国政治关系和经济合作长期健康稳定发展的纲领性文件。这个包括 25 个条款的条约几乎涉及了双边关系的各个领域，使两国关系向更具有预见性、更具实质性内容的方向迈出了一大步。条约的签署成为两国战略伙伴关系的转折点，也使中俄关系进入一个全面快速发展的新阶段，是两国关系史上的一个重要里程碑。2003 年 5 月，时任国家主席胡锦涛首次访俄，中俄双方领导人在会晤期间回顾了中俄关系发展的进程，并对中俄战略协作伙伴关系和两国的合作以及对世界和平与稳定的重要意义给予了高度评价，同时也肯定了两国以往所签署的文件和各领域合作取得的一些成果。胡锦涛和普京还签署了《中俄联合声明》，明确表示："双方愿承前启后，继往开来，共同努力开创中俄关系发展的新局面。"①中俄双方为落实《中俄睦邻友好合作条约》确定的原则，于 2004 年 10 月制定了《中俄睦邻友好合作条约实施纲要（2005 年至 2008 年）》。《实施纲要》实际上是两国具体的中期合作规划，它把两国在今后 4 年内各个领域内和各个部门间的重要合作内容，用可操作的制度的形式敲定了下来，使两国间今后的合作有章可循，有规可依。这可以避免双边合作进程中流于形式和政治热、经济冷，高层热、地方冷的现象，从而为中俄两国加强和巩固战略协作关系增添了具体而实在的内容。俄罗斯前驻华大使罗高寿认为："这份计划的实施将在很大程度上决定两国近期各领域合作的性质和水平。"2006 年是中俄两国建交 55 周

---

① 参见外交部网站，http://www.fmprc.gov.cn/chn/gxh/tyb/。

年，为使"世代友好、永不为敌"的思想在两国得到广泛传播，进一步加强两国人民的相互理解和传统友谊，不断地巩固和扩大中俄战略协作伙伴关系的社会基础，两国决定 2006 年在中国举办"俄罗斯年"，2007 年在俄罗斯举办"中国年"，这给两国政治、经贸、科技、人文等领域的合作增添新的活力，在中俄关系历史上，两国互办"国家年"活动是史无前例的，是前所未有的重大工程，在国际关系中也是罕见的。中俄两国广大民众积极参与各种丰富多彩的活动，包括政治、经贸、人文、科技、教育、军事、地方等双边合作等方方面面，社会反响十分强烈。通过"国家年"活动，两国人民加深了相互了解，这对两国在政治、经济和文化领域的深层次交流具有极大的促进作用，对两国关系的全面发展产生了巨大而深远的影响。2008 年 3 月，梅德韦杰夫当选俄罗斯总统，中俄关系稳步地向前迈进。2008 年 5 月 7 日梅德韦杰夫宣誓就职后，5 月 23—24 日即对中国进行国事访问。在北京访问期间，时任中国国家主席胡锦涛和梅德韦杰夫总统进行了友好的会谈，双方签署了政府间协定，并决定 2009 年在中国举行"俄语年"和 2010 年在俄罗斯举行"汉语年"，进一步展现出中俄两国关系未来发展的美好前景，截至 2018 年，中俄已经多次互办"文化节""旅游年"等活动，增强了两国人文交流合作，使得双方合作不断深化，双方交流进入新阶段。

近十年来，中俄战略协作伙伴关系经历三次提升，从"全面战略协作伙伴关系"（2011 年）到"进入新阶段"（2014 年），再到"新时代"（2019 年），在每一次关于双边关系的联合声明中，都强调两国在多边框架内开展合作的重要性，双方都希望维护国家在地区乃至全球层面的共同利益，反对强权政治和霸权思维，积极推动多极化进程，为自身的复兴和发展创造良好的国际环境。

中国与俄罗斯均为联合国安理会常任理事国及金砖国家成员，两国共同参与的多边合作组织有亚太经合组织、二十国集团领导峰会、亚欧会议、上海合作组织、亚洲相互协作与信任措施会议、东盟地区论坛、中俄印合作机制、中蒙俄合作机制等。在上述这些国际组织中，中国与俄罗斯均为重要成员，中俄两国在诸多国际事务中进行密切交流和合作，不仅增加了相互了解，而且两国互信度极高，这也为中俄双方经济合作奠定了坚实的基础。

同时，中俄两国双方还建立了完善的高层定期会晤机制。从 1996 年 4 月起，中俄双方建立了国家首脑定期会晤机制，还建立了总理定期会晤机制、战略安全磋商机制、人文合作等高层次的合作机制。双方建立了 10 个专业分委会，下设工作组已达到 35 个，覆盖中俄合作的各个关键领域，它为中俄双方开展合作提供了一个稳定、高效的制度框架。尤其是在 2019 年中俄双方关系进一步升华，进入新时期全面战略协作伙伴关系，高层对话机制不断创新。2020 年 12 月中俄第 25 次总理定期会晤如期举行，在政治、经济、文化等诸多领域展开合作交流，两国政治互信关系持续深化。

总之，目前中俄关系正处在历史最好时期、最佳状态，两国政治关系达到前所未有的高水平，这为双方合作提供了十分有利的条件。

（二）两国彻底解决了历史遗留的边界问题

中国和俄罗斯拥有共同边界 4 300 多公里，分为东、西两段。东段同俄罗斯远东地区相连，约 4 320 公里，西段 55 公里与俄罗斯的西伯利亚相接。两国东段水域边界线 3 600 多公里，以额尔古纳、黑龙江、乌苏里江、松阿察河、兴凯湖为界，途经中国内蒙古自治区、黑龙江省、吉林省，俄罗斯的赤塔州、阿穆尔州、犹太自治州、哈巴罗夫斯克边疆区和滨海边疆区；陆地边界约 600 公里，途经中国的内蒙古自治区、黑龙江省和吉林省，俄罗斯的赤塔州和滨海边疆区。中俄边界问题是历史遗留问题，有着复杂的历史背景。20 世纪 60 年代到 80 年代，边界问题恶化，边境地区的军事对峙，对两国毗邻地区的安全稳定及边民的生活极其不利。边界问题涉及国家的主权和领土完整，涉及国家的根本利益，所以在 1987 年—2004 年期间中苏、中俄两国经过长期谈判，如何确定新的边界走向，解决历史遗留问题成为两国关系中突出的问题。为解决两国边界问题，中苏两国于 1991 年 5 月签署了《中苏国界东段协定》，于 1994 年 9 月中俄双方签署了《中俄国界西段的协定》。十年后，2004 年 10 月普京总统访华，随后中俄两国外长在北京签署了《关于中俄国界东段的补充协定》，根据补充协定，中方从俄方收回部分被占领的领土，并解决了阿巴该图洲渚和黑瞎子岛地段的边界划分问题。至此，在中俄 300 多年的交往中首次全线划定了边境线，解决了阻碍中俄关系发展的关键问题，这标志着 4 300 多公里的中俄边界线走向全部确定，复杂而敏感的边界问题最终得以解决。边界问题的解决符合两国的根本利益，把冲突的潜在危险变成了中俄合作的纽带,两国相邻地区从此将变为和平友好、稳定清晰的睦邻地带。边界谈判的结束解决了长期困扰两国的一大难题,为中俄各领域合作关系的发展消除了隐患、扫除了障碍,为进一步推进两国关系、发展平等互利的合作奠定了基础。中俄双方强调,两国国界协定及其他与边界有关的协定为双方在边境地区保护环境、合理利用自然资源、促进经济合作、保障边境地区安全与稳定等具体领域采取共同行动创造了新的条件,进一步丰富了中俄战略协作伙伴关系的内容。中俄边界问题的解决说明稳定的周边环境对中俄实现政治互信、地区安全和经贸合作具有深远意义。

(三)两国在涉及对方核心利益的问题上相互支持

中俄两国都是有着全球影响的大国,中俄两国在维护双方国家安全统一、涉及核心利益的问题上能够相互支持,互相关切,在一系列重大国际和地区问题上能够进行良好的协调与合作。中俄双方对于国际秩序的观点、利益、立场一致或接近,不存在意识形态分歧,这也降低了中俄经济合作的政治风险。由于中俄所面临的周边环境非常复杂,存在许多不确定因素和现实威胁。2001年上海合作组织成立以后,两国开始不断加强在多边领域内的合作,共同维护地区的和平与安全,中俄两国在推进多极化进程、开展多边合作方面有许多共同的利益诉求。双方对很多国际和地区问题有相同或相似的看法,在安全、经济、政治等领域具有广泛的利益共同点,促成了一系列新型对话机制的建立。中俄还在联合国、金砖机制、G20、APEC、亚信会议等全球和地区框架内进行互动,推动"一带一路"和欧亚经济联盟的对接合作,这都标志着新时代中俄全面战略伙伴关系具备了更多的合作内涵和更为丰富的合作层次。

(四)两国签署众多合作文件是双方开展合作的重要保障

2008年10月,中俄两国签署关于联合修建和使用跨阿穆尔河铁路桥的协议,这给中国东北地区开展对俄远东地区经贸带来了极大的便利,彻底改变了现有对俄沿边开放格局。2008年10月26日,两国在莫斯科签署《中华人民共和国国家旅游局与俄罗斯联邦旅游署关于2008—2010年期间落实〈中华人民共和国政府与俄罗斯联邦政府协议〉的合作计划》,这对我国沿边省区开展对俄跨境旅游合作是非常有利的。2008年底两国政府确定了《中俄林业合作二期规划》，明确黑龙江省和犹太自治州作为规划实施主体，拟建立巴斯科沃园区、下列宁斯阔耶园区和比罗比詹园区三个木材工业园区，主要生产中厚板、板方材、集成材、刨光板、胶合板、高档木门和家具等。2009 年 3 月 27 日和 4 月 1 日，俄罗斯国家杜马、联邦委员会通过，并经梅德韦杰夫签署《关于批准俄罗斯联邦和中华人民共和国政府鼓励和相互保护投资协定及其协议书》，这为中国企业对俄投资提供了法律上的安全保障。2009 年 6 月 17 日中俄两国批准《中俄投资合作规划纲要》，规定中国在俄罗斯的优先投资领域有 15 个，即机械制造业、建筑材料生产、轻工业、运输与物流、农业、建筑业、信息技术与电信业、银行和保险业、创新与应用科学开发、能源领域、煤炭工业、化工业、林业、采矿业和区域合作。2009 年 9 月 23 日，两国领导人正式批准《中华人民共和国东北地区与俄罗斯联邦远东及东西伯利亚地区合作规划纲要（2009—2018）》，《规划纲要》提出了包括开采煤矿、铁矿、建设和改造中俄口岸、加强中俄运输等 200 多个合作项目，将对中国扩大对俄投资提供难得的机遇。2010 年 1 月俄罗斯总统普京批准了专门针对西伯利亚和远东地区发展的战略纲要和规划《远东和贝加尔地区 2025 年前社会经济发展战略》。2014 年 3 月俄罗斯提出"跨欧亚发展带"构想，作为开发西伯利亚和远东的重要手段与目标。通过具体落实欧亚铁路建设，组建欧亚经济联盟，作为对接中国提出的"一带一路"的构想和"中蒙俄经济走廊"建设的战略平台。2015 年 5 月 8 日，中俄发表了《中华人民共和国与俄罗斯联邦关于丝绸之路经济带建设和欧亚经济联盟建设对接合作的联合声明》，声明指出：俄方支持丝绸之路经济带建设；中方支持俄方积极推进欧亚经济联盟框架内一体化进程，并将启动与欧亚经济联盟经贸合作方面的协议谈判。中方"丝绸之路经济带"同俄方"欧亚经济联盟"建设对接是从战略高度深化双方务实合作，它将使中俄关系进入新阶段，使整个欧亚大陆形成统一的经济空间，为中俄区域经济合作的发展稳定奠定基础，也标志着中俄两大战略对接将全面加快两国边境地区合作开发步伐。

三、市场需求因素是中俄区域经济合作的基础条件

据统计数据显示：2019 年中俄双边贸易额为 1 107.9 亿美元，同比增幅

达 3.4%，其中，中国对俄罗斯的出口贸易额同比增长 3.7%，自俄罗斯的进口贸易额同步增长 3.2%，中俄贸易合作深度发展。我国工业制造业相对发达，而俄罗斯在能源、资源等方面具有比较优势，双方的贸易合作具有互补性和合作空间。2019 年中国自俄罗斯进口石油原油、石油制品、木材、发动机商品额分别为 329.37 亿美元、33.53 亿美元、25.25 亿美元和 15.79 亿美元，而中国向俄罗斯出口主要以机电产品为主，其中，机动车辆零附件出口额为 12.19 亿美元，玩具出口额为 9.81 亿美元，电热设备出口额为 8.32 亿美元，数据同通信设备出口额为 62.07 亿美元。[①] 这些数据表明，中俄两国经济贸易具有比较优势，存在良好的合作条件。

(一) 俄罗斯市场需求潜力很大

俄罗斯借助能源资源的出口，对经济的拉动作用十分明显，其经济呈现增长的态势。据统计，俄罗斯的居民存款总额已经超过 1 000 亿美元，人民的生活水平逐步提高。另外，俄罗斯有 1.4 亿人口(截至 2021 年)，其中城市人口占 74%，农村人口占 26%。城市人口众多，其购买力十分强大，而且俄罗斯 60%~70% 的轻工产品、超过 50% 的食品依赖进口，市场容量较大。同时，俄罗斯人十分崇尚西欧的消费文化，追求高品质、高水平的生活方式，因此，俄罗斯形成了具有一定规模的高档消费群体，在俄罗斯市场中高档商品具有很大的需求。据有关专家测算，仅莫斯科市的年消费能力就超过 9 000 亿元人民币，俄罗斯每年对服装和纺织品消费在 400 亿美元以上，且消费量每年以 15% 左右的速度递增。服装、鞋类、床上用品、棉布、丝绸等远远不能满足消费者的需求，主要依靠进口。另外，俄罗斯对电冰箱、空调等家电的需求十分旺盛。同时，俄罗斯的大部分农业机械如收割机、拖拉机等、农机具、加工设备等大多也很落后，急需进行更新换代，这类机械产品的需求潜力很大。随着俄罗斯房地产市场的升温，俄罗斯对建筑材料的需求呈上升趋势。目前，远东地区每年粮食缺口 80 万吨左右，蔬菜缺口 40 万吨，肉和肉类制品缺口 40 万吨，水果缺口 40 万吨。俄罗斯市场不仅潜力巨大，且具有很大吸引力。而且，中国对俄出口产品中机电产品、轻工业产品、化工产品占比

---

① 深圳市商务局，2019 年度俄罗斯进出口情况报告。

较大，其中，机电产品出口比重始终位居第一位。2019 年中国化工产品和塑料、橡胶产品对俄罗斯出口额比重较之 2017 年分别增长 3.5 个百分点和 0.3 个百分点。由此可见，中俄经贸互作具有一定互补优势。

近年来，受国际环境和俄罗斯经济下行影响，俄罗斯的公共管理与公共服务设施、市政工程绿化和交通设施等都急需大量资金的投入，如果俄方能够广泛引入包括中方在内的社会资本，就能解决基础设施建设领域资金不足的问题，同时吸收中方投资领域的成功经验，采取公私合作伙伴关系机制，能够有效推进俄方基础设施建设进程。长期以来，中俄经贸合作以单一的劳动密集型与资源密集型的货物贸易分工模式为主，服务与技术贸易占比很低，相互投资合作规模小且缺少能源以外的大项目合作，在一定程度上制约了双方深度经贸合作，对两国经济发展的带动作用有限。中国"丝绸之路经济带"设想的落实首先要建设陆路通畅的经贸合作走廊，即要在沿线各国开建数百项基础设施和合作项目，囊括铁路、公路、能源管道和工业园等，解决交通、物流和配套基础设施不足和落后问题。

由于俄罗斯经济结构不均衡，重工业较发达而轻工业相对落后，每年需要进口大量的消费品。在进口消费品中，食品、纺织品和家用电器等日用品占有相当大的比重。而其中纺织品、家电正是中国最具有竞争力的商品。因此，俄罗斯的经济结构的不均衡决定着俄罗斯是一个巨大的消费品进口市场。

（二）中国市场对俄罗斯的产品也有需求

自改革开放 40 多年以来，中国成为世界上经济发展最快的国家之一。预计未来的 5~10 年，中国市场对俄罗斯的很多产品都有着强烈的需求。

首先，能源产品的需求。由于资源禀赋优势差异，中国主要从俄罗斯进口能源资源、原料等初级产品。2008 年—2019 年 12 年间，中俄能源合作实现全方位的跨跃，中国自俄罗斯能源进口保持快速增长。随着中国经济的快速发展，对能源的需求尤其对石油、天然气和电力的需求将会大幅度增长。中俄石油管道的建成促使中俄在这一领域中的贸易规模必将日益扩大，能源贸易额将会快速增长。

其次，矿产品、木材产品的需求。矿产品是中国自俄罗斯进口的第一大产品，矿产品进口比重从 2008 年的 56.8% 提升至 2019 年的 75.2%，提高了

18.4 个百分点。中国自俄罗斯进口的第二大类产品为木材及其制品。这两种资源型产品的总进口比重从 2008 年的 69.5% 提升至 2019 年的 81.7%，提高了 12.2%。目前中国 40% 的木材需要进口。俄罗斯具有供给能力，只是俄罗斯将木材资源视为国家战略资源，对其采取限制措施，从而使中俄木材贸易受到影响。尽管如此，中国从俄罗斯进口木材的贸易额还是呈逐年增长的趋势。如果俄罗斯能够提高供给能力，中国市场需求规模和购买能力将进一步扩大提高。

再次，大型工程建筑机械产品的需求。中国在未来的一段时间内，由于基础设施的建设，对大型电站的设备和大型工程建筑机械也将保持着相当大的需求。俄罗斯在一些大型工程机械出口方面具有很大的优势和能力，因此，双方在这一领域的合作前景也是可观的。

最后，技术产品的需求。俄罗斯在技术领域有着得天独厚的优势，俄罗斯的技术目前在世界上还是处于领先的水平。而中国在生物技术、材料技术、核工业技术、航空航天技术等方面对俄罗斯都有着强烈的需求。因此，中俄之间的技术贸易潜力也是非常大的，中俄两国在技术领域的合作前景十分广阔。

四、经济利益因素是中俄区域经济合作的动力条件

中俄发展两国关系有着共同的经济利益基础。两个大国毗邻，都致力于经济建设和社会复兴，彼此都需要相互理解、同情和支持，都希望开展互利合作，促进共同发展。同时，中俄两国是当今世界经济发展较快的重要国家，中俄经济合作取得切实成效，双方必须以经济需求和经济利益为基础。目前，两国都需要有一个和平、稳定的国际环境和周边环境，分别面临着改革开放、振兴国家和提高人民生活水平的艰巨任务，都致力于国内经济建设。因此，两国在经济建设方面可以相互促进、借鉴和合作，共谋发展。同时，两国经济互补性很强，有着巨大的经济合作的潜力。俄罗斯资源丰富、能源充足、军工强大、科技先进；中国经济发展势头强劲、产品物美价廉。能源方面更是如此，俄罗斯的油气资源十分丰富，天然气出口位居世界第一，石油出口位居世界第二。中国则是油气消费大国，有着稳定和日益扩大的油气市场，

两国在油气合作方面存在优势互补关系，而且两国国土相连，修建石油管道，扩大投资，为在俄罗斯的西伯利亚及远东地区油气资源的勘探、开发和炼制合作方面提供了有利条件。共同的经济利益为中俄两国开展区域经济合作奠定了良好的基础。

第二节　中俄区域经济合作的不利因素

在中俄区域经济合作的发展过程中，中俄两国之间不断地出现一些新的问题和困难，这些问题和矛盾归根结底还是反映了两国之间在某些方面存在着冲突和不利因素。如图 6-2：

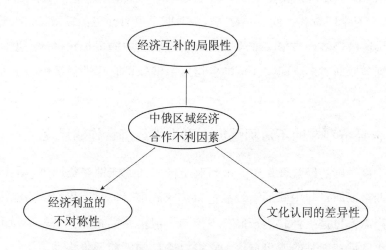

图 6-2　影响中俄区域经济合作的不利因素

一、经济互补的局限性影响着中俄经济合作的进程

中俄两国之间存在着十分明显的"经济互补性"，这一结论已成为中俄两国开展经济贸易合作的理论共识。特别是在能源领域，俄罗斯是世界上主要出口能源的国家，而中国则是世界上最大的能源消费国。两国既是近邻，又是战略协作伙伴关系，理应在能源领域合作得非常顺利，然而事实上，两国

的能源合作却并非如此，在中俄之间的最大石油合作项目的能源管道建设上，就经历了反反复复十多年的博弈过程。直到 2008 年，在受到国际金融危机的冲击，俄罗斯经济资金严重短缺，中国向俄罗斯贷款 250 亿美元的情况下，两国才最终解决了俄罗斯向中国供油的问题。这说明一个问题，就是中俄两国对"经济互补性"的问题看法的角度是不同的。中国政府是从经济结构上来看中俄经济贸易之间存在的经济互补性，这是现实性及实现的可能性。可在俄罗斯方面，关于中俄经贸合作的论点却是多元的，俄罗斯并非仅从两国经济互补性的角度来认识中俄经贸合作的必要性，而是更多地强调俄罗斯国家的战略利益及其经济利益。在俄罗斯许多学者及政府官员看来，"经济的互补性"和"地缘的优势"虽起着积极作用，但也存在着消极因素。在俄罗斯社会中，"经济互补性"的提法甚至还使一部分人产生了恐慌感，他们认为中国与其合作的主要目的就是要使俄罗斯成为中国的"能源附属国"，导致这种"经济互补性"只对中国有利，从长期看，对俄罗斯是没有任何积极意义，因此，在中俄两国区域经济合作中，俄罗斯没有表现出比中国更加积极的态度，合作没有得到俄罗斯更多认同，这也是多年来中俄经济合作进程缓慢的主要原因之一。

二、经济利益的不对称性加大了中俄经济合作的难度

在中俄两国的经贸合作中，中国对于俄罗斯的能源和资源进口的需求量很大，而俄罗斯对与中国的消费品进口需求较多。但是，我们认为能源不仅是经济产品，更是一种政治产品，不能与一般消费品相比，它是一种不可再生的资源，俄罗斯是能源出口国，它可以主导国际能源价格的话语权，并可以选择其出口对象国与掌握定价的主动权。而中国作为消费品出口大国，出口的是低附加值、可替代的商品，俄罗斯具有对其进口的选择权，虽然俄罗斯对于中国商品有一定的依赖性，但却有更大的选择性。中俄两国的这种经济利益不对称，也在一定程度上影响两国经贸合作的规模。不仅如此，俄罗斯推行以保障经济利益为重点的对外战略，并谋求国家战略利益的决心一直没有动摇过，所以，中俄两国经贸合作与政治上的伙伴关系呈现一种非成正比的发展。在俄罗斯与中国进行区域经济合作过程中，俄罗斯拥有更多的话

语权，这无疑加大了合作的难度。

众所周知，经济利益是推动经济合作的重要动力。目前中俄双方的经济实力有了显著的增长。在市场经济条件下，推动中俄经济合作的主要动因就是经济利益动因。务实性也是市场经济的主要特点。两国无论在能源合作还是在其他领域合作都必须建立在经济的基础上，也就是市场的基础上。因此，中俄经济合作要想进一步发展，必须在市场经济互惠互利的原则基础上，寻求中俄之间的利益交汇点。中国应该更多地思考在市场经济条件下如何发展中俄之间的经济合作战略。

三、文化认同的差异性影响中俄经济合作的效果

认同的含义一是"认为跟自己有共同之处而感到亲切"，比如民族认同、国家认同、文化认同等；二是表示"承认；认可"，还有一种用法是表示"个体对某一群体(共同体)的归属感"以及"主体与一个客观对象之间情感上的联系"。认同对国家间合作的影响有着极其重要的作用。中俄两国有着各自不同的历史文化积淀，各自具有特色的社会制度和价值观念，虽然两国在政治、经济、文化方面的交往日益加深，但在长期的合作中也暴露出在文化观念、合作认同上的差异和对立。

(一)俄罗斯文化的基本精神

文化的基本精神是一个国家文化中处于核心地位并起主动作用的思想观念，它对一个国家发展道路的选择和影响是长期的、潜移默化的，它是支撑国家外交政策的基础。俄罗斯民族是一个伟大的民族，俄罗斯独特的自然环境和地理位置、社会历史条件决定了她具有东西方文化的双重性及感性化的民族个性。这种文化的特点是一种介于东方文化与西方文化之间的独立的文化类型，即东正教文化。它的主要特征是兼具东西方文化的特征，具有集体主义、强烈的宗教意识和由此产生的善良、诚实、忍耐等精神，同时，它又推崇个性自由，为追求新事物，不惜否定旧有的一切，有着强烈的独立意志和对自由的热爱，所以，俄罗斯文化处处充满了矛盾，费人猜详。俄罗斯文化与俄罗斯民族性格有着密切的联系。俄罗斯领土辽阔，横跨亚欧大陆，其广大的地域将东方与西方连接起来，使俄罗斯的文化既受西方文化的影响，

又受东方文化的影响，这种欧亚文明相互融合、相互碰撞，造就了俄罗斯民族性格的矛盾性、复杂性和两面性，即俄罗斯是一个好客而又豪放的民族，热情、慷慨，但有时又表现得冷峻、固执、倔强。这种矛盾性格或双重人格，是在俄罗斯横跨欧亚两洲特定的历史文化环境中逐渐新形成的。尤其欧洲对俄罗斯的影响一直是俄罗斯发展中的一个重要的因素。俄罗斯的强大和实现世界强国的梦想需要依托欧洲，这是俄罗斯一贯的选择。早在 17 世纪初俄罗斯就开始了追赶欧洲的改革，极力地向世界证明"俄国是一个欧洲大国"，直到 1917 年的十月革命前，俄罗斯一直是在不断追赶和超越欧洲，并按照欧洲的面貌改造自己。戈尔巴乔夫的改革和叶利钦的改革都是要回归西方文明，包括进入 21 世纪后，普京总统执政以来，也是认为俄罗斯的目标是要成为欧洲大国，强调俄罗斯是一个"欧洲文明国家"。俄罗斯整个社会也都处于一种崇尚欧洲和西方文化的背景之下。俄罗斯科学院远东分院在 2003 年对远东居民做过一次社会调查，调查结果显示了俄罗斯民族内心中深深的欧洲和西方的文化情结。尽管远东居民远离欧洲中心，居住在亚洲，但是他们最喜欢的国家还是美国、法国、德国等西方和欧洲国家。而对近邻的中国和朝鲜喜爱程度有限。这从侧面说明俄罗斯人对欧洲和西方文化的认同感远远高于对东方文明的认同。同时，俄罗斯还具有强烈的民族优越感和安全利益至上的民族特性。回顾俄罗斯的历史，从 15 世纪末莫斯科公国打败鞑靼人，到仅靠几百个哥萨克人于 1581 年至 1639 年短短半个世纪的时间里，就使沙皇俄国的领土从欧洲扩大到了太平洋沿岸，到 1812 年亚历山大一世的军队攻进巴黎，再到 19 世纪，俄国通过与清廷签订不平等条约在远东割占了中国 100 多万平方公里的领土，直到第二次世界大战中苏联军队攻下柏林，这些战争的胜利使俄罗斯和苏联一度成为疆土辽阔的世界强国，这也强化了俄罗斯民族的优越感。另外，俄罗斯民族是一个笃信宗教的民族，神本意识成为俄罗斯文化的主要内容。这种神本意识孕育着俄罗斯文化的使命感和救世精神，它强调俄罗斯民族在人类生活中占有特殊的历史地位，肩负着上帝赋予的拯救人类的特殊使命，可以说，俄罗斯的民族优越感来自它所固有的"神选民族"和担负"救世"使命的宗教优越感。同时，俄罗斯民族是在厮杀拼搏中成长起来的民族，在俄罗斯民族的内心深处，对周边国家怀有强烈的敌意和警戒心。它会担心一旦放松警惕，就可能会遭遇周围国家的突然进攻，使自己遭受覆灭的命运。因此，俄罗斯政府历来对周边国家始终保持着警惕和戒惧。再有，俄罗斯那种缺乏中庸、强调对立的文化精神决定了俄罗斯的民族性格具有一种互相矛盾的极端性。这种极端性决定了俄罗斯民族的行为方式是非此即彼，体现了俄罗斯民族非常鲜明的性格。还有，俄罗斯恶劣的自然条件和严酷的地缘条件造就了俄罗斯人民坚忍顽强的意志和高度节制、忍耐的精神。因为俄罗斯地处严寒地带，恶劣的自然条件使得俄罗斯人民为了生存不得不团结协作、互相帮助地去劳动和工作，这种精神滋养了俄罗斯人强烈的爱国主义精神和民族的凝聚力。与爱国主义精神紧密相连的是俄罗斯对国家的认同和服从。国家的利益在俄罗斯人民心中高于家庭和个人的利益。

总之，俄罗斯的文化精神深刻影响着俄罗斯的外交理念，也制约俄罗斯对外政策的制定和实施，俄罗斯对外政策的多变善变与俄罗斯文化精神滋养下的民族性格不无联系。

（二）中华民族的文化传统及其价值观念

五千年的灿烂文化和悠久历史造就的中华民族是一个爱好和平、追求和谐的民族。自秦汉以来两千多年的历史之中，中国一直是一个自给自足、保守内敛的国家。直到一百多年前，当西方的坚船大炮无情地击碎了天朝大国的梦想，中国陷入了痛苦和困惑的境地。五四运动之后经过长期艰苦的探索和反思，中国人民选择了马克思主义，并以此为指导思想，取得了中国革命的伟大胜利，建立了新中国。新中国成立到改革开放前，中国一直以一个另类的身份与国际体系互动。改革开放后，中国开始重新思考和审视自我，开始主动地与国际社会进行全方位的交流，并决定以经济建设为中心，进行具有中国特色的社会主义建设。40多年的改革开放，使中国逐渐融入了国际社会中，并在国际合作和人类的和平事业中发挥着越来越重要的作用。由于几千年的农耕文化造就了中华民族的保守性格以及追求稳定的价值取向，安贫乐道成为中华民族美德的象征。因此，中华民族是一个希望构建一个人与人、人与自然、人与社会和谐相处、共同繁荣的世界，并一直真诚地希望为世界和平与繁荣做出贡献。中国的传统文化价值观念决定了中国选择了和平发展的道路。中国一再用行动和实践证明，中国的发展不会威胁任何国家，而且也强调要对国际社会承担共同责任，要将本国利益与其他国家的利益联系在一起。总之，中国坚持与邻为善、以邻为伴的方针，在维护地区和平、促进共同发展中发挥了重要作用。

(三)中俄两国对自身的定位不同

这些年来，中国一直视俄罗斯为兄弟般的友国，长期满怀热情地与俄罗斯发展合作关系。但俄罗斯却始终将自己定位为西方国家。叶利钦在其执政初期实行的是"一边倒"的亲西方外交战略。俄罗斯大多数民众也都向往着西方，俄政府也渴望全面融入西方阵营。另一方面，美国通过军事、政治行动，消除了俄罗斯在中东和东欧地区的影响力，并进而形成遏制。在这种情况下，普京政府意识到，过分偏向西方的政策不符合俄罗斯国家的长远利益，必须重视东方尤其是亚太国家的合作。目前，俄罗斯已调整了其外交政策，追求多极化、保持俄罗斯在世界上涉及其利益的地区强权地位，同时坚持独立自主、务实主义和经济效率的本国的外交原则，并将国家利益作为外交核心，积极融入世界经济，特别是融入亚太地区，实行"双头鹰"战略，俄罗斯极力平衡亚洲和欧洲，率先与中国等亚洲大国展开合作。

(四)中俄文化和观念认同的差异对中俄经济合作的影响

中国的儒家文化与俄罗斯的欧亚文化虽然有许多的共同之处，但也有明显的差异，而且我们也认识到中俄之间合作存在的一些问题与文化和观念认同的差异与缺失有着十分密切的关系。首先，中国儒家文化与俄罗斯东正教文明是世界文明体系中的两个部分。中国的儒家文化崇尚集体利益，注重自身修养，主张秩序和服从，中国在对外交往的理念中强调中庸之道，谋求王道，从不谋求霸主地位，中国声明永不称霸。而俄罗斯则与中国不同，特别是随着其国力不断提升，俄罗斯的民族主义和大国主义有所抬头，两国在追求世界秩序目标中存在着理念上的差异。俄罗斯主流意识希望俄罗斯成为世界一流强国，希望俄罗斯成为多极世界中具有影响力的一极。面对中国的迅速发展和崛起，俄罗斯国内的一些政客和学者感到十分不适应和担忧，他们视中国为俄罗斯潜在的最大威胁和竞争对手，在一定程度上影响了中俄两国经济合作的正常发展。其次，由于俄罗斯具有强烈的民族优越感，传统上崇尚武力。近年来，俄罗斯经济、军事等硬实力的增强，使其不惜使用强硬手段来处理国家间的问题与纠纷。这样的做法也会给地缘十分接近的中俄两国的关系造成更大的挑战。例如，在中国与中亚国家的合作问题上，俄罗斯就不愿意中国过多渗入它的这一传统势力范围。中亚是俄罗斯传统政治和经济利益地区，而中国作为中亚邻国和资源需求大国，非常希望与中亚国家开展资源开发等领域的经济合作，中亚国家也是希望扩大与中国的合作。但在俄罗斯的眼中，中亚和中国的经济合作明显是要从俄罗斯的利益中"分羹"，导致俄罗斯对在上海合作组织框架内的区域经济合作的态度不是很积极。中俄在中亚问题上的不同思路会使得矛盾产生，所以，我们要未雨绸缪，以防患于未然。再有，这种不和谐因素的原因，固然有彼此文化传统、国情差异等因素，还有两国媒体报道的片面也是不容忽视的问题。俄罗斯在宣传中国时，往往使用来自西方对中国的消息的报道。双方对各自国家形象的认识是浅层次的，中苏友好时期形成的友谊和发展的文化资源在渐渐地消失，这就让双方民众没有文化认同，两国民众对彼此的认识明显落后于现实。很多俄罗斯人在追求亚洲时尚之余，并不熟悉有着数千年历史的中国文化，而很多的中国人对俄罗斯的印象依然停留在 20 世纪 50 年代的苏联时代。文化认同的差异会导致两国对很多的问题的看法和观点发生分歧，从而成为区域经济合作一种无形但巨大的障碍。

综上所述，中俄两国的文化上差异决定了中俄两国之间的合作一方面易于相互沟通、理解和产生共鸣，另一方面，也存在着走向另一个极端的倾向，如果处理不当，很容易适得其反。因此，在与俄罗斯交往合作中，中国应善于灵活运用外交艺术和策略，把握时机，寻求共同利益，加强双方合作，推动两国共同发展壮大。

第三节　影响中俄在东北亚地区经济合作发展的综合性因素

东北亚地区在国际和地区舞台上占据着重要地位。东北亚地区包括中国、俄罗斯、朝鲜、蒙古、韩国、日本六个国家，人口占全球人口 23%。近年来，东北亚地区经济发展迅速，区域内各类资源丰富、市场规模广阔，国家间经济互补性较强，彼此之间的依存度显著加强，东北亚区域内国家间各类产业人才丰富，具备开展深层次合作开放的潜力和可能。当前东北亚局势相对缓和，以及中国国际贸易营商环境的改善等利好因素，为中国东北地区与俄罗斯远东地区的经贸合作提供了新的发展机遇。

一、东北亚区域经济一体化迅速发展

近年来，逆全球化和贸易保护主义浪潮盛行，世界经济面临下行压力，在此背景之下，以中日韩为核心的东北亚各国坚定维护开放型世界经济、反对贸易保护主义，抱团取暖，寻求合作，东北亚区域经济合作有了新进展。首先，2019 年 11 月 4 日，区域全面经济伙伴关系协定 15 方成员国已结束全部 20 个章节的谈判及实质上所有的市场准入问题的谈判，成为世界上最大的自贸区。其次，中日韩 FTA 谈判进程加快，2019 年 4 月，中日韩 FTA 第十五轮谈判在日本举行，这也是三方达成全面提速共识后的首次谈判，三方就货物贸易、服务贸易、投资、规则等重要议题深入交换意见，取得积极进展。最后"中日韩+X"合作进一步推进，2019 年 8 月 21 日，第九次中日韩外长会在北京举行，三国领导人进一步深化和拓展"中日韩+X"合作，在可持续经济、生态环保、人文交流等领域探索合作新模式。

二、东北亚区域内各国经济互补性强

从历史上看，东北亚区域各个经济体之间无论是民间交往还是政府官方合作都存在着很强的互补性。由于东北亚区域的中日韩三国的阶梯式发展，促成了制造业、技术、信息等劳动密集型、技术密集型产业的相互转移。日本在资本、尖端技术、工业制成品、国际化的管理经验可以为东北亚其他各国提供技术支持和资金投资。韩国在资本和中间材料的生产上有着较强的优势，在可移动设备和产业技术上也跻身了世界前列。日韩两国在原材料和劳动力及农产品方面与中国、俄罗斯、蒙古、朝鲜在原材料方面可以形成互补，可以就近出口，缩短运输成本。

三、东北亚地区交通网络基本构建

当前，东北亚地区相关国家正在积极谋求更深层的合作。随着东北亚各国之间经济的迅速发展，区域内贸易的激增，建立陆路交通网络的需求与日俱增。东北亚地区的海运交通最为完善。目前，已开设莫斯科—北京—平壤、满洲里—后贝尔加斯克（俄）国际铁路运输；珲春—扎鲁比诺（俄）公路、珲春—罗津港（朝）公路；扎鲁比诺（俄）、波谢特（俄）、罗津（朝）—束草（韩）、釜山（韩）、秋田（日）、新潟（日）等13条国际海上运输通道。在航空运输方面，开设中国东北三省诸多城市到东北亚区域各国的主要城市之间的航班。全球25家大型航空公司中，共有8家集中在东北亚区域内，其中韩国仁川机场，日本成田机场、新东京机场，中国长春龙嘉机场均可成为东北亚区域的经济合作提供航空服务。

四、东北亚地区地缘经济价值逐渐凸显

长期以来，朝鲜半岛紧张的安全局势使国际社会忽视了朝鲜具有的巨大地缘经济价值。朝鲜拥有丰富的矿产资源，其官方数据显示，已探明矿种达300多种，其中具有产业价值的达200余种，部分矿物储量相当丰富。朝鲜的矿产资源主要包括可燃性矿及黑色金属、有色金属、非金属矿。朝鲜的水产资源和森林资源同样储量丰富，旅游资源也极具开发价值。此外，朝鲜的地缘经济价值还体现在该国已经成为构建欧亚大陆桥的关键节点，2018年12月，韩国和朝鲜完成了为期16天、行程2千多公里的韩朝跨境铁路联合考察，在条件成熟的情况下，朝鲜半岛一旦贯通并连接俄罗斯西伯利亚大铁路，将打通连接太平洋与大西洋的陆上交通走廊，并在沿线形成经济发展带，同时朝韩铁路的贯通也将推动朝鲜半岛的管道运输和电力运输的发展。在朝鲜半岛局局势转缓的背景下，经济因素将成为进一步调节地区局势的重要手段，朝鲜所拥有的地缘和资源优势可以借此得到有效的开发和利用，区域经济合作将逐渐发展起来，东北亚地区的国际关系也将在各国的经济交往中得到进一步改善，朝鲜半岛的地缘经济价值将逐渐凸显。

五、东北亚地区拥有的区域经济合作平台日益成熟

1992 年联合国开发计划署推出了"图们江区域开发计划"("大图们倡议"),这是至今为止东北亚地区唯一一个政府间多边区域经济合作项目。在其框架下中、俄、韩、朝、蒙五国在经贸、交通运输、旅游和环保等领域的合作已经取得了一定成就,建立了多边合作机制和法律保障基础。此外,东北亚各国在不同时期都曾提出过基于本国的东北亚区域经济合作方案:日本于 20 世纪 60 年代就提出了"环日本海经济圈"的亚太经济合作构想;俄罗斯在苏联时期一直推动远东地区的发展,随着近年来国家战略的东移,俄罗斯通过"东部大开发"和"北方海航开发"融入亚太经济的战略意图愈加明显;韩国从金大中执政时期的"阳光政策",到朴槿惠执政时期的"欧亚倡议",再到文在寅政府提出的"新北方政策""朝鲜半岛新经济地图",都体现出韩国希望通过发展东北亚区域经济合作,扩大韩国的对外贸易,带动朝鲜进行开放,消除朝鲜半岛紧张局势的发展目标;2014 年蒙古国借地缘优势提出"草原之路"的发展战略,希望通过对接"一带一路"和参与"中蒙俄经济走廊"建设加快推动蒙古国融入亚太经济圈,2017 年蒙古国将"草原之路"发展战略升级为"发展之路";中国对于发展东北亚区域经济合作非常重视,积极参与和推动联合国开发计划署框架下的图们江区域开发,并结合自身发展需要提出了"振兴东北老工业基地""长吉图开发开放先导区""黑龙江和内蒙古东北部地区沿边开发开放规划"等面向东北亚的区域发展战略。在东北亚区域内中国与其他国家保持着非常良好的经济合作关系,已经形成中国东北地区和俄远东地区发展的联动,中俄共建"冰上丝绸之路"已提上两国的合作日程,中韩自贸区已经建立,中日韩三国的自贸区亦在推进,中俄日韩四国陆海联运航线已经运营,中蒙俄经济走廊建设已经取得初步成效。长期以来,在东北亚区域内从来不缺乏双边区域经济合作的平台。

六、东北亚多边区域经济合作态势明显增强

随着朝鲜半岛局势的逐渐好转,东北亚区域地缘政治和安全格局面临着重大的调整,以朝鲜为合作对象的双边经济合作态势和以欧亚经济一体化为

目标的多边区域经济合作态势明显增强。自 2018 年初朝韩政府开始接触以来,韩国方面对发展双边经济合作表现出极大的热忱,提出"朝鲜半岛新经济地图"计划在朝鲜半岛打造三条呈 H 型的经济带,分别为西海岸经济带(木浦—仁川—开城—海州—新义洲—大连)和东海岸经济带[釜山—浦项—雪岳山—元山—罗津先锋—符拉迪沃斯托克(海参崴)]以及中部经济带(仁川—江陵—咸兴)。新经济地图涵盖了朝鲜半岛的电力基础设施建设、韩朝铁路和公路的连通,以及朝鲜半岛西海岸经济带建设等规划设想。其远景目标一是贯通朝鲜半岛的交通和经济联系,并将其延伸至中国东北和俄罗斯远东地区,甚至是欧洲和中亚地区;二是改善朝鲜的基础设施和投资环境,打造朝鲜半岛为新的国际区域经济增长点。韩朝双方已经完成朝鲜境内铁路的联合考察,在经贸等多领域展开频繁的互动。同时,朝鲜由于受到多年的制裁,迫切需要发展经济以巩固政权和改善人民的生活水平。朝鲜在资金、技术、设备和管理经验方面的欠缺,单靠本国力量是无法填补的,一定程度上需要外界的参与及合作,其周边的中、韩、俄等国家将成为朝鲜对外经济合作的重点关注对象,这将有利于推动与东北亚国家间的经济合作。

由此可见,在朝鲜半岛局势转圜的背景下,东北亚国家开始重拾发展多边区域经济合作及推进区域经济一体化的希望,并纷纷开始设计本国的设想和规划。中日韩三国多年来未能取得突破性进展的跨欧亚陆上通道建设设想也开始以全新的方式和途径付诸实施,朝鲜逐渐被纳入其中。正是东北亚国家的这些行动逐渐形成了朝鲜半岛局势缓慢调整下的多边区域经济合作的暗流。但是东北亚区域掺杂着众多历史遗留、国际关系和全球安全等重大敏感问题,特别是朝鲜半岛问题是冷战时期东西方对峙的产物,并在后冷战时代变得更加尖锐和复杂,东北亚区域经济合作非常依赖于稳定和安全的区域环境,当前东北亚区域经济合作依然面临着一些需要克服的制约因素。

第四节 制约中俄经济合作的深层次因素分析

一、中国与东北亚各国开展区域经济合作不均衡

中国与东北亚各国积极开展区域经济合作是中国对外的重要战略。从目前来看，中国与东南周边东盟国家的区域经济合作发展水平明显高于北边的中国与俄罗斯和其他中亚国家的区域经济合作水平。首先从从经济结构互补性方面看，中国与俄罗斯、中亚等国之间存在着十分明显的互补性，其经济合作的潜力十分巨大，而中国与东盟各国之间虽然在以制造业为主的经济结构中存在一种竞争性，然而区域经济合作水平却高于中俄及中亚各国的区域经济合作水平。其次，政治方面，2010 年，中国与东盟实现了自由贸易区，而上合组织框架下的中俄、中亚区域经济合作还处于初级阶段。令人困惑的是，从政治互信水平上看，中俄建立了战略伙伴关系，还成功地解决了历史遗留下来的边界问题。而中国与东盟的相关国家经济发展水平参差不齐、社会结构差异巨大，还存在领土、领海的争端问题，从长远发展看政治上还存在着隐患和障碍，但是中国与东盟各国还是在经济合作领域迈出的步子更大一些，其中重要的一个原因就是东盟强调共识和协商，强调包容和求同存异的东方国家的人文理念，通过反复协商达成共识来约束参与各方，形成了一种包含东方智慧的模式。而中俄两国的区域经济合作还难以寻求统一的合作理念，这在很大程度上削弱了中俄区域经济合作的凝聚力。

二、中俄经济合作受到东北亚地缘安全环境的制约

中俄区域经济合作的进程缓慢与东北亚地缘安全环境有着很大的关系。东北亚区域经济合作从 20 世纪 90 年代起至今已有 30 多年时间，始终没有太大起色，常常被人视为是一种开发失败的典型。虽然近些年来，随着长吉图开发开放先导区建成和俄罗斯远东地区开发战略的实施，使东北亚区域经济合作形势发生了一些积极的变化，但与预期设定的目标差距还是很远。同时，

这一地区由于历史纠葛、二战及冷战遗留的问题以及现实存在的各种利益冲突成为引发争端与冲突的隐患。东北亚地区一直未能摆脱冷战格局的影响，强烈的民族主义倾向使过去与现在的矛盾和竞争关系不易解决。这一地区的军事紧张程度并未放松，大国实力消长与相互关系的不稳定性可能引发冲突或战争，直接影响本地区的和平与稳定。特别是各国领土争端问题错综复杂，国家间缺乏应有的互信，政治关系不和谐。另外，东北亚地区局势不稳定、存在不确定因素是制约这一地区经济合作的主要因素。区域安全受到影响使东北亚区域经济合作的道路会十分漫长。俄罗斯虽也表示希望参与东北亚区域经济合作，但在事实上又欠缺一种开放的思想，在与中、日、韩等邻国合作的时候，总是担心自己会成为这些国家的原料供应国，不能在追求本国利益的同时，也照顾到邻国的利益，不能真正融入东北亚乃至中俄两国之间的区域经济合作中来。

三、中俄垂直型双边合作遭遇互信缺失弱化了互补性优势

中国与俄罗斯处于不同经济发展阶段，两国在产业结构和要素禀赋上存在着很大的差异性，具有明显的互补性，其中，中俄两国之间优势互补性最大的三个领域即能源合作、人力资源合作、军事武器装备和技术合作领域，但是这些领域恰恰是问题最多、合作最不令人满意的领域。

从能源合作领域看，俄罗斯是世界上最大能源出口国，中国是最大能源进口国，中俄两国又是近邻，两国能源合作有着天然的优势，但事实上，中俄两国的能源合作可谓是一波三折，为解决原油管道铺设问题，经历长达十余年的三个国家的博弈过程，反反复复，进展缓慢，最终还是在国际金融危机的冲击下，才得到突破性的进展。

从人力资源领域看，俄罗斯地大物博，但其人口稀少，特别是俄罗斯远东地区和西伯利亚地区地广人稀，劳动力资源严重匮乏，并已成为制约俄罗斯东部地区经济发展的障碍。而最近邻国的中国劳动力资源非常丰富，如果两国能够在劳务合作领域开展合作，前景是十分广阔的。但是事实上，正是由于两国这种强烈的优势互补，却被俄罗斯视为是一种巨大的威胁。因此，这种劳动力资源的巨大互补性至今没有转化为现实，反而作为一种劣势制约

着两国的合作。

从军事武器和技术合作方面看，俄罗斯是世界重要的军事武器出口国，由于中国面临西方武器的禁运，俄罗斯一直是中国武器进口的主要来源。中国有需求，而俄罗斯也具有供给能力和客观的商业利益，但双方在该领域合作中也不是非常顺畅，常常伴有一些摩擦。

总之，俄罗斯作为原料供应地而导致原材料工业发展较快，重工业产品严重依赖出口，而加工工业滞后，轻工业产品严重依赖进口。中国经过改革开放40多年的高速发展，已形成比较完整的工业体系，特别是劳动密集型加工制造业发展较快，被誉为"世界工厂"，其产品遍布世界。可这也导致中国资源短缺、能源制约等问题日益尖锐起来。中俄两国经济产业结构的互补性十分明显，但是，我们也必须看到这种经济互补性还是一种低层次垂直型的简单的互补，建立在这种低层次经济互补性基础上的经济合作也必然是一种低层次的水平，进展也不顺利。主要原因是：一方面，由于中国对俄罗斯能源产品具有强烈需求，这种需求具有刚性，而俄罗斯从中国进口的产品主要是轻工产品，这种需求具有很强的替代性，所以，俄罗斯出口与中国进口贸易吻合度大于中国出口与俄罗斯进口的贸易吻合度，这也决定了在中俄垂直型合作中俄罗斯拥有更多的话语权和占据主导地位。另一方面，中国在世界的影响力不断扩大，俄罗斯对中国的快速发展的心态变得十分复杂，它既希望从快速发展的中国得到帮助，又担心成为中国的"经济附庸"，害怕中国的崛起会给自己带来伤害。虽然中俄是战略协作伙伴关系，但中俄之间同时也存在着竞争因素。因此，俄罗斯始终用警惕的目光审视和看待中俄两国的区域经济合作，对加强两国合作的态度也是务虚多于务实。这种合作互信的缺失弱化了两国的互补优势，使两国开展经济合作受到制约和影响。

综上所述，我们分析了与俄罗斯开展区域经济合作的有利因素与不利因素，并且重点分析了不利因素及影响相互合作的一些深层次原因，这对于我们认清困难、科学制定对俄合作的对策是十分有帮助的。我们发现，有利因素是基础性的，是一种现实的可能性，而不利因素大多为主观因素，是可以改变的因素。因此，从这个意义上讲，中俄之间的区域经济合作的机遇是大于困难的。中俄两国合作的深层次的矛盾和困惑说明两国的经济合作不会一帆风顺，只能是曲折发展。我们更要扎实工作，循序渐进，不盲目乐观和悲观，要制定科学长期的合作发展战略和策略，推动中俄区域经济合作进入更新的阶段。

第七章　推进中俄经济合作的路径和模式构建

中俄两国凭借着地缘优势建立了密切的经贸合作关系，随着中国东北地区振兴和俄罗斯东部大开发战略的实施，以及"一带一路"倡议的实现，东北亚区域内的中俄两国的经济合作已成为不可阻挡的发展趋势，如何在更深层次和更广泛领域参与区域经济合作，如何寻找和建立中俄经济合作的路径和新模式，真正发挥两国地缘战略及经济互补优势成为急需解决的问题。

第一节　中俄经济合作的路径选择

从中俄两国经济合作发展的现实水平来看，中俄经济合作正处在一个上升发展时期，在这个阶段双方合作主要任务和目标是排除贸易合作障碍，增强互信，消除各种关税和非关税壁垒，促进贸易和投资的便利化，为中俄两国的长远合作创造一个良好的外部环境。因此，根据目前状况，中俄经济合作要采取以政府引导、市场主导、制度安排、合作认同，最终形成两国长期互利合作的现实路径。这一路径的选择主要是由中俄两国经济发展水平、利益和意愿等因素所决定。

一、增强中俄两国地方政府的合作引导

中俄地方政府是中俄经济合作的推动者，中俄两国地方政府应遵循共商共建共享的原则，尊重两国企业意愿，积极探索双方合作模式，构建各类合

作方案和工作机制，使中俄两国企业市场合作可以有序展开。同时，加快建立并维护中俄双方经济合作的长效机制，并建立相关机制执行机构，确保合作的制度的定期交流，推动建立覆盖政府、企业、金融机构、商会、智库、使领馆"六位一体"的工作对接机制，共享政府出台的优惠政策、相关法律、项目等合作信息，突出重点工作，完善合作信息库，确定中俄两国合作的重点区域和领域，通过政府引导，搭建各种营商平台，促使中俄两国经济合作顺利开展。另外，政府要充分发挥金融、政策、资金的指引支持力度，为中俄双方开展经济合作提供融资支撑，推动各种项目向高标准、高质量、可持续的方向发展。同时，利用地方政府和城市之间的建立的友好合作关系，例如吉林省长春市与俄远东的符拉迪沃斯托克市（海参崴）是友好城市，两市建立了良好的合作意向和定期会晤机制。两个地区政府形成的定期会晤制度对于有效扩大两地贸易和推进地区间的合作项目的实施起着推动作用。特别是在"一带一路"倡议背景下，两个地区政府加强了组织与协调，有助于推进吉林省与俄远东地区合作的进度，发挥了两个地区合作机制在人才、资金、技术和资源等方面的整合功能。同时，也加快了两地区间重大合作项目的落实，解决了两个地区政府在合作中缺乏协调和效率低下等问题。

二、推进中俄企业合作的市场主导

中俄两国间的经济利益将是影响双边关系的最重要因素，市场力量应始终是推动区域经济合作发展的基础性和关键性的因素。市场力量的主体是企业，而企业自身也要遵循市场规律，掌握市场信息，转变观念和经营机制，充分利用政府提供的各种资源，提高自身综合实力，积极主动参与到中俄区域经济合作中来。

首先，企业要转变对俄合作的理念，建立战略性发展意识。理念决定成败，理念决定效果。对俄合作必须要转变原有合作理念，不在理念和指导思想上做根本性的调整，我们就难以适应俄方逐渐规范市场的根本性变化。要强化以质取胜的理念。质量是决定对俄合作能走多远的关键因素。只有依托提升贸易质量，取信于俄罗斯市场，对俄经贸合作才能从目前"危机"中走出来。我们不能再重蹈20世纪90年代初期中俄边境贸易秩序混乱无序的覆辙。

同时，还要强化依法经营的理念。目前，中方企业必须转变经营理念，认清"灰色贸易"的短期利益的弊端，认清规范贸易不仅有利于开展长期合作，更有利于降低经营风险。只有依法经营，摒弃不合法的传统贸易，树立文明经商形象，不做损人、坑人的不文明之事，不偷税、漏税、行小贿得便宜，对俄贸易和投资才能有望摆脱困境，实现恢复性增长。此外，还要强化循序渐进的理念。对俄区域经济合作要有紧迫感，但又不能急功近利。要脚踏实地，遵规守矩，扎扎实实去做好每一个项目，使中俄双方都能在每次业务中获得共同利益。否则，既可能增大风险，也可能做出不守规则规范的事情，不利于长远的合作和发展。最重要的是要强化通力协作的理念。目前对俄经济合作已不仅仅局限于边境地区的双方合作，中俄区域经济合作的范围已扩展到更广泛的地域和领域。因此，边境省区的对俄合作企业，既要同省区内的企业搞好合作，也要与国内其他省区企业联手对俄合作。这个问题如果解决不好，不但会给企业造成损失，也会给俄方可趁机会，甚至损己利人。要引导我国对俄合作企业形成团结互助的合作意识、团队意识和大局意识，不能搞彼此明争暗斗、不择手段的"恶性竞争"。一致对外，"抱团取暖"，才是深化对俄合作，追求利益最大化的最好选择。

其次，企业要实施集团化发展，提高企业的综合实力和竞争力。中国在进行经济体制转轨的过程中，许多的国有企业逐渐退出市场，而民营企业和个体企业异军突起，尤其是在中俄区域经济合作中表现更为明显。但是我们也看到，参与对俄罗斯经济合作的企业规模较小，实力不强的问题十分突出，难以形成规模化投资。在俄市场的激烈竞争中，中国的企业往往没有优势，在与欧美、日韩等国竞争中，很难在俄市场中获得一席之位。因此，企业在有效利用政府扶持的同时，也要通过股份制、大企业调整重组来实现企业的股权多元化，将企业做大做强，应加快培育具有国际竞争力的企业主体，形成适应中俄区域经济合作的企业集团化。目前中国与俄罗斯开展区域经济合作的大项目多为能源、农业等领域的项目，例如中俄油气管线支线建设等多为国有及大型企业承担，缺乏民间社会资本的参与，这些因素成了制约中国企业开拓俄罗斯市场的"软肋"。长此以往，就会逐渐失去俄罗斯市场，很难使中俄区域经济合作的道路走得更远。

最后，企业要加强沟通与合作，树立互利互赢的精神。中俄两国的企业在开展经济合作的过程中，缺乏对对方国家整体的认识，加上没有正规渠道获取信息，盲目投资和合作，缺少必要的沟通，导致中俄两国合作之间经常会产生大量的纠纷。纠纷发生后，又没有合适的解决机制，纠纷难以得到有效解决，使中俄两国的企业都背上沉重的经济负担和风险，在一定程度上，影响双方企业的进一步的贸易和投资，双方对合作产生消极态度，最终造成中俄企业对合作失去信心并达不成双方的合作意愿和认同。因此，中俄两国企业要避免盲目投资带来的经济损失，积极沟通与合作，建立互利共赢的合作理念，才能形成良好的合作态势。

三、加强中俄双边合作的制度安排

制度安排对于实现国际合作具有重要意义，它可以降低交易成本、改善信息交流状况，减少不确定性，促进信任的产生，帮助国与国之间形成关于合作的稳定预期。新自由制度主义借鉴新制度经济学的研究成果，指出通过制度安排和制度创新来实现合作，可以解决市场失灵所带来的一些问题，如阻止合作的问题。同时根据本书理论综述中所分析的结论，中俄区域经济合作实际上是国家间的经济博弈，而合作博弈与非合作博弈最大的区别就在于，合作博弈具有对博弈各方都有约束力的协议，要达成有约束力的协议，就需要畅通实现博弈各方策略协调沟通的途径和渠道，通过参与方之间有效的磋商和沟通机制来实现或者说建立一种制度安排来实现。制度是多个行为体通过协商和谈判共同建构起来的社会性安排，可以表现为行政机构、法律、规范以及运行程序。一旦形成制度，参与者就要受到制度的约束。所以，制度不仅具有对行为的约束作用，而且可以减缓无序状态，有助于解决冲突、减少欺骗的可能性。更重要的是建立在规范基础上的制度一旦确立就成为行为体共享的文化，对行为具有深层次的规制作用。制度的构建不仅约束国家的行为，还有助于推动国家间的相互信任和认同。制度是实现区域经济合作的重要保障。如果没有一套公认的、共同遵循的合作制度做保障，不具有保持这一超国家机构正常运转的机制，那么合作是不能得以持续发展的。

中俄两国从 1996 年起就确立了两国高层领导人定期会晤协商制度、中俄总理定期会晤机制，中俄战略对话即中俄两国战略安全磋商机制，2005年又启动了副总理级别的磋商机制。这些机制的确立为中俄双方进行有效磋商、沟通和协调畅通了渠道和途径。这种合作机制的建立将非合作博弈演变成合作博弈，使双方能进行有效磋商、沟通和协调，给双方一个稳定的预期，避免可能的潜在的冲突。目前中俄区域经济合作还停留在功能化合作阶段，制度化程度较低。虽然中俄两国的机制构建已经形成多渠道、多层次、多领域的格局，并已经呈现出一些效果，但是这些制度还停留在松散的框架阶段，其约束力还相当有限、存在效率不高的情况，而且这些机制本身具有协商性质，没有稳定的组织保障，与世界其他地区区域经济合作相比，中俄两国还没有建立正式的地区合作机制，缺乏统一的、长远的合作规划，从而制约了中俄两国区域经济合作的质量和效率。因此，中俄区域经济合作必须依靠有效的制度安排来开展和实施，使两国合作从功能化阶段过渡到制度化阶段。例如，中俄双方可以建立起一个有效的利益平衡机制，使得合作中获益较少的国家确信暂时的获益受损可以从长期稳定的合作中获得补偿，所以，在合作的利益分配问题上，虽然存在一国绝对利益或相对利益获取的不平衡，但是出于对长期合作利益的预期，两国之间的经济合作关系仍然可以有效地维持。还应建立起具有协议约束性质的合作机制，将两国合作关系机制化、长期化，使得各方之间的利益平衡可以通过合作机制加以解决。中俄两国还需建立一个有效、规范的监督机制，以增强两国间的信任，在中俄两国文化、历史传统之间存在差别的情况下，能够相互尊重，形成优势互补，开展和谐互动的合作关系。同时，中俄两国间在沟通存在一定困难的情况下很难实现高度互动，这一点在很大程度上也是因为两国之间在信息上的缺乏和不对称。总之，制度的安排、构建与规范是实现中俄区域经济合作紧要而必要的措施，它可以使两国间的经济合作在一个相对平衡、有效、可持续的状态下运行，从而实现两国整体利益的最大化，增强两国的共同命运感，形成对制度的共同理解，产生强烈的合作认同。因此，当下中俄双方最重要、最紧迫的不是形成身份认同和共有观念，而是建立双边合作机制的共识。只有在暂时缺乏身份认同和共有观念的条件下形成合作机制，才能进一步推动身份认同和共有观念的形成，最终建立中俄双方合作的共同体。

四、深化中俄双方的合作认同

利益是合作的基础，制度是合作的重要途径，那么认同就是合作质量的保证。追求共同利益是国家间合作的根本动力，然而共同利益又包括政治利益、经济利益以及其他利益，还有无形的、有形的、现实的、未来的、短期的、长期的利益，等等。不同的国家对利益会有不同的理解。而这些是国家决定是否参与合作的重要根据。如果各国对共同利益的理解大致相同，而且确信通过彼此的政策协调可以实现共同的利益，那么双方的合作就容易达成，反之就会出现合作困难的情况。因此，国家间的正向的、积极的文化与观念的认同有利于国际合作的展开和发展，而负向的、消极的认同则可能成为合作的障碍。

目前，中俄两国之间的文化和观念的认同还存在一些问题，这也是导致双方合作进程缓慢的主要原因。但随着两国间的互动和相互依赖的加深，合作中共赢实践的证明，文化和观念的交流，规范制度的建立，中俄两国之间的共同利益的增多，就会逐步培养出相互信任和合作的良性认同，从而产生对对方可靠的预期，进而奠定合作的基础，而规范框架内的合作又反过来有助于产生新的认同和信任，最终形成一种良性的高水平的合作关系。

总之，中俄两国目前应该遵循这一合作路径，循序渐进、脚踏实地做好现实中的每一个项目，争取双方获得利益的最大化。同时，利用外部力量，以对话的方式解决问题，建立多层次、宽领域的合作机制，并促进双方观念和身份认同的建立，以此为前提最终形成中俄区域经济合作的良好发展前景。

第二节　中俄经济合作的模式构建

中俄两国毗邻地区既有发达地区又有欠发达地区，存在着"地理上的二元经济结构"，即经济发达地区与不发达地区并存的状况。经济发达的地区对不发达的地区可以产生两种效应，一种是极化效应，一种是扩散效应。在这两种效应作用下，各个地区可以形成区域经济协调发展的互动合作。中俄两国可以在区域协调发展的基础上，采用边民互市贸易、跨境经济合作区、跨境电商合作、"飞地经济"模式、建立中俄自由贸易区等，提升双方的经济合作水平。

一、中俄边民互市贸易区

边民互市贸易是指边境地区边民在我国陆路边境二十公里以内，经政府批准的开放点或指定的集市上，在不超过规定的金额或数量范围内进行的商品交换活动。

满洲里市中俄互市贸易区是 1992 年国务院国函【1992】32 号文《关于统一建立中俄满洲里—后贝加尔斯克边民互市贸易区的皮肤》批准设立的首家跨国界的国家级开发区。互市贸易区的功能为：边民贸易、金融服务、旅游观光购物、餐饮娱乐。互市贸易区实行整体封闭管理，开放经营，双方公民凭借两个政府认可的证件可随时出入。双方入口处设海关、边检等机构。

近几年，满洲里中俄互市贸易区整体发展良好，2016 年，边民互市贸易额为 8 907.5 万元，2017 年的进出口总值达到人民币 17 859.6 万元，2018 年贸易额虽有下降，但仍达到人民币 14 353.4 万元，2019 年贸易额达到人民币 15 080.3 万元。满洲里中俄互贸免税区于 2016 年 6 月 20 日进行试运营，是满洲里探索互贸区深度开放、全力推动边民贸易发展的产物。互贸免税区商品准入清单共计 679 类，经营商品类别共计 298 类，主要包括服装、鞋帽、小电器、日化用品等。

(一)满洲里中俄边民互市贸易区

满洲里中俄边民互市贸易区交易模式分为线下、线上两种方式。

1. 线下模式

线下模式主要集中在互贸免税交易大厅。俄罗斯籍自然人携带商品报关后可通过公路口岸与互贸区的专用通道进入互贸区免税交易厅。免税交易 A 厅实行运营平台统一收银模式，商品销售后在海关监管系统中核销库存。免税交易 B 厅实行商品先行卖出制，即商户先行将预销售商品向运营平台交款卖出，在实际销售过程中自行收款后核销海关监管系统中的库存，运营方按实际销售额收取 4.5% 的扣点作为服务费。所有货品在进入互贸免税区仓库直到销售自提出区均在海关全程监管下，本地边民每人每天享受 8 000 元免税商品购买额度，外地游客每人每年享受 8 000 元免税商品购买额度，在交易过程中必须刷边民卡和游客卡进行出入闸机和记录交易数据。

2. 线上模式

线上模式主要体现在开设满洲里中俄互市贸易免税区展销店。展销店是以满洲里中俄互市贸易免税区为平台，率先在呼伦贝尔全境范围内开展的品牌连锁加盟，为中国消费者搭建的商品贸易平台。满洲里市中俄互贸免税区展销店将入驻天猫、淘宝、京东等电商平台，构筑区域性垂直电商平台，以"海拉尔云仓""扎兰屯云仓""北京云仓"为仓配中心，结合满洲里中俄互贸免税区的政策优势，打造中国进口俄罗斯商品集散平台。边民持卡可在展销店线上下单，享受线上商品价格与满洲里中俄互贸免税区内免税商品价格一致的优惠政策。

（二）满洲里中俄边民互市贸易存在的问题分析

满洲里中俄边民互市贸易促进地方经济发展的同时，也暴露出一些问题：

1. 法律法规不健全

目前，满洲里中俄边民互市贸易主要根据《边民互市贸易管理办法》《内蒙古自治区边民互市贸易区管理办法》来规范，但是《边民互市贸易管理办法》自 1996 年起实施至今未做修订，已不能完全适应新的经济形势，难以满足经济发展的要求。同时，这两部管理办法均未对边民证的使用方法做出相关规定，导致税务局在监管过程中存在执法困境。各职能部门在对边民互市贸易履行监管职责时也因缺乏法律支撑，难以进行监管。另外，规定的边民互市免税额度过高，给驻区商户收购免税额度批量进行免税进口带来可乘之机。

2. 监管不到位

对于边民互市贸易的监管，需要海关、检验机构、税务等职能部门通力合作、共同协助。但在执法过程中，各职能部门缺乏有效沟通，各行其是，导致出现监管漏洞。中俄边民互市贸易统一管理平台信息共享不到位，未能实现对边民互市交易后的商品进行跟踪监管。税务部门未进入互贸免税区，对于边民的交易情况了解不透彻，掌握不全面，使得监管起来存在一定的难度，且未建立相关的大众监督机制，不能充分发挥群众监督作用。

二、中俄跨境经济合作区

跨境经济合作区是发展中国家的边境地区开展经济合作的一种模式。从地理位置上看，边境地区有某种能够促进经济发展的优势，如资源优势、生产要素优势、区位地理优势、产业合作优势等。但由于主权国家边境的存在，使其成为一种潜在的优势，而这些潜在的优势又往往得不到发挥，原因很多，例如国家之间缺乏应有的信任，社会制度、经济发展水平差距过大、体制障碍、法律环境的差异，缺乏必要的资金投入等。如果能够通过跨境经济合作将这些潜在的优势整合和发挥出来，将会极大地促进边境地区甚至是国家的经济发展。跨境经济合作区模式跟边境经济合作区模式不同的是，这种模式横跨两个相邻国家的地区，各自出部分地域面积，共同出资建设，共同进行经济合作的形式。它是对边境经济合作区模式的一种发展，是对其外延意义上的扩展。因此，跨境经济合作区是指两个接壤国家或地区在形成合作共识的基础上，在两国边境划定特殊区域，赋予该区域特殊的财政税收、投资贸易等相关政策，并对该区域进行跨境海关特殊监管，吸引人流、物流、资金流、信息流等各种生产要素在此聚集，进行区域经济合作，从而实现该区域经济的快速发展，进而通过辐射效应带动周边地区发展。跨境经济合作区是有着明确的地理范围、特殊的管理模式和优惠的区域政策，是在边境贸易、互市贸易区和边境经济合作区发展的基础上，两个接壤国家在边境地区跨境合作的体现。其发展路径为：一方面，可以依托一国边境口岸以单方规划经济合作区为起步，颁布优惠政策以吸引或鼓励对方也采取相对应的政策，通过国家间的谈判和签署协议来进行对接；另一方面，直接通过两国政策谈判、签署协议，划定边境特殊区域，实行特殊优惠政策，进行区域经济合作。但跨境经济合作区不同于自由贸易区、关税同盟、共同市场等区域经济一体化组织形式，它是在承认双方在制度、体制、政策等方面存在差异的情况下求同存异、尽可能谋求协调行动的合作形式。① 因此，跨境经济合作区初期阶段

---

① 王胜今，于潇：《图们江地区跨国经济合作研究》，长春：吉林人民出版社，2010 年版，第 16 页。

的重点是在基础设施建设和边境地区交通、通信等软硬件的整备与协调方面，随着合作发展到一定阶段，可以探讨关税减让和自由贸易的问题。跨境经济合作就是为了整合被边境分割的某种优势条件而在边境地区开展的一种经济合作方式。它是在尊重各国主权独立、领土完整和法定边界有效的基础上，承认各方有关政策和体制的差异性，通过双边或者多边的共同协作开发，形成有利于经济发展的条件和优势资源。[①] 跨境经济合作不涵盖两个以上国家的其他地区，而是仅涉及具有潜在优势资源的边境地区，因此属于地缘经济系统中的基层地域间的经济合作形式。同时，跨境经济合作中心一般需要经中央政府授权，以中央或地方政府为主体展开的灵活、机动的经济合作区域和合作框架。[②]

总之，建立跨境经济合作区是目前比较符合我国与俄罗斯开展区域经济合作的一种模式。

（一）中俄珲春—哈桑跨国边境经济合作区

中俄珲春—哈桑跨国边境经济合作区的建设包括中国珲春市和俄罗斯哈桑区南半部地理毗连的地区，各约 3 000 平方公里。它的总体开发模式是以港口为龙头，以口岸为枢纽，以线路为纽带，以腹地和城镇为基地，以物流为载体，集现代物流、出口加工、国际贸易、跨国旅游为一体的边境经济合作区。该合作区是中俄互市贸易区功能和职能的深化扩展，并借鉴了云南姐告边境贸易区的先进经验，积极争取"境内关外""海关后移"的政策支持，使其具有对内相对自由、对外具有开放性的特点，并允许第三国人员、货物自由进出，有利于吸引其他国家参与合作的功能。中俄互市贸易区是中俄珲春—哈桑跨国边境经济合作区中方一侧的特别功能区。2001 年 2 月 1 日，经国务院批准，中俄互市贸易区设立，面积 9.6 公顷，互市贸易区距中俄珲春铁路口岸 0.5 公里，中俄珲春口岸 8.7 公里。中俄互贸区于 2001 年 12 月 7 日启动试运行，2005 年 6 月 1 日转入正式运行。区内道路、通信等各种基础设施十

---

① 王胜今，于潇：《图们江地区跨国经济合作研究》，长春：吉林人民出版社，2010 年版，第 16 页。

② 王胜今，于潇：《图们江地区跨国经济合作研究》，长春：吉林人民出版社，2010 年版，第 16 页。

分完备，宾馆、公寓等服务功能较全。珲春中俄互市贸易区建立以来，有效地带动了吉林省与俄罗斯滨海边疆区的经贸往来，繁荣了两国毗邻地区的经济，提高了双方边民的生活水平，极大地丰富了哈桑区与珲春市的商品市场。随着中国图们江区域国际合作开发战略、长吉图开发开放先导区的战略实施，加上俄罗斯也开始着手实施远东大开发计划，此地区的合作条件将不断完善，中俄两国合作意愿更加强烈。另外珲春是中国通向东北亚的窗口，周边分布着俄罗斯的波西耶特、扎鲁比诺、符拉迪沃斯托克(海参崴)等众多港口，这些自然条件也为区域内进一步开展跨境经济合作提供了便利，因此，吉林珲春地区正逐渐成为中俄跨境经济合作的先行区。

总之，随着中俄两国政府推进毗邻地区合作不断深化，中国东北地区谋划的"沿海沿边"战略，黑龙江、吉林、内蒙古打造的"沿边开放先导区""长吉图开放先导区"和"口岸经济区"战略布局的形成，中俄两国的跨境经济合作会更加具有现实意义。

(二)中俄建立跨境经济合作区模式的评价

中俄跨境经济合作区的建立不仅可以实现中俄两国区域经济合作的便利化、规范化、自由化，而且是中俄两国边境贸易合作模式的进一步升级，也是"互市贸易区"时代和边境经济合作区的进一步发展。中俄跨境经济合作区是目前解决中俄区域经济合作出现的问题的最佳方式。

第一，可以缓解俄方对中方劳务人员输入的限制，俄罗斯劳动力资源相对贫乏，但它又担心外籍劳务人员过多进入俄罗斯境内工作。因此，中俄在跨境经济合作区内可以采取深圳-香港用工方式，白天中方劳务人员到俄方区域工作，晚上回到中方区域休息。这样既可以解决俄方劳动力资源"饥渴"、短缺的问题，又能够消除俄方对"中国人口扩张论"的顾虑。

第二，可以缓解中俄双方企业对投资合作的顾虑，尤其是中方企业对于在俄投资的担忧。由于俄方投资环境相对较差，政策不稳定，投资人员人身安全得不到保障，中方企业对于在俄投资顾虑较多，而在跨境经济合作区内既可方便设备、产品和人员的出入，又可以保证双方人身财产的安全。

第三，可以缓解资源进口的矛盾，促进中俄资源产业合作。中俄跨境合作可以利用双方各自优势，如中方技术、机械、劳动力，俄方的土地、厂房等进行合资建厂，中方可以将进口资源加工企业的生产环节在跨境合作区内完成，这样既可以消除俄方对原材料、资源出口的过分担忧，又可以满足中方对资源的需求，真正体现了中俄双方互利共赢的原则。

第四，有利于形成跨境产业链。中方企业可以在跨境经济合作区内将生产的半成品进行加工，与俄方共同组装成成品，由"中国制造"变成"俄罗斯制造"进行销售，这样可以规避欧美对中国家具、服装等商品的贸易壁垒。

第五，在跨境经济合作区内，可以对中俄经贸合作及管理方式进行体制和机制上的探索与实验。例如，中俄本币结算问题，可以在区内设立卢布与人民币交易所，区内区外企业都可以在此中心进行结算；中俄双方企业在跨境经济合作区内试行互免互让政策；中俄双方公民可持护照及其他有效简化证件进入跨境经济合作区；中俄双方共同成立区内管理协调委员会，探索中俄双方共同管理跨境经济合作区的运行机制等。

第六，便于集中中俄双方名优特色商品展示展销，形成商品集散中心、物流中心。中俄双方企业可在对方区域内设立商展中心，长期集中展示销售各自产品。这样可以解决由于商品产地分散、产销脱节、质量认证、售后服务、运输不便、信息不畅等多方面原因给企业带来的不便。

综上所述，建立中俄跨境经济合作区，是促进双方经贸投资合作的有效措施，它是中俄边境地区合作体制上和机制上的创新，是"互市贸易区"和"边境经济合作区"时代的进一步发展，中俄跨境经济合作区的建立可为探索扩大和提升中俄边境地区经济合作水平的新模式做出贡献，也为将来最终实现中俄边境自由贸易区的建立奠定坚实的基础。

三、中俄跨境电子商务

近年来，跨境电子商务发展越来越强劲，中俄跨境电子商务模式不仅促进了中俄双边贸易的发展，也为俄罗斯经济复苏和快速发展增添了动力。作为欧洲互联网用户总量排名第一的国家，俄罗斯有 8 300 万活跃的互联网用户，他们曾经或正在使用互联网购物，俄罗斯具有较强的发展跨境电子商务的优势。

（一）中俄跨境电商发展状况

在全球电子商务市场迅速发展的背景下，中俄跨境电商也迎来的崭新的机遇，越来越多的中国电商企业进军俄电子商务市场，极大促进了中俄双边经济合作，也促进了俄罗斯经济的快速发展。据俄罗斯电子商务企业协会（AKIT）的数据显示，2018 年俄电商市场规模高达 1.66 万亿卢布（约合 255 亿美元），创造了 59.3% 的空前增长率，并且近三年的市场平均增长率约为20%。[①] 据"eShop World"数据显示，2018 年俄电商零售额占其零售总额比重为 1.9%，而全球平均水平为 6.5%，与国际平均水平相比，俄电商零售额占零售总额的比重仍然很低。[②] 另外，据俄罗斯专家预测，到 2023 年，俄 B2C 网上交易市场将增至 2.4 万亿卢布（约合 325 亿美元）。近年来，俄罗斯积极响应并参与"一带一路"倡议，作为"一带一路"沿线国家的俄罗斯是跨境电商发展潜力最大的市场。据相关数据显示，中国跨境电商企业的订单占据俄电商市场订单的 80% 以上。中国电商企业发往俄罗斯的包裹数量最多，占境外对俄包裹总量的 90%。就市场交易规模来看，俄罗斯消费者在中国的购物支出比重已超过 50%。[③] 根据中国电子商务协会发布的统计数据，中俄跨境电商交易额呈现逐年上升态势：2015 年为 27.2 亿美元，2016 年小幅回落至 25 亿美元，2017 年达到 35 亿美元，2018 年增至 40 亿美元，2019 年则突破 50 亿美元。受新冠肺炎疫情影响，中俄跨境电商交易将会进一步增长，中俄跨境电商交易规模无疑会持续扩大，两国跨境电商市场前景十分可观。

（二）中俄跨境电商发展面临的困难挑战

中俄跨境电商交易成为中俄两国经济合作的新形式，以互联网和信息技术为依托的跨境电商进入黄金时期，中俄跨境电商贸易也迎来新的机遇，但同时也对跨境电商平台、跨境支付、跨境物流等方面也提出了更高的要求，中俄跨境电商贸易面临着诸多的挑战和困难。

[①] 《2018 年俄罗斯电子商务市场规模达 255 亿美元》，https://www.ebrun.com/20190625/339090.shtml

[②] 郭稳：《"一带一路"背景下中俄跨境电商发展》，《中国经贸导刊》2018 年第 31 期，第 46-48 页。

[③] 许永继：《"一带一路"倡议下中俄跨境电商发展面临的风险及路径选择》，《学术交流》，2020 年第 2 期。

1. 跨境电商平台尚需完善

跨境电商不同于国内电子商务，其运作流程相对复杂，需要面对清关和物流两个关键环节，且交易链条较长，难以实现商品快速交付，导致结算支付时间长，回款慢，从而影响生产效率，这在一定程度上影响着中俄跨境电商交易的模式，导致中俄跨境电商以俄罗斯零售商为主。目前中俄跨境电商交易采用 B2B 交易模式，这种交易模式能够实现商品的大规模批量运输，并能保证订单量相对稳定，但是，随着俄罗斯分散消费群体日益扩大，仅凭单一的 B2B 平台很难满足用户对商品多样化和个性化需求。特别是随着俄罗斯经济逐渐复苏，俄电商市场的潜力进一步释放。如何进一步满足俄罗斯消费者多样化消费需求，实现跨境电商平台的多元化模式融合，是中俄跨境电商贸易发展的至关重要的问题。

2. 跨境电商物流成本有待进一步降低

俄罗斯地域广阔，是世界上国土面积最大的国家，市场分布较为分散，中俄跨境物流的成本较高，配送难度较大，容易造成货物积压、物流效率低下等现象。同时，俄罗斯海关通关手续复杂，关税杂乱，海关人员配备不合理，且存在"灰色清关"现象，导致商品通关效率低，甚至需要专门的通关公司来完成清关，导致物流成本加大，影响物流时效。再有，俄罗斯区域经济发展不平衡，东部等偏远地区道路基础设施、物流网络和分拣配送等设施条件欠发达。落后的基础设施，加之物流管理方面缺乏经验，致使大量货物被积压，甚至经常出现货物灭失等情况，俄海关也缺少跨境货物安全问题解决机制和方案。由于俄罗斯物流系统的区域性差异，使得中俄跨境电商物流配送成本较高，综合物流能力较弱，无法满足跨境电商向高质量高水平发展的需求。

3. 俄罗斯发展跨境电商政策存在不确定性

中俄跨境电商合作蓬勃发展兴起，但依然面临着很多不确定性的因素。由于近年来中国跨境电商企业发展势头较好，在俄罗斯的市场所占份额越来越大，俄罗斯联邦政府为了保护本国市场，多次调整对境外网上购物的征税方案。2014 年以来，俄罗斯政府有关部门出台了多项关于跨境电商行业的贸易政策，例如规定对进入俄罗斯境内超过 150 欧元或 10 千克的包裹收取 30%

关税；禁止国际平邮小包进入俄罗斯境内；报关价格低于俄罗斯海关最低限价的进口商品，进口商需要补交关税和增值税，等等。① 面对俄罗斯的保护政策，中国跨境电商的商品价格、物流成本等优势逐步丧失，还要面临俄罗斯政府不断调整政策的风险，这在一定程度上削弱了中国跨境电商的竞争力，阻碍了中俄跨境电商合作的进一步发展和深化。

除此之外，中俄跨境电商信用体系不够健全，消费群体文化语言存在较大差异，例如消费者所购商品与其需求不符，或者长途运输造成商品的损坏，都会引发退换货行为发生，不利于营造良好的跨境电商市场环境，容易造成信用危机。由于以美国为首的西方国家对俄罗斯实施经济制裁，使俄卢布汇率持续走低，汇率变动对跨境电商企业的成本、利润等带来较大影响，加之人民币跨境结算还没有推广，使中俄跨境电商贸易合作存在一定的结算风险。

(三) 中俄跨境电商贸易合作的对策

中俄跨境电商的发展突破了时间和空间的限制，"一带一路"倡议更是为中俄跨境电商合作提供了巨大的机遇，因此，中俄跨境电商企业应当采取有效措施，加速中俄跨境电商发展，进一步加强两国的经济合作。

1. 优化跨境电商平台运营

为了满足消费者的多样化和个性化需求，应该培育多种模式的跨境电商平台，可以促进 B2C、C2C 和 O2O 模式的融合发展。中国商家可以采取 B2C 模式，实现直接面向俄罗斯消费者提供产品和服务，从而实现产品小批量的快速销售，比较适合中小型生产企业跨境电商渠道的选择。也可以培育 C2C 模式，个人代购通过在跨境电商平台开设网店与消费者进行交易，增加消费者选择商品的种类，满足消费者多元化需求。还可以采用 O2O 模式，采用线上展示和线下体验的方式，满足消费者对于购物便捷性的需求，也可让消费者感受商品的真实性。中俄跨境电商模式多层次融合发展将成为电商合作发展的必然选择。

---

① 宫艳华：《中俄跨境电商：现状、风险与制度安排》，《俄罗斯东欧中亚研究》，2019 年第 2 期，第 138 页。

2. 加快跨境物流系统建设

针对俄罗斯境内物流产业区域发展不平衡等问题，中俄双方应拓宽跨境物流的运输渠道，采取多种跨境物流模式联合运作，加强跨境电商企业与当地物流企业的合作，增强俄跨境物流的处理能力，有效解决商品运输问题，大力推动海外仓、边境仓建设，提高物流配送的速度和质量，有效整合、合理规划，从而降低物流成本，增加中俄跨境电商贸易的竞争力，推动中俄双边贸易进一步快速发展。同时，应该充分利用"一带一路"倡议带来的机遇，优化跨境物流的通关服务体系。中俄双方应进一步加强与海关、铁路、航空等物流部门与企业合作，建立物流配送多方协同体，加快并提高跨境货物通关速度和效率，共同促进中俄跨境电商有序、有效、协同发展。

3. 消除跨境电商贸易壁垒

在"一带一路"倡议背景下，中俄双方应把握开展跨境电商良好合作机遇，消除跨境电商贸易的各种壁垒，加强双边经济合作。在此过程中，中俄两国政府应积极引导海关等部门建立针对"一带一路"跨境电商贸易的绿色通道，为跨境电商提供一个快速、便捷的通关渠道。此外，要充分发挥宣传优势，消除俄方顾虑，打造良好的跨境贸易环境，树立良好的跨境电商品牌形象，进一步推动双边经贸、文化交流合作，与俄罗斯达成合作共识，为跨境电商贸易合作顺畅进行提供保障。

为解决中俄跨境电商发展中出现的信用体系制度缺失问题，中俄两国政府必须贯彻落实"一带一路"倡议中对政策沟通的要求，出台中俄跨境电商相关信用制度，规范行业行为，制定统一的中俄跨境电商行业标准，构建完备的信用监管制度，设立中俄跨境电商纠纷解决机制，搭建面向客户的消费诉求服务平台，促进中俄跨境电商合作健康发展。同时，加快建设跨境支付体系，完善跨境交易支付流程，利用大数据技术实现跨境交易的实时监控，为中俄双方提供安全的交易渠道。加强对俄贸易风险意识，最大限度降低卢布币值动荡带来的支付风险。开发和采用多种支付结算方式，提高支付平台的技术水平，加快中俄跨境电商贸易资金周转速度，鼓励中国国内银行与俄罗斯本土银行进行合作，积极拓宽金融服务领域，使中俄跨境电商合作支付平台更加多样化，覆盖面更大。

四、中俄"飞地经济"模式

中俄毗邻地区在东北亚区域中都属于经济相对比较落后的地区,中国与俄罗斯在这一区域的经济合作日趋紧密,双方的经贸合作也呈现蓬勃发展的态势,但从两国经济合作的规模看,其对经济的带动作用还没有显现出来,还远远不能满足两国互动发展的需要。因此,中俄两国急需建立破解这一难题的合作模式,而建立中俄"飞地经济"模式的合作可以说也是一种有益的尝试。

(一)"飞地经济"模式的内涵

所谓"飞地"原指位居甲地区而行政上属乙地区的土地,以及甲国境内的隶属乙国的领土。美国著名城市经济学家 MinZhou 把"飞地经济"定义为:在经济发展过程中,两个互相独立、经济发展存在落差的行政地区打破原有体制和机制限制,通过规划、建设和税收分配等合作机制进行跨空间的行政管理和经济开发,实现两地资源互补、互利共赢的持续或跨越发展的经济模式。本书中的"飞地经济"是指两个互相独立、经济发展存在落差的地区,打破行政区域划分的限制,把"飞出地"的资金和项目放到"飞入地"的区域。通过规划、建设、管理和税收分配等合作机制以及跨空间的经济开发,从而实现两地资源互补、经济协调发展、互利共赢的持续或跨越发展的一种区域经济合作模式。

"飞地经济"早在 15 世纪欧洲殖民主义者进行殖民掠夺时就已产生,可以说西方殖民主义者是最早的"飞地经济"实践者。我国最早使用"飞地经济"一词源于改革开放之初的一些沿海经济特区。20 世纪 80 年代我国开始实施改革开放的政策,按照党中央和国务院的指示与部署,我国首先将深圳、珠海、汕头、厦门等作为经济特区进行重点建设,取得显著成果后,于 1988 年在海南省设立了最大的经济特区,1990 年又开发上海浦东,形成了沿海地区开发开放的格局。沿海经济地区由于优惠的经济政策使其成了吸引外资的热点地区,也逐步形成了外资加工企业的集聚地,这在一定程度上使沿海地区成了国外企业在中国的"飞地",从而促进了我国东部沿海地区的经济迅速发展。但由于我国实行了这一"非均衡发展"的战略,也导致我国沿海地区与中部、西部、东北地区的经济发展和经济增长出现了不协调且差距越来越大的局面。为了缩短区域经济发展差距，很多经济学家也在探讨利用"飞地经济"模式的示范效应，使其向内陆地区延伸，这一模式先后在我国许多地区成功实施，取得良好效果。例如，广东省就曾利用"飞地"政策推动了珠三角产业的推移。2008 年，随着珠三角企业向外扩张和转移的要求日益迫切，广东积极采取"飞地"产业转移这一模式，由珠三角城市与欠发达的粤北地区联合，建立了产业工业园区，不仅为转移企业提供了服务和支持，还有力地促进了区域经济的协调发展，达到了共同发展的目的。事实证明"飞地经济"是区域发展过程中的一种模式，它是经济相对发达地区将资金、项目等要素输入不发达的地区与该地区提供的生产要素结合，并由前者进行管理，产生利益后，以一定的利益分配机制进行分配，进而实现地区之间的发展双赢的目的，它对扩大两个区域的合作广度，加深两地合作深度起着非常重要的作用。

"飞地经济"发展模式一般有两种：一是"借鸡下蛋"，即有些经营发展较为成功的地区或企业，因其所在地区土地资源限制等原因，没有更广阔的发展空间，便选择其他有发展潜力的地区进行扩大规模发展，把企业的一些投资和招商项目放到行政隶属于乙地的工业园区，从而借其他地方的园区发展自己的项目。二是"筑巢引凤"，即一些比较发达的地区因其能够提供较好的基础设施及服务，允许其他行政区的企业来到这一区域投资建厂或划出专门区域供其经营与发展。这两种模式都要通过建立合理的利益分配机制，来实现"飞出地"与"飞入地"的共同发展，互利共赢，实现带动当地经济发展的目标。

(二)"飞地经济"模式的尝试

辽宁省对于"飞地"和"飞地经济"模式的认识，已经积累了一定的实践经验。早在 2006 年，辽宁省就在辽西锦州湾沿海经济区域内设立"飞地"，并实施优惠政策，吸引辽宁中部地区的朝阳市和阜新市在区域内确定的若干平方公里的"飞地"内设立企业，取得了很多开展"飞地经济"模式合作的经验。随着中俄两国政府推进毗邻地区合作不断深化，中国东北地区各省区间要打破行政区域限制，采取"飞地经济"模式加强合作，形成合力开展对俄合作已成为一种趋势。中国东北地区谋划的"沿海—沿边"战略的框架已基本形成。一是沿大连向东，经丹东、吉林珲春至俄罗斯符拉迪沃斯托克（海参崴）、纳霍德卡等港口，在加强与俄远东合作的基础上，进一步开展对日韩的多边合作，形成"东线"。二是要依托辽宁"沿海经济带"的辽西沿海开放区，以港口为对外开放门户，沿辽西向西延伸，通过与内蒙古东部地区沿边口岸的连接与合作，经蒙古国辐射到俄西伯利亚地区，形成"西线"。三是承接黑龙江、吉林、内蒙古打造的"沿边开放先导区""长吉图开放先导区"和"口岸经济区"，加强"内联外开"的优势，到黑龙江省的对俄各口岸，形成"沿海战略"外延的"中线"。作为上述东北四省区的战略布局，东北四省拟建设"飞地"合作区，以扩大相互间的开放，形成中俄地区间的战略合作互动。在实施"沿海"与"沿边"的战略互动中，辽宁可在黑龙江、吉林、内蒙古三省区沿边口岸开辟"飞地"，如在吉林珲春、黑龙江绥芬河、内蒙古满洲里等口岸开辟"飞地"，黑龙江、吉林、内蒙古可选择在辽宁沿海产业带开辟"飞地"。其中，在满洲里对俄口岸建设辽宁对俄合作的"飞地"更加具有现实意义。因为，中国满洲里、海拉尔，俄罗斯的后贝加尔斯克、赤塔，蒙古的乔巴山形成三国交界地区，在资源结构、产业结构和市场需求等方面互补性较强，近年来经贸合作发展得十分迅速。特别是经过多年的建设，内蒙古已经形成了以满洲里铁路、公路口岸为主，海拉尔航空口岸为核心的对外开放格局，中俄蒙互开的边境口岸不断增加，形成了非常活跃的中俄蒙三国区域合作地带，其未来的合作前景十分广阔。同时，把辽宁招入的项目和资金放在内蒙古的口岸城市，通过建立完善的利益分配机制，化解了辽宁省对俄不利的地缘劣势，又充分发挥了辽宁省工业、产业优势，在一定程度上拉近了与俄罗斯的距离，也带动了内蒙古当地的经济发展，最终实现了"飞地经济"模式所追寻的互利双赢的目标。因此，"飞地经济"模式可以将东北四省的分散力量，尽最大可能地整合起来，促成一些大项目，解决对俄合作中的无序竞争，提升中俄区域经济的合作水平。

（三）中俄开展"飞地经济"合作模式的评价

通过对中国利用"飞地经济"模式促进区域经济协调发展的成功经验的总结，本书认为"飞地经济"模式可以成为促进中俄区域经济合作全面提升的一种可行模式。

首先，随着中国"振兴东北"与俄罗斯的"开发远东"的战略实施，中俄两国毗邻地区的经济合作日渐加速，但在合作的过程中，中俄两国也面临着各种各样的瓶颈与困难，采用"飞地经济"模式可以突破合作中的一些瓶颈。

一是突破投资瓶颈。中俄毗邻地区的区域经济合作发展动力不足，地方财政较弱，基础设施建设投入明显不足，且基础设施建设的投资较大，完全依靠当地政府投资，财政压力很大。因此，采用"飞地经济"模式，利用优惠政策与条件吸引发达地区的资本加入这一区域的建设中来，可以解决制约中俄区域经济合作的投资难的问题，有利于形成市场化、多元化的投资主体。

二是突破招商瓶颈。基础设施建设完成后，就要招商引资进行各种项目的合作。中俄只有依托项目合作，经济合作才能蓬勃发展。而项目完全依靠政府引资和招商，会产生信息资源、人力资源有限，不利于吸引企业的弊端。采用"飞地经济"模式，通过建立完善的利益分配机制，从而激发"飞出地"政府及企业的积极性，将招商项目引入中俄毗邻地区，有利于解决招商项目不足的问题。

三是突破管理瓶颈。中俄毗邻地区可以通过"飞地经济"模式，解决人员、人才的引进问题，同时，还能引入先进的管理经验，使中俄毗邻地区落后的发展理念有所革新，在一定程度上解决合作管理方式落后的瓶颈问题。中国东北地区工业基础较完备、人才较集中，中国东北四省区的黑龙江的"哈大齐工业走廊"、辽宁的"沿海经济带"、吉林的"长吉图开发开放先导区"、内蒙古的"沿边开发开放区"等战略的实施，为东北地区的经济发展提供了强有力的政策支持，也为发达地区的项目和资金的"飞入"创造了良好的条件。另外，中国东北地区内蒙古、黑龙江、吉林与辽宁省之间也应转变传统观念，打破行政区划的束缚，整合区域内资源，与俄罗斯东部地区经济寻求合作，通过"飞地经济"模式，建立广泛的经济协作关系，实现"飞出地"与"飞入地"经济共同发展，使中俄两国的经济和产业的优势互补充分发挥作用，促进两国区域经济合作更好更快地发展。

"飞地经济"作为实现互利共赢的经济发展模式，能充分调动中国沿海发达地区和中俄毗邻欠发达地区的积极性，从而使"让我合作"变为"我要合作"，这对促使中俄两国产生长期的合作认同有着重要的作用。另外，加快完善区域协调发展的合作机制，是我国协调发展的重要战略举措，"飞地经济"模式会成为区域经济一体化发展的重要载体。因此，在中俄政治关系紧密，但经济发展又存在很大差距的区域经济合作中，采用"飞地经济"模式可以使中俄在东北亚地区不仅为中俄发达地区提供"飞地"，也可以在东北亚地区划出"飞地"供中俄欠发达地区使用，最终使两地共享发展成果。

（四）中俄选择"飞地经济"模式应注意的问题

中俄选择"飞地经济"模式存在着一些不容忽视的问题，这些问题的存在很可能制约"飞地经济"的正常运行，因此，在选择这一模式时，中俄两国应予以高度重视。

第一，市场容量问题。一般而言，"飞出地"将其产业带入"飞入地"后，其生产的产品将在"飞入地"原地消耗，进入当地的市场销售，或运回"飞出地"进行销售。但大多数情况下，"飞出地"的产品在"飞入地"的市场进行消耗较多。因此，中俄在选择"飞地经济"模式之前，应该充分考虑"飞入地"市场规模、消费潜力和市场的承受能力。在选择"飞地经济"模式合作和"飞地"选址过程中，必须要广泛进行市场的调研，收集消费市场的信息，处理好日后有关的产品销售等问题，尽量减少因选择市场不当，造成对其区域经济发展的障碍。

第二，文化观念差异问题。相通的文化可以为"飞地经济"模式的合作带来有利影响，减少两国或两个地区企业、政府之间的交流沟通的障碍。因为文化观念的差异会导致双方对某一问题的看法存在分歧，会阻碍经济上的合作，所以中俄选择"飞地"时，应选择中俄地理位置接近的毗邻地区，文化观念相互认同的地区，从而减少可能产生的摩擦。同时，要深入"飞地"地区了解其当地的历史文化背景和相关政治经济政策，通过加强宣传、引导等方法，更新观念，尽可能达成合作认同，促进"飞地经济"发展。

第三，利益协调问题。处理"飞入地"与"飞出地"之间的经济利益是发展"飞地经济"模式的一大难题。在"飞地经济"发展过程中，始终存在利益冲突与矛盾。如何构建利益协调机制，更好地处理双方的利益关系，是选择"飞地经济"模式必须解决的问题。由于中俄两国采取"飞地经济"模式，涉及国家主权和利益让渡问题，因此，两国当地政府要进行充分的协商与谈判，建立合理、科学的利益机制，减少潜在的合作冲突。

综上所述，"飞地经济"模式是区域经济协调发展和互利共赢的区域经济合作模式，它为中俄两国在东北亚地区经济合作提供了新的途径，对中俄两国提升区域经济合作水平具有重要的现实意义和深远影响。

五、中俄自由贸易区

中国改革开放的实践证明，在发展布局上必须坚持局部突破、梯次发展。实现局部突破必须依靠深度解放思想和强力政策投入。党的十七大报告首次提出"实施自由贸易区战略"，这是为适应进入 21 世纪以来区域经济一体化加速发展的趋势。自由贸易区战略是我国参与区域经济一体化的重要形式。我国实施自由贸易区的战略目的是：通过建立双边和多边区域自由贸易区，进一步促进国内经济改革和结构调整，提升我国经济的国际竞争力；确保我国的国家和企业的根本利益；促进与我国建立自由贸易区的各经济发展，达到互利共赢、共同发展、增强区域整体实力和地位。

（一）中俄建立自由贸易区的背景

截至 2022 年，中国已与 26 个国家和地区签署了 19 个自贸协定，自贸"朋友圈"不断扩大，立足周边、辐射"一带一路"、面向全球的高标准自贸区网络初步形成。全球具有一体化规模的经济体有 60 多个国家和地区，除了欧美外，其余重要国家所剩不多，与我国最终能够完成自由贸易区的对象国最多只能占我国贸易总额 40% 左右，空间和范围的选择非常有限。因此，我国参与和推进区域经济合作所遵循的战略方针是"先易后难、先近后远、由浅入深、逐步推进"。

首先，先易后难，就是要先与和我国没有历史矛盾、没有贸易纠纷、谈判难点少的国家先谈。其次，先近后远，是把周边国家和地区作为优先开展区域经济合作的国家作为建立自由贸易区的首选国家。再次，由浅入深，就是先进行贸易投资便利化的谈判，时机成熟后再启动贸易投资自由化的谈判，最后朝经济一体化方向发展。最后，逐步推进，就是既要有紧迫感，主动出击，务实合作，又要有考虑复杂性的准备，讲究策略，循序渐进。根据这一战略方针，周边国家是我国优先考虑建立自由贸易区的重点合作对象，因为周边国家是我国利益比较集中的地区，加强与这一地区的国家开展合作对我国具有重要意义。

从我国与周边国家参与区域贸易安排的进程来看，只有北部的俄罗斯、蒙古和中亚的一些国家与中国尚未商谈自由贸易的安排。而这些国家对中国又是至关重要的国家。俄罗斯是世界上国土面积最大，人均占有资源量最多、发展潜力最大的国家。中俄有着 4 300 多公里漫长的边界线，毗邻地区广阔，是东北亚地区重要的合作伙伴。如果中俄两国能够适时开展区域经济合作进而最终走向自由贸易区的建立，实现两国贸易投资自由化，将对两国的经济发展和东北亚区域经济的发展都起着重要的作用。但由于中俄两国沿边区域的经济发展水平、社会人文条件和基础设施建设还存在明显不足，中俄两国一步到位建成规范的国际自由贸易区尚有相当大的难度，特别是由于东北亚地区形势十分复杂，还存在潜在的政治争端，多边利益关系不好协调，且中俄两国都为发展中国家，经济技术发展相对落后，因此，建设大范围的自由贸易区的困难很多，进展会很缓慢，但如果在中俄两国的边境地区建立自由贸易区则比较容易，况且，它也是区域经济组织到自由贸易区的过渡形式。通过建立跨国边境自由贸易区来促进国家间经济贸易合作，在国际上已有成功例证，如美墨边境自由贸易区。中国境内也有试验典型，如横跨中哈两国的新疆维吾尔自治区的霍尔果斯国际边境合作区等。中俄毗邻地区有建立涵盖贸易、加工、金融、服务等功能广泛、内容丰富的综合性边境经济合作区的基础，因此，中俄双方应发挥经济互补和地缘、资源优势，创建别具一格的中俄自由贸易区，这是中俄两国经济合作发展的前景和趋势。

中国与俄罗斯边界一侧（如满洲里市、绥芬河市、黑河市）大多行政区距离边境线都在20公里以内，在此建立边境自由贸易区符合国际惯例有关"在一定半径距离内，只要有一个国家对另一个国家的口岸有国际中转业务需求，就有必要建立自由贸易区"的一般规则和世贸组织有关不断促进贸易自由化的宗旨。因此，筹建中俄自由贸易区不能急于求成，中国应制定跨国边境自由贸易区的整体规划和配套政策，按照循序渐进的原则，创造条件逐步把东北的满洲里和绥芬河两个跨国边民互市贸易区、跨国边境合作区升级为自由贸易区，取得经验后，再将边境地区的自由贸易区范围扩大到俄远东地区与中国东北地区、俄东西伯利亚地区与中国内蒙古及华北地区、俄西西伯利亚地区与中国西北地区三个区域性经济合作区和上海合作组织的自由贸易区。按照这样的思路，创建中俄自由贸易区必须依靠中俄双方的共同努力，才能实现这一目标。

（二）建立中俄自由贸易区的必要性

第一，消除关税壁垒，促进区域内贸易规模的扩大。从中俄经贸合作的实际情况看，高关税仍是中俄两国扩大贸易与经济合作规模的重要障碍之一。根据国际贸易通用的 GTAP 模型数据库（第六版）估算出中国与俄罗斯之间的综合平均关税率（含非关税壁垒在内），俄罗斯对中国的平均进口关税水平为14.1%，中国对俄罗斯的平均进口关税率为6.1%。对有关企业的问卷调查表明，65%的企业认为，俄罗斯的高关税影响了企业的经营活动，甚至成为企业经营活动的主要障碍。高关税是区域内贸易活动的主要障碍，它制约着区域内货物的自由流动和贸易规模的扩大，直接影响着区域经济合作的效果。因此，建立自由贸易区的首要任务就是要消除关税壁垒，实行进出口商品的零关税。如果这一目标能够实现，那么中俄区域内的贸易规模将急剧扩大，区域经济合作的效果也将迅速显现出来，中俄双方都将从中受益。

第二，促进区域经济全面发展。建立中俄自由贸易区，实现贸易投资的便利化和自由化，可以将消除关税和非关税壁垒措施相结合，不仅能够带来区域内的贸易增长，还可以促进区域经济合作取得实质性的成效，从而带动中俄两国经济的发展、促进就业、提高两国人民的福利水平。因而能够取得综合性的经济效益和社会效益。目前，在中俄区域经济合作过程中遇到的一些障碍和非关税壁垒和高关税有密切相关，例如贸易秩序不规范、走私问题、通关中的腐败行为等。如果建立自由贸易区，取消关税壁垒，这些问题便会迎刃而解，区域经济合作的效果会大大改变。

第三，应对其他区域经济合作组织的挑战。目前，在世界不同地区存在着不同国家主导的区域及次区域合作的组织，贸易便利化和贸易投资的自由化都是这些组织开展区域经济合作的基本方向。如果中俄之间不提出更高的发展目标，并为此做出努力，那么将在激烈的竞争中始终处于劣势，并将长期失去应有的作用和吸引力，这将不利于中俄两国的长久发展。建立中俄自由贸易区可以使中俄两国的区域经济合作提升到一个新的水平，超越目前的一些次区域经济合作水平，从而巩固中俄两国在东北亚地区、亚太地区乃至世界的地位，并保持相当的竞争优势，为两国长远发展创造有利的条件。

（三）建立中俄自由贸易区的可行性

首先，从历史上看，中俄两国具有开展自由贸易区的良好传统。自从 17 世纪初沙俄与清廷签订了一系列条约，全面开放了黑龙江和乌苏里江沿岸地区，在长达数千里的中俄边界上建立了以界河为中线，两岸各宽 50 俄里（约 53.44 公里）的自由贸易区，规定"两国贸易在百里内，均不纳税""俄国境内之中国人，均得以自由进行贸易活动，对在进行通商活动场所的商人，滞留期限未予规定，可以其自便""中国商人愿往俄罗斯内地亦可"。根据这些规定，大批的中国商人纷纷来到边境地区从事贸易和到远东地区进行商业投资。据统计，到 19 世纪末，远东地区的中俄自由贸易区的年贸易额就超过 50 万卢布，1893—1894 年期间达到 300 万卢布以上，为俄国在远东地区建立和发展农业及民族工业提供了强有力的保障。另外，中俄边关的互市和经贸往来也是中俄两国关系的重要内容。中俄双方于 1728 年签订了《恰克图条约》，决定在恰克图建立互市区，允许两国边民在所规定的区域内进行免税贸易，这就是历史上非常有名的恰克图互市贸易。这段历史记录了中俄以恰克图为中心的中俄跨界互市区的建立与发展，表明了中俄两国长期睦邻友好合作、互惠互利发展区域经济的良好的传统，同时，也是创建现代中俄自由贸易区不可多得的历史遗产。其实，今天绥芬河、黑河等地的互市区就是借鉴了当年恰克图边关互市区的贸易方式和管理方式。

其次，从现实来看，中俄两国关系发展稳定，创建自由贸易区也是符合两国和两国人民的根本利益。当今社会，经济全球化已把世界变成一个"地球村"，每个国家都不可能长期孤立、封闭地发展自己的经济。特别是在后金融危机时代，中俄两国都面临着调整经济发展结构，加速发展经济的迫切任务，共同抵御世界经济衰退给两国带来的冲击。因此，创建中俄自由贸易区，发展两国相邻地区的经济合作是一件实现"双赢"的好事。尤其，近些年来，中俄两国的贸易增长速度较快，根据中国海关统计，2019 年中俄贸易额已达到 1000 多亿美元，尽管如此，中俄贸易额占双方各自对外贸易总额的比重并不高，中俄目前的贸易水平与中俄日益密切的战略协作伙伴关系还很不协调，贸易规模与两国的贸易潜力相距甚远。我们必须清醒地看到，在后金融危机时代、全球经济贸易最困难的时刻，中俄两国贸易中不确定因素会随时产生，因此，实现中俄贸易自由化，深度挖掘和发挥中俄贸易的巨大潜力，积极采取措施，开拓各自市场以应对危机，不断地把中俄的经济合作推向新的阶段，这是中俄两国不得不面临的艰巨而紧迫的任务。

最后，从发展前景看，中俄自由贸易区的建立可以推动东北亚区域经济一体化的进程。虽然目前中俄在东北亚地区的经济合作还在起步阶段，总体水平不高、规模不大，但两国发展的潜力巨大。一是双方追求共同的经济利益是两国建立自由贸易区的重要动力。二是中俄两国的市场经济体制要与国际并轨。中俄均已经加入了 WTO 贸易组织，这将是中俄建立自由贸易区重要的一个前提条件。因为加入 WTO，就意味着必须按照 WTO 的规则开展国际经贸活动，俄罗斯加入 WTO 后，中俄双方合作的环境彻底优化。三是东北亚国际关系前景会发生重要改变。虽然现在朝鲜半岛局势存在潜在风险，但是从长远看，东北亚各国的对话会增多，对抗会趋弱。朝鲜多次表明要积极进行国内经济改革，加速发展本国经济。在东北亚地区中俄两国率先建立自由贸易区的尝试，会为东北亚各国起到一种示范榜样的作用，从而使东北亚地区的区域经济合作成为一种可能。如果中俄朝三国在协调国家利益方面能够相互理解和信任，图们江流域的开放开发计划有望在实质性上取得突破。而中俄朝沿边经济合作的发展有可能引来日韩蒙等国的参与，从而直接推动整个东北亚经济一体化的进程。反过来，东北亚区域局势的改善也会进一步推动中俄区域经济合作的巩固和扩大，形成良性互动的局面。

总之，中俄建立自由贸易区是必要的，也是可行的。中俄两国双方应就积极合作进行详细论证，并尽快就此问题进行高层接触。中俄毗邻地方政府也可就办互市贸易区和跨境经济合作区的基础上进一步商讨采取实际步骤，为实施中俄自由贸易区的建设做好准备。

（四）建立中俄自由贸易区面临的挑战与困难

尽管通过上述的分析，建立中俄自由贸易区能够促进中俄两国区域整体贸易和经济的发展，给两国带来不同程度的社会效益，但现阶段中俄两国建立自由贸易区还面临着诸多挑战和困难。例如，边境地区的贸易问题，中国移民进入俄罗斯问题。俄罗斯比较担心与中国进行自由贸易区合作，会使中国大量的廉价商品进入，冲击俄罗斯市场，对俄罗斯的国民经济的发展产生不良影响。同时，"中国威胁论""中国扩张论"在俄罗斯国内一直有一定的影响，在一定程度上，这种谬论和看法也常常会影响俄罗斯政府对中国建立自由贸易区等政策的实施。

总之，尽管目前中俄两国就建立自由贸易区问题还存在着不同程度认识上的差异和条件的限制，但若从全球区域经济合作的实证经验及中俄两国长远发展来看，中俄区域经济合作最终将走向自由贸易区。

第三节　中俄经济合作路径优化与模式构建的反思

按照历史唯物主义观点，生产力与生产关系、经济基础与上层建筑存在作用与反作用的辩证关系。在区域经济合作的发展过程中，当功能性推动合作发展到一定程度后，必然要求相应的制度性合作发展予以保驾护航。而与之相适应的制度性合作发展又反过来大力促进功能性合作的发展。二者相互适应，互相推动。目前，根据中国与俄罗斯区域经济合作实际发展状况和阶段来看，其发展还属于双边的功能性合作，制度性合作则相对薄弱，因此，中俄两国既要立足现实，又要明确目标，加强制度性合作建设，提升两国区域经济合作的层次。

一、制度安排的功能发挥需进一步提升

制度既是合作的表现形式，又是合作得以形成的内在动力，合作可以通过制度培育起来。当今世界区域经济合作的成功范例——欧盟与北美自由贸易区就是这样一个制度性很强、拥有紧密的制度性的共同体，成员国通过签署条约对其权利和义务做出相应的规定，并根据具体的情况设置超国家机构

共同决定合作的发展，成员国的行为都受组织规范的约束。随着两国相互依赖的加深，中俄两国有必要采取各种措施实现相互依赖的制度化和功能化。目前，虽然中俄两国之间确立了高层领导人定期会晤协商制度、总理定期会晤机制、战略对话及战略安全磋商机制、文化交流机制等，具有层次高、综合性强、内容广泛的特点，涵盖了政治、经济、国防、文化等领域，但其功能与权限还很有限，既没有法律和协定的约束，也没有超国家机构进行管理、监督与落实。这种制度安排的缺失使得两国合作共识和行动的落实往往脱钩，常常是讨论、协商较多，落实不够，工作效率不高，至今为解决贸易与投资便利化等问题而取得的成果也不尽如人意。因此，中国与俄罗斯两国应该改变和消除合作中的官僚主义与形式主义，多行动，实实在在地推动区域经济合作制度安排的完善，构建监督与利益平衡机制、资金筹措机制、风险分担机制，切实地推动两国区域经济合作的体制发展。

二、合作认同的隔阂需进一步消除

首先，虽然中俄两国于 2001 年就签署了"世代友好、永不为敌"的《中俄睦邻友好合作条约》，但是中俄两个相邻的大国在经济合作方面还是存在着很多的障碍与隔阂，严格来说还存在着某些战略上的猜忌与不信任。传统的地缘政治学理论认为国家毗邻而居，更容易产生相互威胁的认知感。马丁·怀特认为："大国毗邻而居相互敌对，这是一条普遍的规律。"尽管他的这一看法是悲观的、值得商榷的，但我们也看到"中国威胁论""中国扩张论"在俄罗斯国内一直有一定的市场，在一定程度上，这种看法也常常会影响俄罗斯政府对华政策的实施。这表明在合作认同方面两国还存在着一定障碍。

其次，近年来，中俄两国政府为了加强两国的文化交流，加深彼此的了解，开展了"国家年""语言年""旅游年"等一系列交流合作活动，并取得很大的成效，但是俄罗斯长期受欧洲文化的洗礼和影响，与中华传统文化的巨大差异导致中俄文化、传统理念始终存在着深层隔阂，也是造成两国在合作认知和认同方面的障碍，这导致两国的价值观念有着很大的不同。

最后，俄罗斯一直奉行大国战略，将国家主权和国家利益置于至高无上的地位，坚持一种实用主义原则，对他国的合作往往只关注相对利益而不重视绝对利益。这对推进中俄区域经济合作，尤其对区域经济合作制度性建设及推进十分不利。因此，中俄两国之间的区域经济合作发展十分缓慢，制度安排也得不到实际的遵守，导致合作推进困难重重。

三、俄罗斯参与经济合作的积极性需进一步激发

从目前中俄两国区域经济合作模式的建设过程中，我们注意到还存在着一些制约中俄经济合作发展的问题，表现为俄罗斯与中国对两国经济合作态度不一致。

首先，俄罗斯至今还没有出台与中国对等的互市贸易和跨境合作的政策，这是制约所有中俄互市贸易区和中俄跨境经济合作区发展的共性问题。互市贸易区及跨境经济合作区关键在一个"互"字上，只有双方人员互动、货物互流、对等设市、政策对应，才能使互市贸易和跨境合作有大的发展。但目前所有中俄互市贸易区都处于单方设市，也就是中方设区、一条腿走路的尴尬局面。这制约着中俄互市贸易区和跨境经济合作的快速发展。同时，俄罗斯边贸、旅游及移民管理等方面的政策不稳定，俄边民参加互市贸易在交通运输上存在诸多不便，这些都是制约区内商品的大量输出和互贸区进一步发展的障碍。因此，这些问题还需要两国政府间的高层运作才能解决。其次，俄罗斯参与毗邻地区建立互市区及跨境经济合作区的态度不是十分积极，这为加强两国区域经济合作增加了难度。最后，俄罗斯是一个奉行实用主义哲学的国家，其对外政策都是实用主义和现实主义的。从现实出发，中国与世界强国比较，无论资金和技术，还是在管理上都无法与之抗衡。对俄罗斯而言，发展与美国、欧盟、日本等西方发达国家的经济技术合作的吸引力较大。出于实力、精力、情感以及外交目标等方面的考虑，俄罗斯与世界强国合作降低了与中国开展合作的愿望。

总之，中国与俄罗斯区域经济合作的水平不高，原因是多方面的，但其中一个重要原因，就是文化深层的差异和隔阂导致俄罗斯对华过多的疑虑与猜忌，难以寻求统一的合作价值观念，从而削弱中国与俄罗斯区域经济合作

的一致性和凝聚力。另外，从中国与俄罗斯两国自身来讲，其综合国力的发展，还需经历一定的过程。在这个发展过程中，中俄两国官方及民间应加强彼此的交流、沟通，消除不和谐因素，坚定两国合作的信念，对俄罗斯区域经济合作发展战略和策略的制定要进一步完善与明确，采取得力措施，加强双方市场的占有率、渗透力和影响力。

第八章　中俄经济合作对策建议及前景展望

"一带一路"倡议与构建人类命运共同体为新时代中俄经济合作带来了重要的历史机遇，在中俄经济合作发展过程中，虽然还存在着一定的障碍与瓶颈，但是从加强基础设施建设、建立稳定的合作机制以及巩固中俄经济贸易合作等方面出发，逐渐深化新时代中俄经济合作的力度和广度，中俄经济合作就一定能够面向新时代、顺应新趋势，突出合作共赢、加强交流互鉴，谋求共同发展。

第一节　推动中俄经济合作进一步发展的对策建议

危机是压力，是挑战，更是找准问题、解决问题的机遇。因为危机来临，中俄两国没有退路；挑战面前，中俄两国无法回避。只要坚定信心，迎难而上，敢于化解难题，突破瓶颈，采取有效措施，中俄两国就能化危为机，打开中俄区域经济合作的新局面。

一、新时代中俄经济合作的基本原则

(一)市场领先原则

中俄区域经济合作要以市场需求为导向，树立大市场、大合作理念，规范贸易、投资行为，扩大规模、提升质量。

(二)互利共赢原则

中俄两国都应本着互谅互让、互利共赢的精神,坚持有取有予、互利合作、优势互补理念。

(三)以质取胜原则

中俄双方要以提高产业集中度、外向度,培育名优商品为原则,提升出口产品质量,增强整体竞争力。

(四)创新发展原则

坚持制度创新、体制创新、政策创新、方式创新,拓展合作领域,提升合作层次,探索对俄罗斯合作开放的新途径。

二、积极创新中俄经济合作的思路

中国始终奉行"以邻为善、以邻为伴"的外交方针,有利于改善和稳固中国与俄罗斯及东北亚地区各国的关系,而且符合中国经济可持续发展的需要,有利于解决面临的日益严峻的国际贸易摩擦加剧问题。中国与俄罗斯展开区域经济合作对东北亚区域经济合作发展有着重要的影响作用,能够将该地区建设成一个持久和平、共同繁荣的和谐地区做出巨大贡献。

(一)增强俄罗斯与中国开展区域经济合作的主动性

首先,中国要先办好自己的事,"发展才是硬道理",要努力使自己成为世界摆脱经济危机的"发动机"。这样才会增强俄罗斯对中国经济发展的倚重,增强与中国发展区域经济合作的主动性和欲望,从而推动两国区域经济合作的纵深发展。目前,中国已成为世界第二大经济体,对全球 GDP 增幅的贡献率超过 50%,中国的快速发展受到了世界各国前所未有的关注。同时中国国际地位显著提升,提高了在全球经济新秩序中的地位和话语权,成为全球经济规则的参与者和制定者之一。这是中国面临的未来发展的良好机遇。中国应紧紧把握住这一难得的机遇,变被动为主动,积极开展与俄罗斯等国的经济合作。鉴于,俄罗斯一贯奉行国家利益为重的战略和两面手法,在一定程度上它会增加对中国经济的倚重。中国经济率先走出衰退和危机,以巨大的市场需求和能够带动俄罗斯经济复苏和市场启动的优势吸引俄罗斯。特别是在力所能及的情况下,中国给予俄罗斯一定的帮助,这无疑是雪中送炭,俄罗斯出于自身的利益和需求,一定会增加与中国的经济合作专注性和主动性。因此,在世界经济低迷大潮的冲击下,中国应保持经济基本面向上的趋势,实施积极的财政政策,较快地走出经济危机的阴影,并成为世界经济摆脱危机走向复苏的发动机。对于俄罗斯这样的邻国给予积极的关注和帮助,会加深中俄两国的区域经济合作的力度。同时,全面、准确评估中俄经济实力、科技水平、发展前景及其在世界经济格局、全球价值链、国际经济治理体系中的地位和作用,理性、客观认识中俄经济的互补性,真正做到心中有数,在世界经济发展的全局与大势下处理好中俄经济合作关系。

(二)走出去与俄罗斯开展各类经济技术合作

俄罗斯的投资机会很多,但时至今日,中国除了在原油运输领域有较大的国家项目外,在其他领域,尤其是地方企业和中小企业投资一直没有很大进展。缺乏积极成功的投资和经济技术合作实际已成为制约中国与俄罗斯区域经济合作进一步深化发展的软肋。尤其是那些对中国来讲产能严重过剩的轻工业制造业,对俄罗斯来讲可能是填补其生产市场空白的关键点,这也是中国投资的良好机遇,关键是中国企业自身要强壮,要有人才支撑,这样才能取得成功。在发展对俄经济合作时,切实把握俄罗斯的内外政经环境、民族心理特征、战略与企业文化、谈判策略与技巧,做到知己知彼,既要考虑合作给双方带来的绝对收益,也要顾及两国之间相对收益的落差,以实现中俄经济合作的平衡发展。

(三)善于抓住机遇并注重实效和夯实基础

我们应充分认识到,俄罗斯对中国的战略价值和战略地位不仅不会下降,反而会继续提升。因此,我们应抓住机遇,注重实效,夯实基础,继续推进与俄罗斯的区域经济合作,争取我国战略利益的最大化。党的十八大以来,中国快速发展的奇迹令世界瞩目,但中国在亚洲的经济实力还远远没有能够和战略利益达成一致。在国际关系的很多方面,金融和经济往往是最有效的"武器"。中国如果不能拥有强大的经济渗透力,那么不仅自身经济利益得不到保障,而且其他的战略利益也会受到威胁。因此,当前中国应深化与俄罗斯等国家的区域经济合作,特别是在一些基础性的合作领域,如金融合作、能源合作、交通运输合作等,争取实施一些大项目,取得新突破,携手共同抵御金融危机带来的冲击，这才是符合中俄两国共同的利益的举措。同时，还要切实发挥中俄总理定期合作委员会及其他中俄政府间经济合作机制在为两国企业提供合作制度安排和营商环境保障方面的作用，按照市场经济原则和世贸规则推进两国经济合作。

三、开展中俄经济合作的对策建议

(一)增强政治互信和相互理解，奠定更加坚实的保障基础

尽管目前中国与俄罗斯建立和保持着良好的政治外交关系，两国间的政治互信已经达到了一个新的高度，但是从进一步提高区域经济合作水平的角度来说，中俄两国之间的政治互信和相互理解还有待于进一步提升。

在俄罗斯社会一些政治精英界和民众阶层中，还存在着"中国威胁论"和"原料附庸论""中国人口扩张论"等阴影。这里既有历史原因，也有现实的因素。历史上，19世纪中叶，沙皇政府逼迫清廷签订了《瑷珲条约》和《北京条约》，割占了中国黑龙江以北、乌苏里江以东的100多万平方公里的土地，使俄远东南部边界最终形成。现实中，俄罗斯对中国有三个担心：一是双方人口状况的巨大差异。中国14多亿人口，与俄远东地区毗邻的中国东北地区总人口达约0.98亿。俄罗斯明显感受到来自中国强大的人口压力。二是领土安全。俄有些人士一直揣测中国一旦强大，会利用人口优势，谋求远东地区领土。如果中国人在俄远东地区滞留的人口越来越多，并繁衍后代，就会造成俄远东地区出现自然的人口替代。三是经济安全。中国经济的崛起与俄东部地区经济相对落后形成鲜明的对比。俄远东地区如果与中国进行经贸合作，提供的商品主要是石油、天然气、矿产原料、木材、海洋产品等资源性产品，俄罗斯担心长此以往，这一地区将沦为中国原料的附庸和消化剩余生产力的市场，中国的资本和劳动力越聚越多，将会强化中国在俄远东地区的经济存在。基于以上担忧，俄罗斯各界对中国深怀疑惧，牵扯着剪不断、理还乱的敏感问题。当然，出现这一问题的主要原因还是俄罗斯社会各阶层对中国了解太少，对中国和平崛起的理念和"睦邻、安邻、富邻"的周边政策不了解、不理解。他们往往以"强权政治"的理念来思考和看待中国的崛起和强大，这样就很容易戴有色眼镜来看待中国对俄罗斯的投资和经济合作。因此，加

强和提升中国与俄罗斯的政治互信是一项长期的、基础的工作，需要上自国家政府，下至企业与民众的共同努力。我们要以实际行动和主动工作来消除俄罗斯有关人士的担忧，在与俄罗斯进行合作过程中，要给对方调整心态、重新认识中国的时间，要循序渐进，不要急于求成，更不要提出冒进的口号和倡议。在各方面条件还没有达到成熟时机或缺乏共识与完全认同合作的前提下，冒进的倡议和口号往往会起到适得其反的效果。因此，中俄经济合作水平不尽如人意，说明中俄两国在政治互信方面还有欠缺。提高政治互信、增强相互理解需要两国进行深入细致的工作。政治互信对于提升两国经济合作水平具有重要作用。

（二）经济上增加共同利益，为两国合作注入强劲动力

世界范围内区域经济合作的共同规律表明：区域经济合作的动力源泉是对政治经济利益的追求和合作愿望的强烈。中国与俄罗斯也不例外，其发展经济合作的动力也只能是其共同利益，即"利益驱动"。中国通过40多年改革开放，经济高速发展，已积累了相当大的经济发展和对外经济合作的能量。中国应该具有创新的思维和举措，扩大中俄双方的共同经济利益，主动寻找和思考共同利益的契合点，推动中俄经济合作的新发展。例如中俄两国在"一带一路"倡议与欧亚经济联盟顺利对接之后，应积极拓展在基础设施、交通运输、互联互通、矿产资源、农业、旅游等领域的合作。中国可以积极参与"冰上丝绸之路"建设，拓展中俄区域合作新空间，构建对外开放新格局。中俄两国应加强在北极航道上的开发和合作，通过北极航道大大缩减货物从中国到欧洲的海上运输时间和成本，与西伯利亚大铁路等陆地运输相辅相成，充分提高"滨海1号"和"滨海2号"利用效率，辟建覆盖范围更大的空中航线，打造中国东北地区与俄罗斯远东地区海陆空全方位的国际物流大通道，带动中国东北地区与俄罗斯远东地区的对外开放空间向全球延伸，为加快区域协调发展提供新动力。

中国与俄罗斯在以往的经济合作中存在着一些急功近利的倾向。在政策导向上过分重视贸易数额和每年递增的数额，而对于一些长期性和基础性的深层次问题，如对两国的经济结构、贸易结构、投资领域等问题缺乏应对的策略研究。其实，中俄两国在经济结构上存在着很大的互补性，但双方并没有充分利用好这一优势。另外，在投资领域方面也存在问题，中国对俄罗斯市场的投资还仅限于在油气开采方面，在其他领域的投资上存在很多的空白点，特别是中小企业对俄投资合作项目很少，其主要原因是俄罗斯的市场经济还不规范，投资风险较大，因此，如果按照市场规律行事，企业会趋利避害放弃对俄投资合作的机会，将机遇留给较为规范的欧美市场。近些年来，我们也注意到，中国与俄罗斯在进行经济合作中，俄罗斯认为中国大量从俄罗斯进口能源和原料，使俄罗斯成了中国的"原料附属国"。而中国大量对俄出口物美价廉的制成品，对俄罗斯本国民族工业发展十分不利。俄罗斯还认为，中国对俄投资的大型项目较少，仅有的一些投资又集中在能源和原材料领域，对其他生产性项目投资不够。俄罗斯的态度表明两国出现了国家战略利益与企业利益的冲突。如何协调国家利益与企业利益的冲突与矛盾，是我们应该思考的问题，这也是制约中俄区域经济合作发展的重要问题。中俄两国政府应该研究制定一些应对措施，加强政策对接协调机制，完善服务保障。例如中俄应建立一个能够解决双方利益冲突的投资风险基金机制，制定出可操作的规程和办法，以国家政策为引导、资金支持和市场运作相结合，扩大对俄市场的投资，协调好市场经济条件下企业利益与国家利益之间的关系，鼓励中国企业走出去、引进来，找到和实现利益的交汇点，实现两国的互利共赢，这样就能获取利益驱动的不竭动力。同时，中俄要加快双方产业结构调整，推动产业链和价值链升级，要善于抓住两国产业结构和经济结构调整的机遇，充分挖掘中俄双方产业差异性、经济结构互补性所产生的经济合作互利性的巨大潜力，放眼未来，将中国与俄罗斯的区域经济合作建立在有序的产业结构和合理的国际分工的基础上，深入研究，合理规划，改变目前这种低层次垂直分工的要素简单互补的合作，选择建材、机电工业、农业技术开发、金融业、旅游业等优势产业领域合作，这对双方区域经济合作都会产生深刻影响，同时也会为中俄两国向更高层次的区域经济合作和一体化发展奠定基础。

（三）增强文化和人文交流，建构良性合作认同

发展区域经济合作不仅需要政治上的互信、经济上的共同利益，还需要以文化和人文交流增强相互理解、建构一种对合作的良性认同，因为良性的认同可以建构出一种合作关系并且使合作的观念深入人心，这又反过来加深了良性的认同并促进合作的进一步发展，在互动中不断内化、上升，从而使合作达到一个更高的水平。总结世界区域经济合作的经验，我们目睹了这样的事实，即发达国家间的政治上的友好关系以及相互之间的信任使区域经济合作更容易达成，如欧盟的建立，即使有冲突也比较容易解决，而在东西关系或南北关系中，政治上的不同立场就会成为合作的重大障碍。为什么会出现这种情况？这说明影响区域经济合作的因素是多种多样的，但其中更深层次、更根本的因素就是历史、文化和社会的差异。这种差异会使双方对合作的利益、市场规则等很多问题的看法和观点发生分歧，从而达不成一种合作认同，成为区域经济合作的一种无形的障碍。相似的经济和社会制度、生活方式和价值观念容易形成一种积极正面的认同，而这种正面的认同，会使国家之间的合作更容易达成并有更高的效率。共同利益的存在及对共同利益的追求是促成国际合作的根本动因，但对利益是谁的，怎样实现共同的利益，不同的国家有不同的理解。国家之间的合作不仅与利益的多少有关，而且还受到文化等观念认同的影响，积极的认同可以极大地促进合作，相反，消极的认同会成为合作的障碍。例如，对待中国的崛起，很多国家都抱有疑虑和防范的心理，他们按照现实主义理论认为新的大国的崛起必然要威胁现有大国的权力与利益，中国的壮大对他们来说是一种威胁，意味着世界力量的重新分配，所以"中国威胁论"一度在国际上十分流行，导致这些国家在与中国合作时十分谨慎和疑虑，使中国对外贸易的外部环境受到了极大的消极影响。因此，中俄两国在合作过程中，要消弭和协调这些方面的矛盾与分歧，积极进行沟通了解，促使合作顺利实现。

人文合作是中俄经济合作中的重要组成部分。在两国元首的直接关心和政府的大力推动下，中俄在人文领域的合作富有成效，在中俄双边关系中发挥着独特的作用。因此，中俄两国要进一步加强地方政府、部门、社团、企业、民间的友好交流，加强教育、文化、卫生、体育和青年、儿童等各方面的密切往来，例如，近年来在中国教育部和中国国家汉语国际推广领导小组办公室的支持下，中国在俄罗斯成立了三个汉语中心，在远东国立大学建设了孔子学院，以推广中华文化，使越来越多的俄罗斯青年通过学习更加了解中国。另外，两国还开展了互派留学生，举办青年企业家大会、儿童夏令营、艺术展览、各种会议和竞赛等项目，促进和带动双方的教育与文化交流，从而使中俄合作向更广更深层次发展。特别是要加强地方政府间的友好往来，加强定期交流沟通机制建设，大力推动地方政府间高层互访，建立更多的友好城市，促进各领域合作的深入开展。要增进部门间友好协商，把协商化解贸易摩擦、经济纠纷和保护商家利益作为重要内容，力求在解决问题中建立友谊，在友好协商中巩固合作。近年来两国组织的一系列的国际论坛及国际会议，例如，俄罗斯举办的东方经济论坛作为俄两大"总统论坛"之一，既是推进远东开发的重要政策工具，也成为亚太地区特别是东北亚地区重要的国际经济和政治交流平台，更体现了俄罗斯促进远东地区发展及亚太区域合作的决心和愿望，因此中国应积极支持和参与东方经济论坛，与俄方进行沟通交流，阐释中国和平崛起的意义以及对中俄开展务实合作的期待，从人文的角度去加深相互理解和认同，对中俄两国区域经济合作起着不可替代的沟通和桥梁作用。同时，还要增进民间友好交流，着力通过政府推动和自发性的民间往来，增强两国的互信，进一步打牢中俄两国长期友好合作的坚实基础。总之，中俄两国人文领域的广泛合作将使双方人民更真实地了解对方，消弭不和谐因素，求同存异，为中俄区域经济合作注入新的发展动力。

（四）加强制度安排建设，推动合作体制性发展

中俄两国在制度建设方面已经取得了一些成果，但在中俄区域经济合作进入实质性阶段中，可能还会遇到各种各样的问题，因此，制度建设是一个长期的过程。为了有效推进两国的经济合作，必须要继续加快机制化建设，落实制度规定及其签署的相关性协定，只有这样，中俄两国人民才能真正享受经济合作所带来的利益。

1. 加强两国经济合作的磋商协调机制

世界区域经济合作的成果表明，一个良好的磋商协调机制是推进经济合作的重要工具。中俄两国要在原有磋商合作机制的基础上，继续深化和完善这一机制，特别是建设行业协调沟通机制，使两国能够在信息充分沟通与交流的情况下进行合作，这样可以避免盲目合作带来的弊端。

2. 建立贸易争端及风险预警机制

近年来，世界各国为保护本国产业发展，恢复经济增长，会加大贸易保护措施，未来发生贸易摩擦的可能性会不断增多，因此，为了应对贸易争端及其风险，中俄两国应建立有关的贸易争端及风险的预警机制，提高应对贸易摩擦的快速反应，尽量规避因贸易争端诉讼案件所带来的负面影响，减少两国企业交易的风险成本。

3. 加强两国投资保护及合作监督机制

正如前文所述，中俄两国在相互投资的领域中还存在着一些障碍性的因素，这些因素导致中俄两国投资的战略利益与企业利益之间存在矛盾，从而严重制约了相互间的投资合作发展。为了改善两国投资环境，实现两国区域经济合作的长远目标，两国应加强彼此间投资保护机制的建设，特别是加强能源、基础设施建设及大型项目投资保护机制的建设，尽量避免投资政策的多变，造成企业及国家的利益损失。另外，为保持两国区域经济合作的积极性和吸引力，两国还应尽快建立双方合作的监督机制，制定相关法律法规保护及监督合作的持续、稳定发展，避免因合作参与方违约，给另一方带来利益损失。

4. 完善地方政府合作机制

中俄两国经济合作的重要特点是两国毗邻地区的经济交往，良好的地方经济合作机制会促使两国区域经济合作向更高阶段发展，因此，要进一步加强和完善地方政府的合作机制，加强地方领导多层次的、定期的会晤机制、互访机制及对话磋商机制，充分发挥地方政府在两国区域经济合作中的作用。

5. 构建国际商事争议多元化解决机制

国际经济合作必然伴随着国际商事争议，国际货物、技术、资金流动，所发生的争议需由贸易伙伴国家政府或政府组织通过法律及双边、多边协定的形式确定的国际商事争议解决机制进行处理。

（1）商会和行业调停机制

商会和行业协会是维护商业会员权利的非政府组织，主要以调解方式解决国际商事争议，不具有进行裁决的功能。在我国，外资企业可以以单位会员身份加入商会和行业协会，而在国外注册的企业一般不能加入普通商会，但可以加入中国境内的国际商会。中俄双方企业可借助对方当地商会和行业协会促进国际商事争议的解决。

（2）国际商事调解机制

2002 年联合国第 52 次全体会议通过的《联合国国际贸易法委员会国际商事调解示范法》为各国的商事调解立法确定了范例。经商事调解组织调解达成的协议，对当事人发生法律效力。商事调解组织的设立和运营方式比较灵活，可在商会内部设立或单独组建。中俄双方设立商事调解组织均可吸收对方国家的专家担任调解员，也可以吸收第三方国家的调解员，并实行调解员名册制，争议各方可自行协商指定调解员。

（3）国际商事仲裁机制

仲裁具有自愿性、民间性、一裁终局性的特点，是国际社会普遍认可的国际商事争议解决方式。中国国际经济贸易仲裁委员会是世界范围内较有影响力的仲裁机构之一；俄罗斯联邦工商会国际商事仲裁院是俄罗斯最权威的国际商事争议仲裁机构。随着中俄双边贸易机会的增加，国际商事仲裁资源的配置急需改变布局。中俄双方可协调国际商事仲裁机构在双方辐射区域的中心城市设立分支机构，以适应中俄区域经济合作发展的需要。

（4）临时仲裁机制

临时仲裁指由争议各方协商指定仲裁员组成临时仲裁庭，对商事争议进行公断的活动。临时仲裁机制下选择仲裁员的程序及仲裁规则均可协商确定。仲裁庭既可参照其他仲裁机构已有的仲裁规则进行仲裁，也可由双方约定仲裁规则。商事争议经裁决后，临时仲裁庭即告解散。

《俄罗斯联邦国际商事仲裁法》将常设仲裁机构和临时仲裁庭合并定义为"仲裁"，以法律形式赋予临时商事仲裁裁决的可执行性。中国法律尚未规定临时仲裁制度，但按照中国已加入的《承认及执行外国仲裁裁决公约》的规定，临时仲裁裁决可在中国申请承认和执行，临时仲裁机制也将在中国应用和普及。中、俄、日、韩、蒙均已加入《承认及执行外国仲裁裁决公约》，临时仲裁机制或将在东北亚区域经济合作中发挥应有的作用。

（5）司法管辖机制

由本国法院管辖国际商事争议案件是司法主权的体现。虽然国际商事争议多以非诉讼途径解决，但法院司法管辖的重要性仍不可低估。中俄双方可依据本国诉讼程序法，在由本国享有主权的领土范围内设立普通法庭、速裁法庭、调解法庭等形式，探索便利诉讼、提高诉讼效率的方法和途径，建立诉前调解与非诉居间调解的对接机制。

总之，制度不仅可以为合作双方提供信息，以促进合作，节省交易成本，有助于解决冲突，减少欺骗的可能性，而且对国家行为具有一定的约束作用。同时，制度的建立还有助于国家之间对合作的认同。通过两国的对话机制、磋商机制等互动，可以改变行为双方的认知结构、形成共同的理解，因此，中俄两国在区域经济合作过程中，应更加认识到制度安排及建设的重要性，加强制度建设，为实现两国长远发展奠定基础。

第二节　后金融危机时代中俄
经济合作的前景展望

后金融危机时代中俄两国经济合作发展的前景十分广阔，两国应在"一带一路"倡议和上海合作组织等框架下积极开展双边的经济合作，特别是在能源、金融、科技等领域展开合作，最终实现由双边经济合作扩展到多边经济合作的发展新格局。

一、在上海合作组织框架下继续推动中俄经济合作

上海合作组织成立 20 多年来，合作领域不断拓展，尤其是在安全、经济、人文合作领域取得了显著成就，自 2013 年习近平主席提出建设"新丝绸之路经济带"和"21 世纪海上丝绸之路"的合作倡议以来，上海合作组织成员间的经济合作快速推进，2018 年青岛峰会在加快上海合作组织与"一带一路"的对接合作方面达成共识，取得了丰硕成果，上海合作组织框架下的经济合作突破了瓶颈，迈上了新台阶。

上海合作组织是一个以中国上海城市命名，常设机构在北京的区域性国际组织。上海合作组织的前身是"上海五国"，1996 年 4 月 6 日，中国、俄罗

斯、哈萨克斯坦、吉尔吉斯斯坦、塔吉克斯坦五国元首在中国上海签署文件，当代国际关系史上一个重要的区域性国际组织的雏形——"上海五国"元首会晤机制由此诞生。"上海五国"成立的最初目的是促进中国与俄罗斯等四国边界问题的解决，加强边境地区的信任及安全。2001年6月15日，中国、俄罗斯、哈萨克斯坦、吉尔吉斯斯坦、塔吉克斯坦和乌兹别克斯坦六国元首在中国上海签署了《上海合作组织成立宣言》，标志着一个区域合作组织——上海合作组织的诞生，也标志着该地区的区域性合作进入了崭新阶段。

上海合作组织成员国总面积3 000多万平方公里，约占欧亚大陆的3/5；人口约30亿（截至2021年），约占世界人口的43%；工作语言为汉语和俄语。上海合作组织对内遵循"互信、互利、平等、协商、尊重多样文明、谋求共同发展"的"上海精神"，对外奉行不结盟、不针对其他国家和地区及开放原则。中俄是上海合作组织的主要成员国，随后该组织又吸收了蒙古、白俄罗斯、伊朗、阿富汗为四个观察员国，其合作领域也由最初的政治、反恐安全领域，扩展到了经济、能源、人文、教育等领域的合作，上海合作组织不断壮大。

20世纪80年代末至90年代初，东欧剧变、苏联解体、华沙条约组织和经济互助委员会相继解散，第二次世界大战之后形成的以美苏为首的两极对峙的冷战局面结束，世界政治版图发生了巨大变化。冷战虽已结束，和平与发展成为潮流，但世界并未因此而得到太平。取而代之的是地区冲突、民族冲突和宗教冲突。欧亚大陆是国际政治舞台的重要核心之一，中国和俄罗斯又是欧亚大陆国土面积前二的国家和联合国安理会常任理事国，哈萨克斯坦、吉尔吉斯斯坦、塔吉克斯坦和乌兹别克斯坦位于欧亚大陆的中心地带，地缘政治战略和地缘经济战略地位都很重要。无可否认的是在欧亚大陆也存在着所谓"危机弧"，如何把"危机弧"变为"稳定弧"，是这一地区各国面临的共同任务。与此同时，保持和发展睦邻友好合作关系对维护本地区的和平与稳定具有重要意义，对亚太地区的稳定也具有重要战略意义。上海合作组织成员国都面临着维护国家安全与领土完整、发展经济、应对全球化挑战的艰巨任务，渴望拥有长期稳定的和平环境。但是本区域内外各种干扰和不稳定因素复杂多变，凸显了彼此之间加强合作的必要性和迫切性。

上海合作组织成员国之间的合作不断深化，区域经济合作逐渐上升为重要的合作内容，并成为上海合作组织前进发展的动力之一，各成员国在其经济领域开展合作的愿望越来越强烈，因此中俄两国推进和深化在上海合作组织框架下的区域经济合作已成为一种现实的需要。2001年9月14日，六国政府首脑签署了《上海合作组织成员国政府间关于区域经济合作的基本目标和方向及启动贸易和投资便利化进程的备忘录》，标志着区域经济合作正式启动。2003年9月23日，六国政府首脑经过认真磋商签署了上海合作组织区域经济合作的纲领性文件——《上海合作组织成员国多边经贸合作纲要》，阐述了区域经济合作发展的目标。有别于其他区域经济合作组织从建立自由贸易区入手，上海合作组织区域经济合作是从贸易投资便利化起步的，所以上海合作组织短期内就是将积极推进贸易投资便利化的进程作为近期目标；中期内是制定共同规则和方案并建立优先发展方向支持体系以加强区域经济合作；长期内（2020年前），就是在互利基础上效益最大化地利用区域资源，为贸易投资创造有利条件，以逐步实现货物、资本、服务和技术的自由流动。为了落实《纲要》，2004年9月23日，六国签署了《上海合作组织成员国多边经贸合作纲要》实施措施计划。此后又签订了《上海合作组织银行联合体成员行关于支持区域经济合作的行动纲要》等。这些文件的签订说明了上海合作组织已经把成员国之间的区域经济合作提上了日程，也为在上海合作组织框架内开展区域经济合作提供了依据。上海合作组织自成立以来，虽然在打击"三股势力"、巩固中亚安全、促进多边合作发挥了重要作用，但在经济合作领域尚未取得实质性进展，上海合作组织的特点是安全合作高于经济合作。其主要原因是在很大程度上由于俄罗斯对上合组织经济合作的态度上表现出了矛盾的心态。俄罗斯为保持其在中亚地区的经济、能源及战略利益的主导地位，对中国扩大在中亚地区的影响有一定的顾虑，存在一定的戒心，所以俄罗斯曾一度对中国提出的在上海合作组织框架下开展经济合作的建议反应不够积极，然而上海合作组织的未来发展还是要取决于其经济功效。经过近几年的发展，上海合作组织区域经济合作从无到有，建立了各种机制与保障制度，明确了发展目标，在区域经济合作方面，如在贸易和投资、能源、交通、电信以及其他经济技术合作项目取得了显著的成果。2009年6月和10月，在俄罗斯的叶卡捷琳堡举行了上海合作组织峰会上以及在北京举行的总理会议上，提出了一系列应对国际金融危机、深化区域经济合作的倡议，各国元首也都对加强区域经济合作达成了共识。在这种情况下，上海合作组织推进区域经济合作，既是上海合作组织发展的必然结果，也是"共同发展"的"上海精神"的本质要求，区域经济合作已成为上海合作组织发展中的主要问题。2017 年 6 月，上海合作组织峰会在哈萨克斯坦举行，峰会上正式接受印度和巴基斯坦为成员国。这标志着上合组织在成立 16 年后已初步完成了机构建设、制度化建设和多边合作框架建设等初级阶段的任务，上合组织向合作深化的阶段迈进。

上海合作组织的建立是中俄战略协作伙伴关系在地区上的一次成功实践。上海合作组织的诞生为中俄两国的经济合作提供了更加广阔的发展空间，而中俄的合作关系的不断深化也为上海合作组织的发展注入新的活力。中俄两国应率先在上合组织框架内开展交通、基础设施、能源、金融、农业、科技等领域的合作，使两国的战略协作伙伴关系得到深入发展。

（一）上海合作组织区域经济合作的发展目标

上海合作组织框架内的区域经济合作的方向和长远目标（2020 年前）是以市场经济原则为基础，通过实施本地区贸易自由化，达到优化本地区资源配置，促进区域内各国经济增长，提高各国人民生活水平的目的。借鉴世界各区域经济一体化组织的成功经验，顺应经济全球化和区域经济一体化的潮流，上海合作组织设定了经过 10~15 年建成上海合作自由贸易区的目标。

1. 区域经济合作基本目标

上海合作组织的区域经济合作基本目标是：发挥成员国经济的互补性以促进其经济的共同发展；扩大贸易和投资规模；促进经营主体间的合作生产和经贸活动的发展；改善贸易和投资环境，为逐步实现商品、资本、服务和技术的自由流动创造相应条件；协调各国对外经济活动方面的法律；根据各国现行法律鼓励和支持成员国在行政区域间建立多种形式的直接联系；有效利用在交通和通信领域的现有基础设施，进一步开放过境运输潜力；发展服务贸易领域的合作；保障合理利用自然资源，实施共同的生态规划和项目；建立和发展实施区域经济合作的机制。其实现贸易和投资便利化的途径是：分步骤消除贸易和投资障碍；为实现货物和旅客的运输，包括过境运输，确立法律、经济、组织和其他方面保障；发展口岸基础设施；协调商品和技术标准；扩大法律法规信息交流；吸引和保护相互投资。其合作的重点领域是能源、交通运输、电信、农业、旅游、银行信贷、水利和环境保护等及其他共同感兴趣的领域，同时促进中小企业建立直接联系。在短期内，将积极推动贸易投资便利化进程；将共同制定落实协议和各国法律措施清单，确定其制定顺序和办法；在现代化的组织和技术水平上建立和发展经贸投资的信息空间；确定共同感兴趣的经贸合作优先领域和示范合作项目并付诸实施。这意味着上海合作组织经济合作的基本思路是分"三步走"，即先开展便利化建设扫清合作障碍，再深化经贸合作使各方受益，最后在适当的时候实现货物、资本、服务和技术的自由流动。

2. 区域经济合作中期目标

上海合作组织的区域经济合作中期目标是大力推进贸易便利化和经济技术合作贸易便利化，这是区域经济合作的基础，也可为建立自由贸易区做准备。贸易便利化不涉及关税的减让，只涉及非关税措施的削减，包括海关组织与程序；检验检疫程序；标准一致化；原产地规则；减少技术性贸易壁垒；加强信息沟通与交流，发展电子商务；方便商务人员流动等，当然还可以将减少配额、许可证列入其中。

在推进贸易便利化的同时，为促进各成员国经济的共同发展，在经济技术合作方面应确定开展经济技术合作的优先和重点领域。成立相关领域的工作组，制定各成员国在各个领域开展经济技术合作的规划及相应措施。建议确定能源、交通、通信、农业、环保以及制造业为投资的重点领域，其中以油气资源开发、电力、交通运输、林业资源开发、通信为合作的优先领域。经过各成员的磋商，尽快启动一些项目，并力争在较短时间内给个成员国带来实际利益，尽早享受区域经济合作的成果。中期内（2010年前），任务是共同努力制订稳定的、可预见和透明的规则和程序，在上海合作组织框架内实施贸易投资便利化，并以此为基础在《上海合作组织宪章》和上述《备忘录》规定的领域内开展大规模多边经贸合作。

3. 区域经济合作长期目标

上海合作组织的区域经济合作长期目标是启动自由贸易区的谈判和最终建立自由贸易区。在推进贸易投资便利化的基础上，经过各方磋商，适时地

（2020年前）启动建立自由贸易区的谈判。根据已有的国际经验，上海合作组织区域经济合作从贸易投资便利化起步，最终将走向自由贸易区。

（二）上海合作组织区域经济合作的实施机制

结合区域及国际合作的经验以及上海合作组织的实际情况，在上海合作组织经贸部长会晤机制下设相关工作组，包括通关和口岸合作工作组、检验检疫工作组、交通运输工作组、法律工作组、电子商务工作组、能源合作工作组、通信工作组等，负责协调经济合作领域的工作。

各个工作小组由各国政府的相关主管部门官员参加，每年定期开会，制定近期共同行动计划，提交高官会讨论。高官会为非常设机构，对各国实施贸易投资便利化进程及结果进行有效监督，并定期向经贸部长会议做出汇报，以便调整经贸合作的进程和方向。经贸部长会议将区域经济合作的主要成果及问题向总理会晤进行报告，以期在高层加以解决。各工作小组的设置可根据区域经济合作的进展情况增减。同时，在上海合作组织秘书处下设经贸组，以协助经贸部长会晤机制协调各项工作。

（三）上海合作组织区域经济合作存在的问题和困难

上海合作组织区域经济合作进入全面合作以来，区域经济合作在推进和完善的过程中遇到了一系列的困难和问题，其中一些困难和问题反映出推动合作需要解决的深层次问题，需要各方认真探索，达成共识，采取共同行动，尽快加以解决。

1. 认识和定位不同，尚待形成共同强烈的意愿

上海合作组织在成立之初就将反对恐怖安全和经济合作确立为组织发展的两大重要领域。随着区域内贸易和经济合作的发展，各国从中获益一目了然。然而，应当承认，各方对上合区域经济合作的定位、发展方向的认识和定位不同，在经济全球化中本国的经济战略取向和优先顺序、对上海合作组织的关注和投入程度立场各异、参差不齐。各方虽已认同能源、交通、电信及农业等作为合作的优先领域，并制定了内容丰富的合作规划，但受各国家体制、政治意愿、行动能力等制约，各方对于区域经济合作的发展目标和发展模式尚未真正形成高度的认同和意愿，在实施的路径上想法各异，在一些重要环节上议而不决、决而不行，各国领导人的共识和达成的协议、规划实

施缓慢，面临不少困难和阻力。

2. 各成员国对上海合作组织的经济合作的需求和期望不同

据世界银行评估，2021 年上合组织成员国（加上伊朗）GDP 总量将达到 23.5 万亿美元，占全球 GDP 的近四分之一。2021 年中国同上合组织各成员国贸易额达 3431 亿美元。各国经济发展水平、市场开放程度及面临的社会经济发展中急需解决的问题各异，在经贸、投资制度、海关、税收的政策协调上难度较大。例如，俄罗斯在中亚的经济利益表现为恢复、维系并扩大同中亚国家的已存在的经济联系，将中亚-里海油气资源开发和输送纳入俄罗斯的轨道，巩固并扩大在该领域中所占的领先地位。对于中国而言，加强与中亚国家的经济合作是西部大开发战略的需要，与中亚国家开展经贸合作，即意味着在欧亚大陆腹地出现了一个巨大的市场，一个现实和潜在的经济合作区域，一条便捷的通往欧洲和西亚的陆路战略通道；中亚国家的经济社会发展面临一系列独特、紧迫的问题，对上海合作组织的区域经济合作较为积极，迫切希望上海合作组织对其增加投资，满足基础设施建设的需求，热心经济技术合作，希望中俄两国在相互平等、互利重要原则的基础上加大对中亚的投入。因此，各国的关注点和对问题的解决力度的差异造成了上海合作组织经济合作工作效率低、内部协作难度大、机制运作缺乏效力、签署的协议落实进度慢等现象。

3. 区域经济合作框架内各种机制效率有待提高

在上海合作组织区域经济合作框架内，已建立了以经贸部长会议、高官会议和各工作组为基本框架的各级磋商机制。通过这些机制，上合区域经济合作得到推动。但由于各国发展状况、利益的不同，各级机制的运转效率有待提高，需要强有力的协调机制加以推动。例如，工作组牵头方工作乏力，缺少明确的工作目标和时间表。除中国外，其他成员国还是独联体内各类经济组织的成员，客观上分散了对上海合作组织的关注程度。各成员国的文牍主义、履行意识差、议而不决、决而不行的工作作风对上海合作组织区域经济合作也造成了明显的负面影响。

4. 资金缺口大，存在融资瓶颈

上海合作组织地区属于新兴经济体地区，经济初期发展需求与资金瓶颈的矛盾十分突出，区域内合作项目众多，基础设施建设资金需求巨大。各国均是发展中国家，经济实力总体上不强且发展水平差距仍在扩大。除中、俄两国以外，其他各国难以为区域经济合作发展做大规模资金投入，合作需求与可用资金有限的矛盾突出。在上海合作组织内出现了一方面成员国需要大量投资，而另一方面上海合作组织各国对区域合作机制运作、多边项目前期准备所需资金的出资义务无法完成，出现融资困难的状况。尽管中方贷款、国际金融组织资金、上海合作组织银联体框架内的融资在一定程度上解决了融资不足的问题，但资金瓶颈的问题仍十分突出。地区内基础设施、能源、科技、农业领域众多项目的融资没有机制性渠道加以落实，上海合作组织的实际投、融资能力和各方的期望与实际需求差距甚大。各方应共同努力建立机制性融资体系，共同加大对本地区的投入力度是推动上海合作组织区域经济合作得以开展的重要条件。

5. 成员国之间的利益矛盾错综复杂

上海合作组织作为一个多边组织，自成立之日起，奉行互信、互利、平等、协商、尊重多样文明、谋求共同发展的"上海精神"。《上海合作组织宪章》确定的原则中明确规定："所有成员国一律平等，在相互理解及尊重每一个成员国意见的基础上寻求共识，在利益一致的领域逐步采取联合行动，和平解决成员国间分歧。"得益于这些原则，上海合作组织的各领域的合作得到了长足的发展，在今后所有重大领域的合作也将按此原则逐步加以推动。在各国确立上海合作组织区域经济合作的主要目标，将能源、电信、农业等合作领域作为优先合作领域之后，在具体实施过程中，由于成员国的发展阶段、发展水平、合作取向、面临的问题等方面的不同，以及历史遗留的问题的错综复杂，利益犬牙交错，成员国在上海合作组织区域经济合作中涉及的具体项目上出现一些分歧，使得合作进展缓慢甚至停滞不前。

(四) 中俄在上海合作组织内开展区域经济合作

上海合作组织的宗旨、定位、合作原则及发展目标对中国与俄罗斯乃至中亚国家的区域合作有着十分重要的推进作用。上海合作组织所倡导的"互信、互利、协商、族中多样文明、谋求共同发展"的"上海精神"是上海合作组织向更广阔领域发展的指导理念。上海合作组织构建的多边合作框架营造了中亚地区经济合作良性发展的环境。上海合作组织推动的在经贸领域中的多边合作已初具规模，并已步入机制逐步健全、合作项目明确的务实发展轨道。2008 年通过并重新修订的《〈上海合作组织成员国多边经贸合作纲要〉落实措施计划》决定优先重点落实交通、电信、现代技术、农业、能源等领域的合作项目，已经在各方的努力下，取得了重要的阶段性成果。这说明，上海合作组织的凝聚力得到了加强，本地区在世界经济发展中的影响日趋扩大。

1. 中俄在上海合作组织内开展区域经济合作的有利条件

中俄在上海合作组织内开展区域经济合作最有利的条件是，该组织在推进区域经贸合作方面，已经具备了相对完整的组织架构、执行机制及合作体系，包括政治、经济、军事及安全领域的合作机制，为开展区域经济合作提供了良好的政治安全保障；近年来，各成员国经济的快速发展为扩大区域贸易创造了有利条件；各成员国间基于要素禀赋的互补性分工较强，这是区域经济合作的基础；丰富的能源储量及较高的产量为成员国间开展贸易、进行相互投资创造了良好条件，为区域经济合作创造了广阔的发展空间；各成员国间特有的地缘经济利益形成了区域经济合作的强大内在动力，这些因素为中俄在上海合作组织框架内开展区域经济合作奠定了必不可少的客观基础。

2. 中俄在上海合作组织内开展区域经济合作的不利条件

中俄在上海合作组织内开展经济合作的最大不利条件是该组织中的各成员国普遍经济发展水平不高，各国的经济实力差距较大，加大了区域经济合作的难度；区域贸易规模小，各国对区域贸易依存度不高，影响区域经济合作的效果；各成员国对外投资能力弱，制约相互投资的发展，影响区域投资促进措施的效果；各国推进贸易投资自由化的进程不同，对区域经济合作的一般原则和规则的认识存在较大偏差，影响其对于区域经济合作目标和任务的理解；在上海合作组织区域内存在多个次区域经济组织和论坛，尤其是目前有效运作的次区域经济组织——欧亚经济共同体和由亚洲开发银行倡导并资助的中亚区域经济合作机制，在一定程度上削弱了上海合作组织区域经济合作的吸引力。这些因素表明，上海合作组织区域经济合作的基础依然较薄弱，提升区域经济合作水平需要各方付出长期不懈的努力。另外，随着中国经济的飞速发展，中国对能源和自然资源的需求日益增多，再者，为了保持西北地区社会和政治稳定，中亚地区已经成为中国重要的战略利益区。

而俄罗斯由于历史传统、地缘政治现实和经济联系等多方面的原因，在中亚各国有着巨大的利益、影响力和错综复杂的关系，随着近年来经济恢复和能源战略的实施，使俄罗斯很自然地加大了对中亚的投资和合作力度，对自己在中亚的原有利益和潜在利益十分关注。俄罗斯经济占上海合作组织GDP总量的25%，它有意愿也有能力对上海合作组织输出更大的投入，但迄今为止，俄罗斯在经济全球化进程中的合作战略取向还在形成之中。一方面，俄罗斯希望本国发展急需的资金、技术来自美、日、欧盟等方向，期待着与欧盟等建立更加广泛的经济合作空间；另一方面，由于政治和地缘经济利益等各种原因，俄罗斯融入国际经济体制、与西方建立更加紧密的政治、经济关系的进程曲折，前景难以预测。俄与包括中亚国家在内的独联体经济空间的建立，且不说其是否符合世界经济发展潮流，其实施前景一波三折，充满着不确定因素。迄今为止，俄罗斯将上海合作组织区域经济合作置于俄罗斯同为成员的欧亚经济共同体之后，更多地将上海合作组织视为地区安全组织，更重视其安全功能，而将上海合作组织的区域经济合作功能视为因中亚国家"舍此将不可避免地将目光转向他国、为避免削弱上海合作组织而采取的顺势而为的认同"，从而将上海合作组织视为俄罗斯加强在中亚地区影响力以及密切同中国关系的一种补充渠道，尚未明确对上海合作组织区域经济合作的战略目标，对上海合作组织经济合作的发展目标和模式尚未做出决断。这样的结果，一方面，俄罗斯在上海合作组织区域经济合作中发挥的作用和影响力巨大；另一方面，俄罗斯对上海合作组织区域经济合作中的战略取向尚不明确，并未做好与中国共同在中亚地区开展合作的心理准备。这就造成了俄罗斯在确定上海合作组织区域经济合作长远战略目标、推动合作进程、确定多边重大项目过程中心态复杂，行动举棋不定。同时，俄罗斯始终对中国在中亚地区影响力的增强保持警惕状态。

3. 中俄在上海合作组织内的区域经济合作

中俄在上海合作组织内的区域经济合作既有不利条件，也有有利条件，两国应该发挥有利条件，可以在上海合作组织内开展全方位的合作，形成机制，而且上海合作组织关于区域经贸合作的内容包括交通运输合作、能源合作、农业合作、电信合作及其他合作。在这些领域，中俄两国都可以开展合作，尤其是在能源和农业领域。俄罗斯拥有丰富的石油和天然气，而中国对能源资源的需求比较大，两国完全可以在这些领域进行合作。

俄罗斯既是世界大国，也是中国的最大邻国。数百年的中俄关系史表明，中俄两国"合则两利，斗则两伤"。上海合作组织是中国外交的重要舞台，上海合作组织框架内的中俄经济合作为区域经济的发展提供了可以借鉴的经验，也是地区稳定的强大支柱。上海合作组织框架内的中俄经济合作不仅关系到中俄两国经济发展，也关系到中亚地区经济实力的提升和战略稳定。展望未来，在上海合作组织框架内中俄两国齐心协力、携手共进，必定可以实现国力振兴、重新崛起。

二、在"一带一路"倡议下继续推进中俄经济合作

在"一带一路"倡议的背景下，加强中俄区域经济合作已成为两个地区发展经济的重要途径。所以，中俄两国应抓住这一历史机遇，促使中俄"一带一路"倡议和欧亚经济联盟的对接展开全面合作，积极推动双方在农林渔业、人力资源、基础设施等领域的互利合作，加强两国在国际舞台上的协调配合，巩固和维护两国的共同利益。

(一) 以道路联通为优先，加强基础设施建设

中俄共同建设东北亚地区的基础设施，将中国东北地区与俄符拉迪沃斯托克市(海参崴)、远东地区乃至东北亚地区的发展连接成一个整体。俄罗斯东部地区交通基础设施落后，不仅严重制约了俄远东地区发展，也使得"一带一路"东部沿线国家地区间经济流动滞后。对此，应该从"一带一路"经济圈的经济作用角度加以优先考虑，在俄罗斯大力发展远东地区，在有意将符拉迪沃斯托克市(海参崴)打造成其融入亚太经济圈的"桥头堡"的基础上，促进中国东北地区与俄远东地区的经济联系，将中国东北地区与俄远东地区打造成为连接欧洲与东北亚地区的交通走廊。稳步推进中蒙俄经济走廊、"滨海 1号""滨海 2 号"陆海联运国际交通走廊、中欧班列等项目，进一步发挥内蒙古的区位优势，以及中国东北与俄远东地区陆海联运合作，推进构建欧亚高速运输走廊，建设好面向俄罗斯的开放窗口。同时，中国东北地区也应创新航

运、物流、安全合作的模式，通过与俄远东建立特许经营权、共建共享港口等方式，推进海上与陆上丝路对接。因此，我们应积极推动两个地区加强基础设施建设规划、共同推进通道建设，突出抓好区域间互联互通，畅通瓶颈路段，提供优质、畅通、安全高效的交通网络。

（二）以贸易畅通为重点，激发释放合作潜力

中俄两国应努力消除投资和贸易壁垒，共同研究解决投资贸易便利化问题，积极推进自由贸易区建设，构建区域内良好的营商环境，促进自由贸易关系，激发释放合作潜力，做大做好合作"蛋糕"。中国与俄罗斯在农产品贸易、资源产业以及加工业方面有很强的互补性，应积极在"引进来、走出去"倡议下不断加强经济贸易合作，构建良好宽松的贸易环境，以促进双方贸易畅通，释放更多合作潜力，使双方贸易更快速发展。中俄两国经济合作内生动力要不断增强，质量和体量要同步提升，双方共同利益纽带要不断拉紧。

（三）以货币流通为支撑，深化区域金融合作

中俄双方要深化区域内金融合作，加强金融监管合作，建立高效监管协调机制，建立区域性金融风险预警系统。国际金融危机爆发以后，以美元为核心的国际货币体系面临着巨大的压力，为降低对美元的过度依赖，中方与俄方应更加重视加强区域货币的金融合作。随着中俄两国经济贸易合作的不断发展，两国本币结算状况应进一步落实。中俄双方应加强金融机构积极合作，在政策与技术层面采取措施，为使用人民币或卢布结算提供各种便利。

（四）以民心相通为根基，打造多形式人文合作

"一带一路"倡议为推动中俄两国经济合作，深化互利共赢，积极构建区域经济一体化的新格局指明了方向。特别是"一带一路"所赋予的三大新使命，即弘扬丝路互惠型的经济观，弘扬丝路合作型的安全观，弘扬丝路包容型的文明交往观，也为中俄两国经济合作增进了战略互信。中俄两国要坚持团结互信、平等互利、包容互鉴，合作共赢的基本原则，虽然两国存在不同文化背景、具有不同信仰和价值观念，但两国完全可以共同发展、共同繁荣。因此，中俄两国要在人文交流、信息沟通方面"有所作为"，通过积极交流，早日就双方合作达成认同与共识，开展务实性经济合作，进一步拓展经贸合作领域、深化人文交流内涵，探索增进两国人与人、民众与民众之间友好情谊的"喜闻乐见的形式"，着力宣传、解读中国政策，树立国家政策形象，提高国家美誉度，提升文化软实力，增信释疑。中俄两国要广泛开展文化交流、学术互动、旅游合作等多种形式的人文合作，继续举办国家年、语言年、旅游年等国家级主题年活动，架好友好省州和友好城市的友谊之桥，打造特色旅游线路和旅游产品，加强民间组织交流合作，赓续敦亲睦邻的传统，培育情感共同体，拓展和增加人文交流和民间交往的维度、广度、深度，汇聚民相亲、心相通的洪流，坚实两国世代友好的民意基础。

综上所述，中俄两国在"一带一路"倡议下应以共同发展、共同繁荣为第一要义，积极推动中俄两国的组织、企业参与到经济合作中来，和衷共济，相向而行，共同铸就团结、发展、繁荣的未来，为中俄两国和地区的人民带来更多福祉，为世界经济增长创造更多机遇。

结　论

在百年未有之大变局和新冠肺炎疫情交织、国际格局加速演变的大背景下，新时代中俄关系经受住了国际风云变幻的考验，中俄经济合作不断加强务实合作，质量和体量同步提升，为两国经济发展带来更多的红利，也为世界经济复苏提供了动力。笔者对中俄经济合作历程、现状等进行了分析、研究、思考与展望，提出了一些浅薄的建议和对策。特别是对影响中俄经济合作的相关性因素的分析和思考，为将来进一步加深新时代中俄经济合作提供了一些有益启示。总结本书的研究，可以得到如下结论：

第一，合作双方的互信是合作得以持续的重要前提。中俄双方越来越认识到互信薄弱是中俄两国战略对话与经济合作的重大障碍，要知道合作的基础是经济利益，但互信则是合作的前提。中俄经济合作进展缓慢，部分原因就是俄方对中国的不信任，担心中国在俄影响的扩大，会威胁到俄罗斯的安全利益。这些关于中国的偏离现实的想象和印象，影响到俄政府的对华政策。因此，中俄两国之间应加强沟通，消除隔阂，建立一种政治互信机制。

第二，经济合作的动力源泉是对经济利益的追求和合作愿望的强烈。中俄两国之间建立的战略协作伙伴关系并不意味着双方在所有问题都持有相同看法和立场，也不意味着两国彼此之间只有合作而没有利益冲突。因为经济利益能够超越地理环境和地缘政治的困局，成为合作的基础，所以中俄应该采取务实主义态度，先从比较容易的经济合作领域入手，在能源、科技等重点领域积极展开合作，取得共同利益，使两国达到互利共赢的目的，以实际的经济利益增加两国经济合作的主动性、积极性，为中俄经济合作注入动力，促使中俄两国对深化经济合作充满信心。中俄双方在开展经济合作的过程中应更多地积极地寻求两国的利益交汇点，打造更多利益契合点和合作增长点，挖掘潜力，扩大务实合作，以双方之间的共同利益为基础，全面促进利益融合，在不断解决问题的过程中实现两国的共同发展。中俄两国还要采取循序渐进、一步一个脚印的方式推动两国间区域经济合作的步步深入，不能急于求成。同时两国还要在区域和国际事务中加强沟通和协调，寻求共同利益，以充实战略合作伙伴关系的内容。

第三，中俄区域经济合作的规模、质量和长远发展还取决于双方的文化观念与合作认同以及制度安排。合作不仅与利益有关，而且还受到文化认同的影响，积极正向的认同可以极大促进两国间的合作，消极负向的认同则可能成为双方合作的障碍。同时，制度的安排也是中俄区域经济合作取得成效的关键。因此，中俄两国对这一问题应加以重视，积极开展有利于两国交流沟通的活动，鼓励加强青年、地方等往来与交流合作，不断深化文化交流与合作，始终把促进民心相通作为重要任务，打牢坚实、广泛的民意和社会基础，形成良性认同。与此同时，加强构建两国合作长效机制、高层定期交往机制，在投资、能源、经贸等各领域建立合作机制，就共同关心的问题和合作展开坦诚的交流，加大管理、监督与落实双方合作项目的力度，切实推动两国经济合作的务实发展，使两国的经济合作向更高层次、更高水平发展。

第四，进入新时代，中俄两国要以"守望相助、深度融通、开拓创新、普惠共赢"为方向，增强合作的理念，寻求新的发展观和安全观，尊重双方的核心利益，坚决维护战略安全和发展利益，不断巩固中俄战略协作伙伴关系，践行真正的多边主义，捍卫国际公平正义，推动国际秩序朝着更加公正合理的方向发展。中俄团结一致、共同发声的范围越来越广，两国共同崛起才会成为可能。因此，中俄两国应积极抓住世界经济调整变化的这个机遇，开创合作的新局面，千万不能坐失良机，丢掉合作和发展的机会。

世界越是动荡，中俄两国就是越有必要加强战略协作和经济合作，这对于维护全球战略安全稳定十分重要。新时代中俄两国经济合作虽取得显著成就，两国经济合作进程步伐不断加快，但两国经济合作仍处于较低水平阶段，主要体现为功能性的推动，而制度性、体制性推动力还较弱，全力推动中俄经济合作向制度性保障的更高层次发展，是符合中国与俄罗斯两国根本利益。

　　正如习近平主席所说："无论前进道路上还需要爬多少坡、过多少坎，中俄两国都将继续凝心聚力、笃定前行。"展望未来，新时代全面发展中俄经济合作，必将继续为世界经济复苏注入强劲动力，为推动世界可持续发展做出更加突出贡献。

参考文献

一、中文文献

中文著作

[1]朱冰. 苏联外贸概述[M]. 北京：中国对外经济贸易出版社，1984.

[2]《世界经济百科全书》编辑委员会. 世界经济百科全书[M]. 北京：中国大百科全书出版社，1987.

[3]孟宪章. 中苏贸易史资料[M]. 北京：中国对外经济贸易出版社，1991.

[4]金振吉. 东北经济圈与中国的选择[M]. 北京：中共中央党校出版社，1992.

[5]天一. 中俄边贸实用大全[M]. 北京：人民日报出版社，1993.

[6]龚心瀚. 边境贸易实务手册[M]. 上海：上海远东出版社，1993.

[7]储祥银. 国际经济合作原理[M]. 北京：对外经济贸易大学出版社，1993.

[8]李竹青. 少数民族地区边境贸易研究[M]. 北京：中央民族大学出版社，1994.

[9]刘秀玲. 国际贸易政策与实务[M]. 沈阳：辽宁科学技术出版社，1995.

[10][日]（财团法人）环日本海经济研究所. 东北亚——21 世纪的新天地[M]. 北京：中国财政经济出版社，1998.

[11]薛君度，陆南泉. 中俄经贸关系[M]. 北京：中国社会科学出版社，1999.

[12]饶会林. 城市经济学[M]. 大连：东北财经大学出版社，1999.

[13]张丽君. 地缘经济学导论[M]. 北京：中国三峡出版社，2000.

[14]施锡铨. 博弈论[M]. 上海：上海财经大学出版社，2000.

[15][俄]阿尔巴金. 俄罗斯发展前景预测——2015 年最佳方案[M]. 北京：社会科学文献出版，2001.

[16][日]青木昌彦. 比较制度分析[M]. 上海：上海远东出版社，2001.

[17]夏焕新. 俄罗斯远东对外经济[M]. 北京：中国财政经济出版社，2001.

[18]沈伯明. 新编国际经济合作[M]. 广州：华南理工大学出版社，2002.

[19]余昺雕. 世纪之交的东北亚区域经济——东北亚区域经济发展变化趋势及对策研究[M]. 长春：吉林文史出版社，2002.

[20]高洪深. 区域经济学[M]. 北京：中国人民大学出版社，2002.

[21]于同申. 发展经济学：新世纪经济发展的理论与政策[M]. 北京：中国人民大学出版社，2002.

[22]王林生. 跨国经营理论与实务[M]. 北京：对外经济贸易大学出版社，2003.

[23]陈秀山、张可云. 区域经济理论[M]. 北京：商务印书馆，2003.

[24]胡键. 俄罗斯转轨的制度经济学分析[M]. 上海：学林出版社，2004.

[25]袁欣. 对外贸易结构的动态演进[M]. 广州：中山大学出版社，2004.

[26]于国政. 中国边境贸易地理[M]. 北京：中国商务出版社，2005.

[27]杨清震. 中国边境贸易概论[M]. 北京：中国商务出版社，2005.

[28]陈秀山、孙久文. 中国区域经济问题研究[M]. 北京：商务印书馆，2005.

[29]李铁立. 边界效应与跨边界次区域经济合作研究[M]. 北京：中国金融出版社，2005.

[30]赵传君. 东北经济振兴与东北亚经贸合作[M]. 北京：社会科学文献出版社，2006.

[31]戚文海. 中俄能源合作战略与对策[M]. 北京：社会科学文献出版社，2006.

[32]郭建宏. 中国加工贸易问题研究[M]. 北京：经济管理出版社，2006.

[33]张照贵. 经济博弈与应用[M]. 成都：西南财经大学出版社，2006.

[34]夏建平. 认同与国际合作[M]. 北京：世界知识出版社，2006.

[35]范宏贵、刘志强. 中越边境贸易研究[M]. 北京：民族出版社，2006.

[36]刘秀玲. 边境经贸与民族地区生态环境发展论[M]. 北京：民族出版社，2006.

[37]韩兴海. 图们江自由港区研究[M]. 长春：吉林人民出版社，2006.

[38]王胜今、于潇. 图们江地区跨国经济合作研究[M]. 长春：吉林人民出版社，2006.

[39]王胜今、李玉潭、朱显平. 东北亚区域合作与中国东北振兴研究[M]. 长春：吉林人民出版社，2007.

[40]卢现祥、朱巧玲. 新制度经济学[M]. 北京：北京大学出版社，2007.

[41]陈元. 我国外贸发展对国内外经济的影响与对策研究[M]. 北京：中国财政经济出版社，2007.

[42]张蕴岭、蓝建学. 面向未来的中俄印合作[M]. 北京：世界知识出版社，2007.

[43]李玉潭、赵儒煜. 中国东北对外开放[M]. 长春：吉林大学出版社，2008.

[44]张丽君、王玉芬. 民族地区和谐社会建设与边境贸易发展研究[M]. 北京：中国经济出版社，2008.

[45]张小济. 走向世界市场——30年对外开放回眸[M]. 北京：中国发展出版社，2008.

[46]李中海. 普京八年：俄罗斯复兴之路（2000—2008）经济卷[M]. 北京：经济管理出版社，2008年.

[47]戚文海. 中俄科技合作战略与对策[M]. 哈尔滨：黑龙江大学出版社，2008.

[48]钟昌标、陈钧浩. 海港城市、国际贸易与现代化[M]. 北京：经济科学出版社，2008.

[49]韩彩珍. 东北亚地区合作的制度分析[M]. 北京：中国经济出版社，2007.

[50]保建云. 国际区域合作的经济学分析：理论模型与经验证据[M]. 北京：中国经济出版社，2008.

[51]朱显平. 中国与中亚：国际区域能源及运输合作[M]. 长春：吉林人民出版社，2008.

[52]袁冬梅. 对外贸易对中国收入差距的影响研究[M]. 北京：中国财政经济出版社，2009.

[53]马静、郑晶. FDI、区域经济一体化与区域经济增长[M]. 北京：中国经济出版社，2009.

[54]周逢民. 中俄边境地区金融发展与外汇管理[M]. 北京：中国金融出版社，2009.

[55]戴扬. 东北亚区域合作的历史制度分析[M]. 北京：中国经济出版社，2009.

[56]迟福林、殷仲义. 后危机时代发展方式转型与改革：新兴经济体的新挑战新角色新模式[M]. 北京：华文出版社，2009.

[57]彭连清. 我国区域经济增长溢出效应研究——一个理解区域经济差距的新视角[M]. 北京：经济科学出版社，2009.

[58]包健. 区域经济协调发展中的政府作用[M]. 北京：经济科学出版社，2009.

[59]梁双陆. 边疆经济学：国际区域经济一体化与中国边疆经济发展[M]. 北京：人民出版社，2009.

[60]蔡春林. 金砖四国经贸合作机制研究[M]. 北京：中国财政经济出版社，2009.

[61]李向平. 东北亚区域经济合作报告（2009）：东北亚经济合作新态势与辽宁扩大对外开放取向[M]. 北京：社会科学文献出版社，2009.

[62]肖德. 上海合作组织区域经济合作问题研究[M]. 北京：人民出版社，2009.

[63]关贵海、栾景河. 中俄关系的历史与现实（第二辑）[M]. 北京：社会科学文献出版社，2009.

[64]须同凯. 上海合作组织区域经济合作——发展历程与前景展望[M]. 北京：人民出版社，2009.

[65]朱显平、陆南泉. 俄罗斯东部及能源开发与中国的互动合作[M]. 长春：长春出版社，2009.

[66]张德广. 大危机大变革：中国学者看金融风暴下的世界经济[M]. 北京：世界知识出版社，2009.

[67]孙霞. 权力与规范：东北亚能源安全合作[M]. 北京：世界知识出版社，2010.

[68]李帮义、王玉燕. 博弈论及其应用[M]. 北京：机械工业出版社，2010.

[69]秦放鸣. 中国与中亚国家区域经济合作研究[M]. 北京：科学出版社，2010.

[70]李丹、王韫慧. 衰落与崛起："金砖四国"构建新世界[M]. 北京：企业管理出版社，2010.

[71]盖莉萍. 中俄相邻地区农业经济合作发展研究[M]. 哈尔滨：黑龙江大学出版社，2010.

[72]孙兆东. 世界的人民币[M]. 北京：中国财政经济出版社，2010.

[73]沈琪. 博弈论教程[M]. 北京：中国人民大学出版社，2010.

[74]乐长虹、刘永估. 兴边富民：兴边富民行动理论研讨会论文集[M]. 北京：中国经济出版社，2010.

[75]对外经济贸易大学国际经济研究院课题组. 中国自贸区战略：周边是首要[M]. 北京：对外经济贸易大学出版社，2010.

[76]李中海. 俄罗斯经济外交理论与实践[M]. 北京：社会科学出版社，2011.

[77]陆南泉. 中俄经贸关系现状与前景[M]. 北京：社会科学出版社，2011.

[78]王殿华. 互利共赢的中俄经贸合作关系[M]. 北京：科学出版社，2011.

[79]林跃勤. 俄罗斯经济数字地图：2011[M]. 北京：科学出版社，2012.

[80]冯绍雷. 上海合作组织发展报告（2013）[M]. 上海：上海人民出版社，2013.

[81]段秀芳. 中国对上海合作组织成员国直接投资研究[M]. 北京：社会科学出版社，2013.

[82]米·列·季塔连科著，李延龄译. 俄罗斯的亚洲战略[M]. 北京：中国社会科学出版社，2014.

[83]李铁. 图们江合作二十年[M]. 北京：社会科学文献出版社，2016.

[84]中俄双边关系文件汇编[M]. 北京：世界知识出版社，2020.

中文期刊

[85]姜红雨. 经济全球化背景下的中俄边境贸易发展的走势与对策[J]. 俄罗斯中亚东欧市场, 2003(7).

[86]王胜今. 中国与周边国家区域合作的研究[J]. 东北亚论坛, 2003(3).

[87]李靖宇、袁宾潞. 中俄两国合作创建区域经济开发振兴带的战略目标[J]. 俄罗斯中亚东欧市场, 2006(6).

[88]李传勋. 俄罗斯"入世"对中俄区域经贸合作的影响[J]. 俄罗斯中亚东欧市场, 2006(10).

[89]高晓慧. 中俄区域经济合作的理论解析[J]. 俄罗斯中亚东欧研究, 2006(6).

[90]格兰别尔格. 俄罗斯区域政策的演化与俄中经济合作的发展[J]. 西伯利亚研究, 2006.

[91]赵传君. 关于中俄签署自由贸易协定的探讨[J]. 俄罗斯中亚东欧研究, 2007(1).

[92]郭连成. 中俄区域经济合作路径探析[J]. 东北亚论坛, 2007(3).

[93]张汝根. 加强中俄经贸合作促进东北区域经济迅速发展[J]. 税务与经济, 2007(1).

[94]倪超军、李豫新. 上海合作组织框架内中国新疆与周边国家区域经济合作模式初探[J]. 俄罗斯中亚东欧市场, 2007(12).

[95]郭连成. 中俄区域经济合作与东北老工业基地振兴的互动发展[J]. 俄罗斯中亚东欧市场, 2007(2).

[96]陈梁. 浅谈新时期中俄经贸发展[J]. 黑龙江对外经贸, 2009(1).

[97]陆南泉. 中俄区域经贸合作发展趋势分析[J]. 俄罗斯中亚东欧市场, 2009(9).

[98]陆南泉. 推进中俄区域经贸合作若干问题的研究[J]. 黑龙江社会科学, 2009(1).

[99]牛凤君. 从跨境贸易结算试点看人民币国际化步伐[J]. 中国证券期货, 2009(6).

[100]王静文. 后危机时代的世界经济与中国对策[J]. 中国金融, 2009(13).

[101]王志远. 俄罗斯居民消费支出的实证分析[J]. 俄罗斯中亚东欧研究, 2010(1).

[102]郭力. 中俄区域技术合作升级模式的逻辑论证[J]. 俄罗斯中亚东欧研究, 2010(1).

[103]马蔚云. 俄罗斯人口低生育率初论[J]. 俄罗斯中亚东欧研究, 2010(2).

[104]葛新荣. 俄罗斯区域经济政策分析[J]. 俄罗斯中亚东欧研究, 2010(2).

[105]李靖宇、冯笑凝. 绥芬河市在中俄两国边境口岸市场对接中的主体功能地位[J]. 俄罗斯中亚东欧市场, 2010(1).

[106]郦瞻、郭振. 中国家电企业开发俄罗斯市场的 SWOT 分析[J]. 俄罗斯中亚东欧市场, 2010(1).

[107]张建伦、陈洁. 浅谈俄罗斯水产品市场竞争力[J]. 俄罗斯中亚东欧市场, 2010.

[108]潘强. 俄罗斯区域能源外交特征探析[J]. 俄罗斯中亚东欧市场，2010(8)：17-22.

[109]江宏伟. 非传统安全视野下的中俄农业合作研究[J]. 俄罗斯中亚东欧市场，2010(8).

[110]张冠斌、刘玲、赖光麟、吴淼. 中国西北地区与俄罗斯西西伯利亚地区经贸合作的前景和建议[J]. 俄罗斯中亚东欧市场，2010(8).

[111]古丽阿扎提·吐尔逊. 中国新疆与中亚国家涉外经济纠纷及其解决模式探析[J]. 俄罗斯中亚东欧市场，2010(7).

[112]程启智、汪剑平. 区域经济非平衡发展：表现形式、根源与分析框架[J]. 区域与城市经济，2010(2).

[113]朱其忠、卞艺杰. 基于多重分形的企业聚集与区域经济发展研究[J]. 区域与城市经济，2010(2)：29-35.

[114]殷广卫、李佶. 空间经济学概念及其前沿——新经济地理学发展脉络综述[J]. 区域与城市经济，2010(5).

[115]于新. 经济地理学循环累积因果聚集机制的探讨[J]. 区域与城市经济，2010(5).

[116]李燕. 京津冀区域合作机制研究——基于政府制度创新新视角[J]. 区域与城市经济，2010(5).

[117]汤津岑、孟广文. 天津滨海新区发展动力研究[J]. 区域与城市经济，2010(5).

[118]徐刚、齐二石. 滨海新区投资引力分析[J]. 区域与城市经济，2010(5).

[119]周绍杰、王有强、殷存毅. 区域经济协调发展：功能界定与机制分析[J]. 区域与城市经济，2010(6).

[120]张颢瀚、张超. 空间经济发展的要素与沿海发展要素的形成——兼论江苏沿海开发的战略引导[J]. 区域与城市经济，2010(6).

[121]黄国华. 弱化我国地区差异的模式选择[J]. 区域与城市经济，2010(3).

[122]周力. 俄罗斯文化的基本精神与外交[J]. 俄罗斯研究，2010(4).

[123]田春生. 中俄经贸合作关系新析——经济利益的视角[J]. 俄罗斯研究，2010(1).

[124]封安全. 中俄木材贸易与林业合作[J]. 俄罗斯研究，2010(1).

[125]C. 日兹宁. 俄罗斯在东北亚地区的对外能源合作[J]. 俄罗斯研究，2010(3).

[126]李东超. 东北亚油气合作的现实选择：来自中国在中亚的成功经验[J]. 俄罗斯研究，2010(3).

[127]米·列·季塔连科. 在全球金融危机和维护国际稳定背景下的俄中合作[J]. 俄罗斯中亚东欧市场，2010(3).

[128]周延丽. 新形势下发展中俄经贸合作需要调整思路[J]. 俄罗斯中亚东欧市场，2010

(3).

[129]崔小西. 吉林省医药行业科托俄罗斯市场的可行性与前景分析[J]. 俄罗斯中亚东欧市场，2010(3).

[130]童伟、孙良. 中俄创新经济发展与政策保障机制比较研究[J]. 俄罗斯中亚东欧市场，2010(4).

[131]刘国胜、马幸荣. 中哈霍尔果斯国际边境合作中心法律地位探析[J]. 俄罗斯中亚东欧市场，2010(4).

[132]张国华. 中国和俄罗斯农产品贸易现状及特征[J]. 俄罗斯中亚东欧市场，2010(4).

[133]隋鹏飞. 加强山东省与俄罗斯合作是突破胶东半岛制造业发展障碍的新路径[J]. 俄罗斯中亚东欧市场，2010(4).

[134]姜国刚、衣保中、乔瑞中. 黑瞎子岛建设自由贸易区的构想与对策[J]. 东北亚论坛，2012(6).

[135]龚柏华. 中国(上海)自由贸易试验区外资准入"负面清单"模式法律分析[J]. 世界贸易组织研究与动态，2013(6).

[136]杨莉. 俄罗斯新一轮远东开发进程及影响[J]. 当代世界，2017(8).

[137]付云鹏、宋宝燕、李燕伟. 东北亚区域经济合作对东北产业结构升级的影响研究[J]. 辽宁大学学报(哲学社会科学版)，2016(1).

[138]李建军. 全球价值链分工视角下的中蒙俄经济走廊建设[J]. 社会科学家，2016(11).

[139]张远鹏. "一带一路"与以我为主的新型全球价值链构建[J]. 世界经济与政治论坛，2017(6).

[140]祝滨滨、王胜今. 通过国际产业合作园区建设参与东北亚国际产业合作的个案探索[J]. 经济纵横，2018(1).

[141]刁秀华. 中国东北与俄罗斯远东超前发展区对接合作研究[J]. 财经问题研究，2018(4).

[142]尚月. 俄罗斯新一轮远东开发与中俄合作[J]. 现代国际关系，2018(7).

[143]郭稳. "一带一路"背景下中俄跨境电商发展[J]. 中国经贸导刊，2018(31).

[144]李亮、曾向红. 上海合作组织框架下中俄印互动模式前瞻——模型构建与现实可能[J]. 新疆师范大学学报(哲学社会科学版)，2018(11).

[145]宫艳华. 中俄跨境电商：现状、风险与制度安排[J]. 俄罗斯东欧中亚研究，2019(2).

[146]沈铭辉、张中元. 推进东北亚区域合作的现实基础与路径选择[J]. 东北亚论坛，

2019(1).

[147]孙丽梅、李学军. 中俄区域经济合作环境因素分析[J]. 北方论丛, 2019(2).

[148]康佳. 中蒙俄经济走廊与东北亚区域合作评议[J]. 合作经济与科技, 2019(1).

[149]许永继. "一带一路"倡议下中俄跨境电商发展面临的风险及路径选择[J]. 学术交流, 2020(2).

[150]王晓泉. "新时代中俄全面战略协作伙伴关系"的历史逻辑与战略走势[J]. 俄罗斯学刊, 2020(2).

[151]蒋菁. 新时代中俄关系背景下深化地方务实合作的问题与建议[J]. 东北亚学刊, 2020(5).

[152]张树华、高媛等. 新时代中俄全面合作与欧亚大陆经济空间再拓展[J]. 俄罗斯研究, 2020(3).

[153]姜岩、郭连成、刘慧. "一带一路"背景下中俄跨境电商发展的机遇、挑战与对策[J]. 欧亚经济, 2021(4).

[154]刁秀华. 新时期中俄区域经济合作的新进展与新亮点[J]. 财经问题研究, 2021(1).

[155]周力. 中俄关系的发展前景——20 年后看《中俄睦邻友好合作条约》[J]. 俄罗斯研究, 2021(2).

二、俄文文献

[156]А. В. Островский. Перспективы сотрудничества Дальнего Востока России с Северо-востоском Китая[M]. ИДВА России, Москва, 2003.

[157]Б. А. Хейфец. Использование иностранной рабочей силы в России: проблемы и перспективы[M]. Москва, 2005.

[158]Зоя Муромцев. Стратегия Подъема Северо-востоска Китая[J]. Проблемы Дальнего Востока, 2004(3): 41-43.

[159]Т. Г. Морозова. Экономическая география[M]. Москва, 2002.

[160]Т. Е. Ремина, В. Матятина. Проблемы развития секторов российской экономики[J]. Экономист, 2004(4).

[161]М. В. Степанова. Регионольная экономика[M]. Москва, 2007.

[162]П. Семенов. Актуальные проблемы регионального развития[J]. Экономист, 2004(6).

[163]Л. В. Калимуллин. Управление федерации на основе программно-целевого бюджет

и рования：теория，опыт，направления развития[M]．Саратов，2007．

[164] А. Б. Новиков. К вопросу о конституционном обосновании административ- ной реформы в РФ[J]．Конституционное имуниципальное право，2006(10)．

[165] В. Гаврилов. Федерализм и его российская интерпретация[J]．Федерализм，2007 (4)．

[166] А. Г. Аганбегян. Социально-экономическое будущее России – быть среди самых развитых стран[J]．Экономические стратегии，2007(8)．

[167] Ларин В. Л. Российско-китайские отношения в региональных измерениях (80-е годы XX-начало XXI в.)[M]．Москва，2005．

[168] Л. Бадалян，В. Криворотов. Запад и восток：два подхода к выживанию—Синтез противоположностей по мере роста дефицита ресурсов[J]．Проблемы Дальнего Востока，2010(1)：85–107．

[169] С. Сазонов. Реформа транспортной системы КНР и мировой финансово- экономический кризис[J]．Проблемы Дальнего Востока，2010(1)：57–61．

[170] А. Тарасов. Китайский труд в Забайкалье[J]．Проблемы Дальнего Востока，2010 (4)：76–83．

[171] В. Портяков. Видение многополярности в России и Китае и международный вызовы[J]．Проблемы Дальнего Востока，2010(4)：93–103．

[172] Богатурсов А. Д.，Аверков А. В. История международных отношений (1945—2008гг.)[M]．Москва，2009．

[173] М. Титаренко. О роли и значении отношений между РФ и КНР в контексте основных особенностей современной международной обстановки[J]．Проблемы Дальнего Востока，2010(4)：4–16．

[174] М. Александрова. Закрытие "Большого рынка" или Уход от "сервых таможенных схем"[J]．Проблемы Дальнего Востока，2010(4)：65–75．

[175] Б. Хейфец，Д. Селихов. Китай：инновационное развитие в условиях экономического кризиса[J]．Проблемы Дальнего Востока，2010(4)：46–55．